ACCESO GRATIS *a la Lectura en la Nube*

Para visualizar el libro electrónico en la nube de lectura envíe junto a su nombre y apellidos una fotografía del código de barras situado en la contraportada del libro y otra del ticket de compra a la dirección:

ebooktirant@tirant.com

En un máximo de 72 horas laborales le enviaremos el código de acceso con sus instrucciones.

“EL MENOR COMO AGRESOR SEXUAL: HACIA UNA RESPUESTA PENAL RACIONAL”

"EL MENOR COMO AGRESOR SEXUAL: HACIA UNA RESPUESTA PENAL RACIONAL"

MARTA FERNÁNDEZ CABRERA

tirant lo blanch
Valencia, 2024

En caso de erratas y actualizaciones, la Editorial Tirant lo Blanch publicará la pertinente corrección en la página web www.tirant.com.

La presente obra ha sido sometida a la revisión de pares ciegos según el protocolo de publicación de la editorial a efectos de ofrecer el rigor y calidad correspondiente tanto en su contenido como en su forma, aplicándose los criterios específicos aprobados por la Comisión Nacional E 016 (BOE num. 286, de 26 de noviembre de 2016).

EDITA: TIRANT LO BLANCH
C/ Artes Gráficas, 14 - 46010 - Valencia
TELFS.: 96/361 00 48 - 50
FAX: 96/369 41 51
Email:tlb@tirant.com
www.tirant.com
Librería virtual: www.tirant.es
DEPÓSITO LEGAL: V-3215-2024
ISBN: 978-84-1071-141-9
MAQUETA: Disset Ediciones

Si tiene alguna queja o sugerencia, envíenos un mail a: *atencioncliente@tirant.com*. En caso de no ser atendida su sugerencia, por favor, lea en *www.tirant.net/index.php/empresa/politicas-de-empresa* nuestro procedimiento de quejas.

Responsabilidad Social Corporativa: http://www.tirant.net/Docs/RSCTirant.pdf

A

Lucas, por enseñarme lo que es la paciencia y el amor infinito.

Índice

Introducción *13*

Capítulo I

Evolución criminológica y político-criminal de los delitos sexuales cometidos por menores de edad *19*

1. INTRODUCCIÓN 19

2. EVOLUCIÓN DE LOS DELITOS SEXUALES COMETIDOS POR MENORES EN LAS CIFRAS OFICIALES Y DE LAS MEDIDAS JUDICIALES IMPUESTAS 21

2.1. Cuestiones previas sobre los datos disponibles 21

2.2. La delincuencia sexual de menores a la luz de las cifras oficiales 24

2.3. Los datos sobre medidas judiciales impuestas a delincuentes sexuales 35

2.4. Discusión sobre los datos 40

3. REFORMAS DE LOS DELITOS SEXUALES MÁS COMETIDOS POR MENORES Y CÓMO HAN AFECTADO ESTAS A AQUELLOS CON RESPONSABILIDAD PENAL 50

3.1. Premisa: la estrecha relación de dependencia entre la LORPM y el Código penal 51

3.2. La regulación previa a 2010 y su aplicación a los menores de edad responsables penalmente 59

3.2.1. La regulación de los delitos sexuales antes de la reforma de 2010 59

3.2.2. Repercusión en los menores de edad 65

3.3. La regulación de los delitos sexuales tras la LO 5/2010, de 22 de junio, y su aplicación a menores de edad responsables penalmente 70

3.3.1.La regulación de los delitos sexuales tras la reforma de 2010 70

3.3.2. Repercusión en los menores de edad 79

A) Situación legislativa 79

B) La respuesta de la FGE 84

3.4. La regulación de los delitos sexuales tras la Ley Orgánica 1/2015, de 30 de marzo y su aplicación a menores de edad responsables penalmente 87

3.4.1. La regulación de los delitos sexuales tras la reforma de 2015 87

A) Elevación de la edad de consentimiento sexual 89

B) La creación de un tipo penal de embaucamiento (art. 183 ter apartado 2) 94

C) Las modificaciones en los tipos sobre pornografía infantil 97

D) La reformulación del delito de corrupción de menores 100

3.4.2. Repercusión en menores de edad 102

3.5. Reforma producida por Ley Orgánica 10/2022, de 6 de septiembre, de garantía integral de la libertad sexual ("sólo sí es sí") y su contrarreforma, la Ley Orgánica 4/2023, de 27 de abril, para la modificación de la Ley Orgánica 10/1995, de 23 de noviembre, del Código Penal, en los delitos contra la libertad sexual, la Ley de Enjuiciamiento Criminal y la Ley Orgánica 5/2000, de 12 de enero, reguladora de la responsabilidad penal de los menores 104

3.5.1. Reforma en el Código penal 104

3.5.2. Reforma en la LORPM 114

3.5.3. Repercusión en menores de edad 117

4. CONCLUSIONES 118

Capítulo II

Propuesta de solución al problema del endurecimiento de la respuesta penal a agresores sexuales menores *121*

1. INTRODUCCIÓN 121

2. ¿POR QUÉ ES ILEGÍTIMO EL ENDURECIMIENTO DE LA RESPUESTA PENAL A LOS AGRESORES SEXUALES MENORES DE EDAD? 123

2.1. Crítica a la línea político-criminal de endurecimiento directo de la LORPM 123

2.2. Crítica a la línea político-criminal de endurecimiento indirecto del CP 129

2.2.1. Introducción ... 129

2.2.2. La ausencia del fundamento del tipo penal o de la agravante cuando el sujeto activo es menor de edad ... 133

3. POSIBLES SOLUCIONES AL PROBLEMA ... 139

3.1. Solución 1: la cláusula de Romeo y Julieta (art. 183 bis) en su redacción actual o ampliada ... 140

3.1.1. La cláusula 183 bis actual o ampliada ... 140

3.1.2. Ventajas e inconvenientes ... 147

3.2. Solución 2: la opción procesal ... 151

3.2.1. La solución procesal en derecho comparado y en España (FGE) ... 151

3.2.2. Ventajas e inconvenientes ... 154

3.3. Solución 3: el bien jurídico protegido como guía interpretativa de los tipos penales ... 155

3.3.1. Introducción ... 155

3.3.2. Los bienes jurídicos de los delitos sexuales ... 159

A) Libertad vs. indemnidad sexual ... 159

B) El bien jurídico en el delito de posesión de pornografía infantil ... 165

3.3.3. Ventajas e inconvenientes ... 172

4. PROPUESTA DE SOLUCIÓN: CLÁUSULA DE INAPLICACIÓN O REQUISITO DE ASIMETRÍA DE EDAD ... 174

Capítulo III

La inscripción de menores en el registro de delincuentes sexuales y su adecuación a los principios básicos del Derecho Penal ... 179

1. INTRODUCCIÓN ... 179

2. SURGIMIENTO DE LA NORMATIVA RELATIVA AL RCDS Y SU APLICACIÓN A MENORES DE EDAD COMO EXCESO RESPECTO A LA NORMATIVA EUROPEA ... 182

2.1. Surgimiento y argumentos para incorporarla al ordenamiento español ... 182

2.2. La aplicación de la inhabilitación a menores de edad como exceso respecto de la normativa europea y excepción en el derecho comparado 185

3. LA INSCRIPCIÓN EN EL REGISTRO A LA LUZ DE LA DOCTRINA DEL TEDH (PRINCIPIO DE LEGALIDAD Y DERECHO A LA VIDA PRIVADA Y FAMILIAR) 188

4. PERIODOS DE CANCELACIÓN DE ANTECEDENTES PARA MENORES DE EDAD 193

5. INCOMPATIBILIDAD CON EL PRINCIPIO EDUCATIVO 195

5.1. El principio educativo en la LORPM 195

5.2. La incompatibilidad de la medida con el principio educativo 212

6. INCOMPATIBILIDAD CON EL PRINCIPIO DEL SUPERIOR INTERÉS DEL MENOR 216

6.1. El superior interés del menor y su diferencia con el principio educativo 216

6.2. El superior interés del menor y su relación con la culpabilidad del menor 221

6.3. Superior interés del menor, culpabilidad y delitos sexuales 225

6.4. La incompatibilidad de la medida con el superior interés del menor 226

7. INCOMPATIBILIDAD CON EL PRINCIPIO DE PROPORCIONALIDAD EN LA LORPM 230

7.1. El principio de proporcionalidad en la LORPM 230

7.2. La incompatibilidad de la medida con el principio de proporcionalidad tal y como se recoge en la LORPM 235

7.2.1. Argumento 1: la medida en sí es desproporcionada 235

7.2.2. Argumento 2: los plazos de cancelación de los antecedentes son desproporcionados 237

8. LA INCOMPATIBILIDAD DE LA MEDIDA CON EL PRINCIPIO DE PROPORCIONALIDAD EN SENTIDO AMPLIO O DE PROHIBICIÓN DE EXCESO 240

8.1. Introducción 240

8.2. Fin al que se dirige la medida y realidad empírica y normativa que rodea al fenómeno 247

8.2.1. Fin al que se dirige la medida 247
8.2.2. La realidad empírica de la delincuencia sexual de menores 249
a) Delincuencia sexual de menores 251
b) Reincidencia sexual de menores 252
8.2.3. Conclusiones 256
8.3. Primer nivel: la idoneidad de la medida 257
8.4. Segundo nivel: la necesidad de la medida 262
8.5. Tercer nivel: proporcionalidad en sentido estricto 271
8.6.Conclusiones 272

Bibliografía *275*

Anexo jurisprudencial *293*

Introducción[1]

Hace años que el legislador español y el internacional vienen poniendo el foco en los delitos sexuales con víctima menor de edad. Esta preocupación ha dado lugar a sucesivas reformas en el ordenamiento. En el ámbito penal, especialmente polémicas han sido las de 2010 y 2015, que han supuesto un incremento punitivo tanto extensivo (a través de la incorporación de nuevos tipos penales) como intensivo (a través del incremento de penas), y un cambio en los principios que orientaron el Derecho penal sexual en el Código penal de 1995[2]. El objetivo declarado es dispensar una mayor protección al menor frente a los posibles peligros surgidos de las nuevas formas de relacionarnos. Sin embargo, esta tutela reforzada ha traído consigo efectos colaterales. Y es que una respuesta penal más intensa hacia comportamientos contra la libertad/indemnidad sexual de los menores implica, necesariamente, castigar con mayor contundencia a los adolescentes autores de delitos de dicha naturaleza, quienes, por su proximidad en edad, suelen perpetrarlos contra sus iguales[3].

---

1 Esta monografía se ha realizado al amparo de dos proyectos de investigación: "Medidas inclusivas para menores en situación de exclusión social" (ProyExcel_00514), y "Derechos y garantías de las personas vulnerables en el Estado de bienestar" financiado en el Marco del Programa FEDER Andalucía 2014-2020.

2 Sobre esta evolución vid. CUERDA ARNAU, M.L. "Irracionalidad y ausencia legislativa en las reformas de los delitos sexuales contra menores", *Revista electrónica de Ciencia Penal y Criminología*, 2017, pp. 1-45. Disponible en línea en: http://criminet.ugr.es/recpc/19/recpc19-09.pdf.

3 Los datos del estudio llevado por LÓPEZ SÁNCHEZ en 1992 revelan que el 12% de los abusos sexuales cometidos a menores había sido perpetrado por otros menores. En mi opinión, el porcentaje tan escueto podría obedecer al hecho de que estos abusos cometidos por iguales no se recuerden o no se perciben como tal. Vid. LÓPEZ SÁNCHEZ, F. *Los Abusos sexuales a menores: lo que recuerdan de mayores.* Ministerio de

Así, esta insistente preocupación del legislador ha configurado un sistema que se ensaña precisamente con ellos cuando dejan de ser víctimas y se convierten en autores[4].

De este modo, por un lado, el Derecho les reconoce una mayor vulnerabilidad y, por otro, dicho reconocimiento se convierte en el argumento para sancionar o agravar determinados comportamientos cuando son llevados a cabo por estos. Como apunta RAMOS VÁZQUEZ, el hecho de que las leyes que estaban pensadas para proteger a los menores frente a extraños adultos acaben por castigar, y con especial dureza, a los propios menores, no es un fe-

---

Asuntos Sociales, 1996., p. 35. Sin embargo, otros estudios realizados en Estados Unidos indican que ese porcentaje es superior, entre el 17% y el 20% de todos los delitos sexuales o, dicho de otro modo, uno de cada tres delitos cuya víctima es menor de edad es cometido por menores de edad. FINKELHOR, D.; ORMROD, R.; CHAFFIN, M. "Who Commit Sex Offenses Against Minors", *Juvenile Justice Bulletin*, 2009, pp. 1-12. Por su parte, otro estudio recoge que el 20% de las agresiones sexuales y entre un 30 y un 50% de los abusos sexuales son cometidos por menores de edad, BARBAREE, H.E; MARSHALL, W.L. "Chapter one: an introduction to the juvenile sex ofender", en VV.AA. (editores BARBAREE, H.E; MARSHALL, W.L), *The juvenile sex ofender*, Guilford publications, 2006, pp. 4-5.

4 Así ya lo han apuntado TORRES ROSELL, N. y SANCHO CONDE, T. "Medidas accesorias aplicables a delincuentes sexuales en el proyecto de Ley Orgánica de protección integral a la infancia y la adolescencia", *Revista General de Derecho Penal*, nº 34, 2020, pp. 1-39; JERICÓ OJER, L. "El impacto (probablemente no previsto) de la reforma del Código Penal operada por la LO 1/2015, de 30 de marzo en el Derecho penal de menores". *Revista electrónica de Ciencia penal y Criminología*, nº 20, 2018, pp. 1-56. Vid. Comunicado del Grupo de Estudios de Política Criminal sobre el Proyecto de Ley Orgánica de Protección Integral a la Infancia y a la Adolescencia frente a la Violencia disponible en línea en: https://www.politicacriminal.es/documentos/comunicados/comunicado-sobre-la-ley-de-proteccion-de-la-infancia-y-la-adolescencia. "Algunos de los tipos penales relacionados con dichas tecnologías (*grooming, sexting*) tienen todo su sentido en la lucha contra los comportamientos abusivos de los adultos dirigidos a menores".

nómeno nuevo[5]. Pero sí se puede decir que ha adquirido una nueva dimensión con las reformas de los últimos años. Así, aunque el Código penal ya tenía tipificados comportamientos con víctima menor de edad (ej.: el delito de exhibicionismo o de exhibición de pornografía a menores), lo cierto es que el problema se ha agudizado recientemente, pues se han incorporado numerosos delitos y agravantes concebidos para ser aplicados a un delincuente adulto totalmente alejado de la realidad empírica[6].

La presente obra pretende abordar cómo han afectado las modificaciones en los delitos sexuales a los menores infractores en tres capítulos. El primero de ellos, se divide en dos partes. En la primera, se analizan los delitos sexuales cometidos por adolescentes a la luz de las estadísticas oficiales. Todo parece indicar que estos se han incrementado en los últimos años y, aunque no se descartan otros factores que contribuyan a este, una de las causas más plausibles es la transformación que ha sufrido la materia. En esta sección se comprobará: si efectivamente se está produciendo dicho crecimiento, si se está dando en todas las tipologías por igual, si se trata de una delincuencia preocupante estadísticamente hablando, etc. También se abordará la cuestión de si este fenómeno ha venido de la mano de una mayor dureza aplicativa por parte de los tribunales o, por el contrario, estos están haciendo

---

5 RAMOS VÁZQUEZ, J.A. *Política Criminal, cultura y abuso sexual de Menores: un estudio sobre los artículos y siguientes de 183 y siguientes del Código penal*, Tirant lo Blanch, 2016, p.44.

6 Como se apuntará en sucesivos capítulos, la realidad demuestra que el 90% de agresores sexuales de menores son hombres con edades entre los 30 y los 50 años, suelen tener pareja (entre el 65% y el 85%) y, entre el 65% y el 85% de los casos son familiares o personas cercanas a la víctima (profesorado, vecinos, etc.), RODRÍGUEZ PÉREZ, S. "Aportaciones de la sexología a la prevención de la victimización sexual en la infancia y la adolescencia", VV.AA. (GONZÁLEZ TASCÓN, M.M. coord.). *Delitos sexuales y personas menores de edad o con discapacidad intelectual. Reflexiones jurídicas y psicoeducativas sobre sus derechos y su protección*. Tirant lo Blanch, 2022, pp. 60-61.

un esfuerzo para paliar dicho efecto agravatorio en la imposición de sanciones.

En la segunda parte se analizan los efectos que las reformas del Código penal han tenido para los menores infractores desde una perspectiva político-criminal. Para ello se hará una interpretación sistemática de estas a la luz de los preceptos de la LORPM. Así, puede que algunas de ellas no tengan ningún tipo de repercusión, pues esta jurisdicción tiene su propio sistema de sanciones y su propia forma de aplicarlas, impidiendo que una agravación o endurecimiento en el ámbito de adultos se aplique de forma automática a menores de edad. Pero otras, debido a la estrecha relación de ambas legislaciones, sin duda la tendrán. Sobre todo, cuando las modificaciones consistan en castigar comportamientos nuevos, y de habitual comisión por los adolescentes, se amplíe la edad de las posibles víctimas menores de un tipo penal o se agraven tanto las penas que el tipo pase a poder sancionarse de forma potestativa u obligatoria con la medida de internamiento en régimen cerrado (la sanción más grave del ordenamiento de menores).

En el segundo capítulo se constata la existencia de gran cantidad de delitos o agravantes con víctima menor de edad, cuyo injusto, basado en la asimetría entre autor y víctima, en la existencia de abuso de poder, abuso de superioridad, etc., hace que no sea equivalente en gravedad a cuando el comportamiento lo comete un adulto. De este modo, su aplicación a menores, incluso con las reglas aplicativas de la LORPM, resulta arbitraria y contraria a principios penales básicos. Este es un problema al que ya se han enfrentado otros ordenamientos jurídicos, especialmente los anglosajones, pues son estos los que empezaron a elevar la edad de consentimiento sexual y a agravar las consecuencias derivadas de la comisión de los delitos sexuales con víctima menor de edad, incorporando a estos a bases de datos para delincuentes sexuales. De hecho, fue la doctrina de estos países la primera que cuestionó el hecho de que los Estatutos anti-pornografía concebidos para sancionar a pederastas adultos se aplicaran a menores infractores por la comisión de conductas de *sexting* consentido (reenvío de imágenes de contenido sexual), con la consecuencia de enviarlos al mismo proceso penal y aplicarles la misma pena que a estos. En este capítulo, además de realizar una crítica al legislador por no abordar esta cuestión, se expondrán las posibles soluciones. Concretamente se apuntarán aquellas ofrecidas por nuestro ordenamiento, las existentes en Derecho comparado y por la Fiscalía General del Estado. Entre todas ellas se optará por la más eficaz y la que mejor se adapte a nuestra tradición jurídica.

Para endurecer la respuesta por la comisión de delitos sexuales contra víctimas menores de edad, el legislador no sólo ha realizado modificaciones en el CP o en la LORPM, sino que ha ampliado sus miras a otros sectores del ordenamiento. Un ejemplo lo encontramos precisamente en una normativa de cuestionada naturaleza jurídica, que introduce un sistema de medidas accesorias aplicables a los condenados por la comisión de delitos sexuales. Esta legislación, cuyo principal efecto es inhabilitar a los condenados por delitos sexuales para el ejercicio de profesiones con menores, impone consecuencias sancionadoras tan severas, o incluso más, que las que se derivan del propio proceso penal. En el tercer capítulo se abordará la cuestión de cómo afecta dicha regulación a los adolescentes con responsabilidad penal, si esta respeta los postulados básicos de la LORPM y si superaría un análisis de constitucionalidad sobre la base del principio de proporcionalidad.

Capítulo I:

Evolución criminológica y político-criminal de los delitos sexuales cometidos por menores de edad

1. INTRODUCCIÓN

El Derecho penal sexual ha sufrido numerosas modificaciones desde la promulgación del Código penal de 1995. Desde entonces se ha ido incrementando la tutela del menor de edad, añadiendo tipos penales o agravantes que han ido dirigidas a sancionar de forma más severa los comportamientos con este tipo de víctima. El objetivo, aparentemente, es proteger a este individuo frente a los peligros sexuales de la vida moderna. Sin embargo, esta tutela reforzada ha traído consigo una respuesta más intensa hacia comportamientos contra la libertad/indemnidad sexual cometidos por los propios menores pues, por proximidad etaria, estos suelen atentar contra bienes jurídicos de sus iguales.

Las reformas penales han incidido en los adolescentes tanto de forma directa como indirecta. De forma indirecta han afectado recientemente la Ley Orgánica 5/2010, de 22 de junio, por la que se modifica la Ley Orgánica 10/1995, de 23 de noviembre, del Código Penal y la Ley Orgánica 1/2015, de 30 de marzo, por la que se modifica la Ley Orgánica 10/1995, de 23 de noviembre, del Código Penal. Aunque el objetivo de ninguna de ellas era transformar la legislación de menores, ambas parecen haber tenido su repercusión en esta. Esto se debe a la estrecha relación que mantiene la Ley Orgánica 5/2000, de 12 de enero, reguladora de la responsabilidad penal de los menores (en adelante LORPM) con el Código penal.

Otras reformas han afectado a los menores de forma directa. Un buen ejemplo es la reciente Ley Orgánica 10/2022, de 6 de septiembre, de garantía integral de la libertad sexual, que reformó la LORPM para incluir entre los delitos de extrema gravedad que exigen la imposición obligatoria del internamiento en régimen cerrado (art. 10.2 LORPM) todos los delitos sexuales con independencia de su gravedad. Aunque la situación ha sido parcialmente corregida por la posterior Ley Orgánica 4/2023, de 27 de abril, para la modificación de la Ley Orgánica 10/1995, de 23 de noviembre, del Código Penal, en los delitos contra la libertad sexual, la Ley de Enjuiciamiento Criminal y la Ley Orgánica 5/2000, de 12 de enero, reguladora de la responsabilidad penal de los menores, lo cierto es que el resultado es una regulación más severa que la anteriormente vigente.

Dicho esto, el objetivo del presente capítulo es doble. Por un lado, comprobar si las modificaciones legislativas de los últimos años, tanto directas como indirectas, están teniendo repercusión en las estadísticas oficiales. Aunque la consulta exclusiva de este tipo de datos nos ofrece una panorámica limitada, dado que en los delitos sexuales la cifra negra es especialmente elevada, constituye una buena forma de saber cómo están reaccionando las entidades de control social formal a este fenómeno legislativo[1]. De este modo, a través de su evolución en los últimos años podremos verificar la verdadera incidencia de las reformas penales en la persecución, enjuiciamiento y condena de este fenómeno delictivo cometidos por menores.

---

1 La cifra negra en este tipo de delitos es mucho más alta de lo habitual hasta el punto de que en torno al 70% de las víctimas no denuncian los hechos. Así lo recoge GARCÍA ESPAÑA, E. *et al.* "Evolución de la delincuencia en España: Análisis longitudinal con encuestas de victimización", *Revista española de investigación criminológica*, nº 8, 2010, pp. 1-27. Otros estudios revelan que sólo se denuncia entre el 2 y el 10% de los abusos sexuales a menores. Vid. TAMARIT SUMALLA, J.M. *La protección penal del menor frente al abuso y la explotación sexual*, Aranzadi Thomson Reuters, 2002, p. 21.

En segundo lugar, se expondrá la evolución político-criminal de los delitos sexuales y se procederá a comentar cómo han afectado las reformas a los menores infractores. Para comprobar si se ha agravado la respuesta penal hacia estos se realizará una interpretación sistemática de las reformas operadas en el Código penal y de los preceptos de la propia LORPM. Esta perspectiva de trabajo es relativamente novedosa, pues lo habitual es que en la de la mayoría de los análisis doctrinales sobre las modificaciones legislativas el destinatario principal sea adulto. Sin embargo, son numerosas las cuestiones a añadir si tenemos en cuenta que un receptor común del Código penal es el menor de edad responsable penalmente. En definitiva, la intención en esta segunda sección no es valorar el acierto dogmático o político-criminal de las reformas en la materia, y su adecuación a los principios básicos de este sector del ordenamiento, sino reflejar cuáles han sido los efectos que éstas han traído consigo en el tratamiento que el sistema penal ofrece a los adolescentes y si estás han supuesto uno más severo del que se les venía otorgando.

2. EVOLUCIÓN DE LOS DELITOS SEXUALES COMETIDOS POR MENORES EN LAS CIFRAS OFICIALES Y DE LAS MEDIDAS JUDICIALES IMPUESTAS

2.1. Cuestiones previas sobre los datos disponibles

Aunque los criminólogos han puesto de manifiesto reiteradamente los problemas de fiabilidad (por sus errores metodológicos) y de validez (porque no miden la delincuencia real, sino más bien las actuaciones que llevan a cabo determinadas instituciones o los propios ciudadanos a la hora de denunciar determinados delitos) de las estadísticas oficiales, lo cierto es que con sus limitaciones son una herramienta útil para conocer la evolución y las tendencias de determinados fenómenos delictivos[2]. En España son cuatro las fuentes que ofrecen datos oficiales sobre delincuencia juvenil. Me refiero a las estadísticas sobre delincuencia publicadas periódicamente en los anuarios del Ministerio del Interior o en el Portal Estadístico (MIR)[3], en las memorias de la Fiscalía General del Estado (MFGE), el Consejo General del Poder Judicial (MCGPJ) y el Instituto Nacional de Estadística (INE).

Hay que tener en cuenta que todas estas instituciones no ofrecen información sobre delincuencia real, sino oficial, que es aquella registrada y que, por supuesto, estará afectada por la actitud que tengan los ciudadanos a la hora de denunciar delitos[4]. Por eso, en las siguientes líneas cuando se haga referencia a "delincuencia" habrá que tener en cuenta este aspecto. También conviene recordar que las estadísticas recogidas por las instituciones anteriormente mencionadas miden unidades distintas y con metodologías diferentes: las del Ministerio del Interior hacen referencia al número de menores de edad que han sido detenidos o investigados por las Fuerzas y Cuerpos de Seguridad del Estado (FFCCSSE)[5] y las de

---

2 Si a las estadísticas oficiales se le añadiera la información destinada a esclarecer la "cifra negra" podríamos decir que estaríamos ante una visión muy completa de la realidad delincuencial. Especialmente útiles por la información que ofrecen se han considerado en el ámbito de menores aquellos estudios que usan la técnica del "autoinforme". FERNÁNDEZ MOLINA, E. *et al* "Evolución y tendencia de la delincuencia juvenil en España". *Revista española de Investigación Criminológica*, n °7, 2009, pp. 1-30. Se realizó un estudio pionero en España con esta técnica sobre el abuso sexual a menores en 1994 que llega a la conclusión de que el 12% de los autores es menor de 20 años. Vid. LÓPEZ, F. *Abusos sexuales a menores: lo que recuerdan de mayores*, Ministerio asuntos sociales, 1996, p. 35.

3 Estas abarcan todo el territorio nacional únicamente a partir de 2020, pues antes dejaban fuera datos provenientes de los *Mossos d'esquadra.* FERNÁNDEZ MOLINA, E. ¿Son ahora los jóvenes…"cit.

4 FERNÁNDEZ MOLINA, E. "Datos oficiales de la delincuencia juvenil: valorando el resultado del proceso de producción de datos de la Fiscalía de menores". *Indret*, nº2, 2013, pp. 1-24.

5 Como apunta FERNÁNDEZ MOLINA hasta 2010 sólo recogían datos de detenidos pero sin añadir a los investigados como ahora. Además, otro aspecto

la FGE al número de diligencias preliminares por delitos que se abren cada año[6]. Por su parte, las del CGPJ recogen los procedimientos de reforma que son finalmente incoados y proceden de los boletines trimestralmente recogidos en los juzgados, una vez que el Ministerio Fiscal ha hecho uso del principio de oportunidad que regula el art. 18 LORPM[7]. Los datos que ofrece esta fuente son muy limitados, por lo que no se emplearán en este capítulo. Finalmente, el INE recoge información sobre menores condenados, cuya fuente es el Registro Central de Sentencias de responsabilidad penal de menores. En resumen, los datos policiales hacen referencia a sujetos, los de la FGE a infracciones sobre las que se han abierto diligencias preliminares y los del INE tanto a individuos condenados como a infracciones sujetas a condena[8].

Si en adultos son las estadísticas policiales las que se han considerado tradicionalmente las más idóneas para obtener información sobre la delincuencia real y establecer tendencias por emplear datos más próximos a la cifra negra[9], en el caso del sistema de responsabilidad penal de menores las mejor posicionadas para ello son las de la Fiscalía, dado que este organismo instruye la totalidad de los hechos delictivos cometidos por estos, es el agente de referencia del sistema penal de menores[10].

---

a tener en cuenta es que sólo recogen datos de todo el territorio nacional (incluyendo los de la *Ertzaina* y los de los *Mossos d'Esquadra*) a partir de 2020.

6 FERNÁNDEZ MOLINA, E. "Datos oficiales…" cit.

7 FERNÁNDEZ MOLINA, E. "Datos oficiales…" cit.

8 Sobre las ventajas e inconvenientes de las distintas fuentes en menores vid. FERNÁNDEZ MOLINA, E. "¿Son ahora los jóvenes españoles más violentos? Un análisis de los datos oficiales sobre homicidios y agresiones sexuales" *InDret*, nº1, 2024, pp. 279-301.

9 DÍEZ RIPOLLÉS, J.L. y CEREZO DOMÍNGUEZ A. *Los problemas de la investigación empírica en criminología: la situación española*, Tirant lo Blanch, 2001, p.40.

10 FERNÁNDEZ MOLINA, E. "Datos oficiales…". Como recoge esta autora, las estadísticas de la fiscalía recogen datos por delitos de los que a menudo la policía no tiene conocimiento. Por eso, siendo el agente de referencia en el ámbito de menores es una pena que no ofrezcan más información de la disponen. FERNÁNDEZ MOLINA, E. "Datos oficiales…".

De hecho, la investigación empírica revela que hay un 18,8% de los casos que llegan a la Fiscalía sin que el Ministerio del Interior tenga conocimiento[11]. Sin embargo, el problema de esta fuente es que presentan menor fiabilidad que las policiales y ofrecen poca información desagregada[12]. En cualquier caso, la información estadística que aportan las diferentes fuentes no es excluyente y el uso de una u otra dependerá de la finalidad concreta para la que se requiera, siendo, en la mayor parte de los casos, complementarias. A lo largo del presente capítulo se recurrirá a todas ellas teniendo en cuenta siempre sus particularidades, tratando de comprobar si las reformas penales en la materia han tenido alguna incidencia estadística.

2.2. *La delincuencia sexual de menores a la luz de las cifras oficiales*

La prensa recientemente se ha hecho eco del ascenso de los delitos sexuales cometidos por menores de edad[13]. Ahora bien,

---

11 FERNÁNDEZ MOLINA, E. "Datos oficiales…" cit.

12 A menudo se ha cuestionado que el número de diligencias incoadas supere con creces el número de detenidos y de expedientes de reforma. Esto se debe a que la tramitación procesal lleva a veces a la FGE a duplicar diligencias por los mismos hechos. FERNÁNDEZ MOLINA, E. "Datos oficiales..." cit. Recientemente muy crítica con los datos que ofrece la FGE hasta el punto de considerar que "limitan su capacidad para ser un buen indicador de la delincuencia juvenil" FERNÁNDEZ MOLINA, E. "¿Son ahora los jóvenes…". cit.

13 vid. Noticia del diario *El Mundo* del 2 de enero de 2023 titulada "Los delitos sexuales cometidos por menores se disparan un 169%" disponible en línea: https://www.elmundo.es/espana/2022/12/26/63a99238fdddffad2e8b4595.html., en el que se acude a datos de condenas; Noticia de *RTVE* de 15 de septiembre de 2022 "Los adultos condenados por delitos sexuales aumentan en un 35% y los menores en un 13 %" Disponible en línea en: https://www.rtve.es/noticias/20220915/delitos-sexuales-aumentan-numero-sentencias-ine/2402254.shtml; Noticia de *COPE* de 26 de abril de 2023 "Siete casos al día; aumentan los delitos sexuales cometidos por menores", Disponible en línea: https://www.cope.es/actualidad/sociedad/no-

cuando desde los medios de comunicación se publica la noticia de que una determinada tipología delictiva se encuentra en ascenso hay comprobar en qué tipo de datos basa su afirmación pues, como se ha apuntado previamente, las estadísticas oficiales no miden exactamente la 'delincuencia' como tal, sino más bien actuaciones de las distintas instituciones. Estas son el reflejo de la actividad de control que realizan los agentes y están afectadas por factores ajenos a la realidad empírica. De hecho, es bastante habitual que la afirmación se base en datos sobre condenados, que son los más alejados de la cifra negra. Por eso, para dar una visión general del panorama delictivo, se analizarán todas las fuentes oficiales.

Consultando estas, todo indica que efectivamente se está produciendo un aumento de delitos sexuales cometidos por menores de edad en las estadísticas oficiales. Empezando por los datos policiales, que se refieren al número de detenidos e investigados, se constata una tendencia al alza de estos desde el año 2011. Se producen incrementos puntuales en 2013 y 2016 y una tendencia claramente ascendente a partir del año 2017 (gráfico 1)[14]. Si atendemos a los datos que publica la FGE sobre el número de delitos sexuales en la jurisdicción de menores comprobamos que estos en general descienden hasta el año 2015 y a partir de ese año aumentan moderadamente para incrementar de forma destacable a partir del año 2017 (gráfico 1). En cuanto a las infracciones condenadas se produce un aumento desde 2011, aunque con altibajos hasta 2015, año a partir del cual tiene lugar un ascenso importante hasta 2021. En definitiva, en todos los gráficos aumentan los delitos sexuales considerablemente a partir de 2015 y especialmente a partir de 2017. En todos ellos se produce un descenso puntual en el año 2020, cuya explicación es la excepcional situación y las

---

ticias/siete-casos-dia-aumentan-los-delitos-sexuales-cometidos-por-menores-20230426_2676356

14 Coincide con este análisis aunque trabajando con datos relativos FERNANDEZ MOLINA, E. ¿Son ahora los jóvenes...?cit.

restricciones de movilidad sufridas durante la pandemia, que probablemente han dado lugar a una reducción en el número de hechos delictivos, de denuncias y de la actividad de estas instituciones en general.

Gráfico 1: Detenidos e investigados por delitos sexuales menores de edad (MIR), infracciones incoadas (FGE) e Infracciones condenadas (INE)

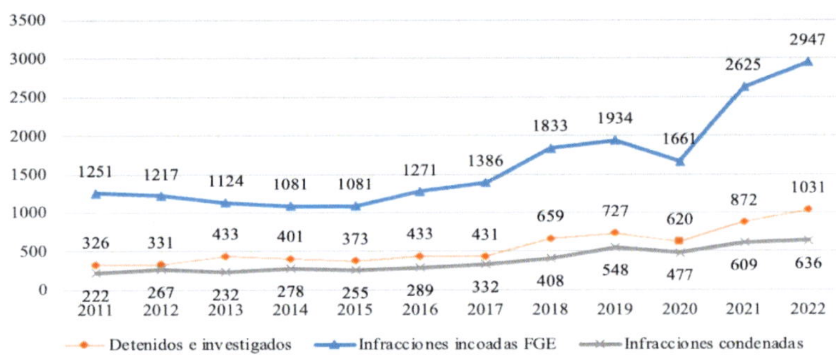

Fuente: elaboración propia (MIR, FGE, INE).

Otra información que podemos obtener de la consulta de datos oficiales es que el incremento se produce tanto en autores menores como en adultos (gráficos 1 y 2), pero en estos últimos de forma más sutil y paulatina (gráfico 2). Además, se percibe así en todas las fuentes, especialmente a partir de 2015. Ahora bien, aunque la información que aportan los datos absolutos es valiosa, para constatar este incremento resulta fundamental acudir a datos relativos como los que ofrecen las tasas. La tendencia al alza de la tasa de detenidos/investigados (gráfico 3) y de la de infracciones condenadas por 100.000 habitantes (gráfico 4) en los delitos sexuales no es exclusiva de los menores de edad. Sin embargo, en adultos el incremento es más progresivo y parece producirse desde antes de 2014. En menores ese aumento es más rápido y se produce a partir de 2015.

Gráfico 2: detenidos e investigados adultos por delitos sexuales(MIR), diligencias previas por delitos (FGE) e infracciones condenadas (INE)

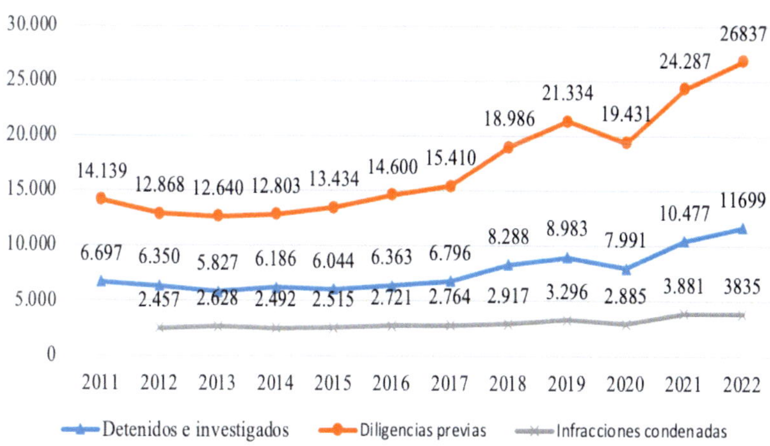

Elaboración propia (datos INE, FGE, MIR)

Gráfico 3 : tasa de detenidos e investigados x 100.000 hab. por delitos sexuales

Elaboración propia (MIR)

Gráfico 4 : Tasa de infracciones condenadas x 100.000 hab. por delitos sexuales (Adultos/Menores)

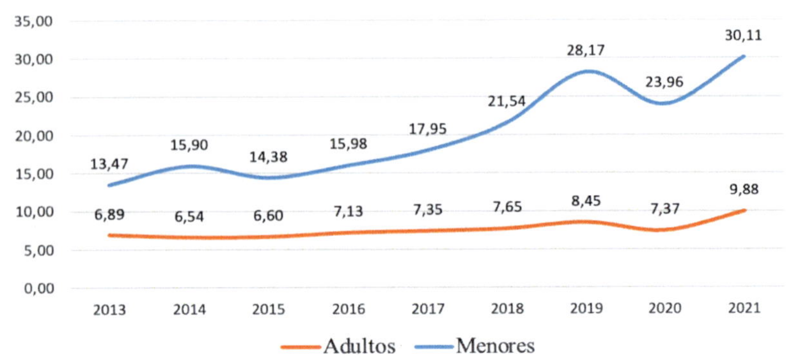

Elaboración propia (datos INE, FGE, MIR)

Constatada la tendencia al alza de los delitos sexuales cometidos por menores resulta importante comparar este fenómeno con el resto de la delincuencia para saber cuál es la relevancia estadística de la sexual. El porcentaje que supone la delincuencia sexual cometida por menores ha aumentado en todas las estadísticas oficiales desde el año 2011 pero especialmente desde el año 2015 (gráfico 5). El porcentaje de menores detenidos o investigados por un delito sexual incrementa casi el doble desde 2011, pasando de un 1,4% a un 3% en 2021. Lo mismo sucede con las infracciones sometidas a diligencias preliminares (FGE), en el que los porcentajes se mueven entre el 1,6% y el 2,9%. Más diferencia existe entre los porcentajes mínimo y máximo que arrojan los datos sobre condenados, que van desde el 1,1% en 2011 al 4,5% en 2021. No obstante, en ningún caso estamos ante un porcentaje que nos impida afirmar que nos encontramos ante un fenómeno delincuencial minoritario, pues estamos en torno al 3%, en los datos policiales y de la Fiscalía, y al 4,5% en los datos de condenados.

Esa misma idea se puede extraer del gráfico 6, que compara las diligencias por distintos tipos delictivos abiertas por la FGE desde 2011 hasta 2021 y viene a confirmar que la delincuencia sexual es un fenómeno residual. La Fiscalía no hace una distinción detallada por tipologías delictivas en lo que a delitos sexuales se refiere, sólo distingue entre agresiones y abusos sexuales, y aunque desde 2011 ambas aumentan, se puede decir que no es especialmente preocupante si se compara con la delincuencia habitual cometida por menores, que se concentra en la patrimonial (hurtos, robos con violencia o intimidación, robos con fuerza y daños) y en las lesiones, aunque también hay que destacar desde hace años la gran prevalencia del fenómeno de la violencia doméstica.

Gráfico 5: Porcentaje que supone la delincuencia sexual en el total de la delincuencia de menores

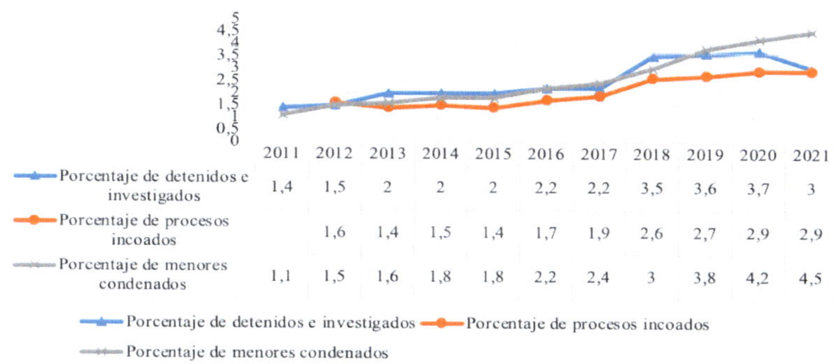

	2011	2012	2013	2014	2015	2016	2017	2018	2019	2020	2021
Porcentaje de detenidos e investigados	1,4	1,5	2	2	2	2,2	2,2	3,5	3,6	3,7	3
Porcentaje de procesos incoados		1,6	1,4	1,5	1,4	1,7	1,9	2,6	2,7	2,9	2,9
Porcentaje de menores condenados	1,1	1,5	1,6	1,8	1,8	2,2	2,4	3	3,8	4,2	4,5

Elaboración propia (datos INE, FGE y MIR)

Gráfico 6: Serie temporal del total de procedimientos incoados por delitos sexuales por tipologías cometidos por menores de edad (FGE)

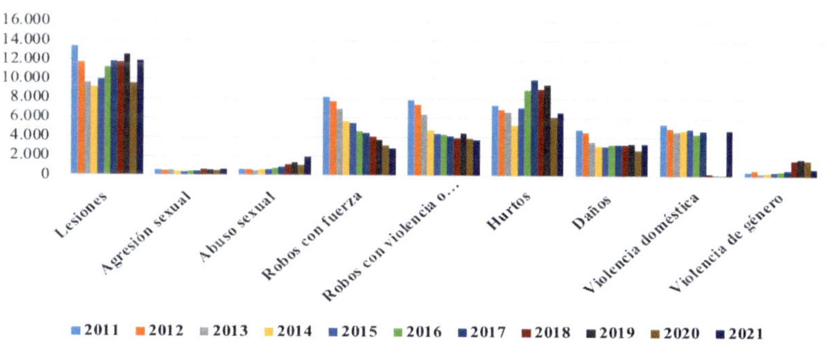

Elaboración propia (datos FGE)

Otro aspecto fundamental es conocer si este aumento se está produciendo en todos los delitos sexuales de forma homogénea o sólo en algunos de ellos. Para obtener esta información nos encontramos con el problema de que las estadísticas oficiales ofrecen, dependiendo de la fuente de que se trate, información más o menos desagregada a tal efecto. Las de la FGE sólo distinguen entre abuso y agresión sexual (gráficos 6 y 7). El INE en algunos casos hace distinción por tipos penales concretos y en otros por Capítulos del Código penal (gráficos 9 y 10). En lo que a datos policiales se refiere, aunque el Portal Estadístico distingue por algunas tipologías delictivas, resulta útil acudir al reciente Informe sobre delitos sexuales del MIR (2021) (gráfico 8).

Como ya se ha apuntado, las estadísticas de la Fiscalía revelan que desde 2011 el aumento se produce principalmente en los delitos de abuso sexual. Aunque las agresiones sexuales también tienen una tendencia ascendente, estas son relativamente escasas y estables (gráfico 7). De hecho, estas manifiestan una tendencia decreciente hasta 2018, año en que se produce un pequeño repunte. Por su parte, las estadísticas policiales, que distinguen más tipologías delictivas, revelan que la mayor parte de detenidos lo es por abuso sexual, en ascenso desde 2018 y las siguientes categorías serían dos tipologías especialmente graves: la agresión sexual y la agresión sexual con penetración (gráfico 8). El Informe sobre delitos sexuales del MIR (2021) apunta a que las dos tipologías delictivas que han suscitado un mayor número de detenidos e investigados menores de edad son el abuso sexual (41%) y la agresión sexual (23,6%)[15]. Llama la atención que en tercer lugar se encuentre la agresión sexual con penetración (16,6%), uno de los delitos más graves, que constituye incluso un porcentaje mayor que el de abuso

---

15 MINISTERIO DEL INTERIOR, *Informe sobre delitos contra la libertad e indemnidad sexual*, 2021.Disponible en línea en: https://www.interior.gob.es/opencms/pdf/prensa/balances-e-informes/2021/Informe-delitos-contra-la-libertad-e-indemnidad-sexual-2021.pdf.

sexual con penetración (10%)[16]. Destaca también en cuarto lugar la pornografía de menores, siendo casi la totalidad de detenidos por la conducta de posesión de dicho material. Como se pondrá de manifiesto a lo largo de los siguientes epígrafes, ese es un tipo penal cuya tipificación se realizó pensando en un autor adulto pero que cuando se aplica a menores resulta problemático. También sucede esto con otros cuya presencia estadística no resulta nimia, como el *online child grooming* o el contacto por medio de la tecnología con menor de edad, el exhibicionismo o la corrupción de menores (gráfico 8).

Gráfico 7 : Procedimientos incoados por delitos sexuales cometidos por menores (FGE)

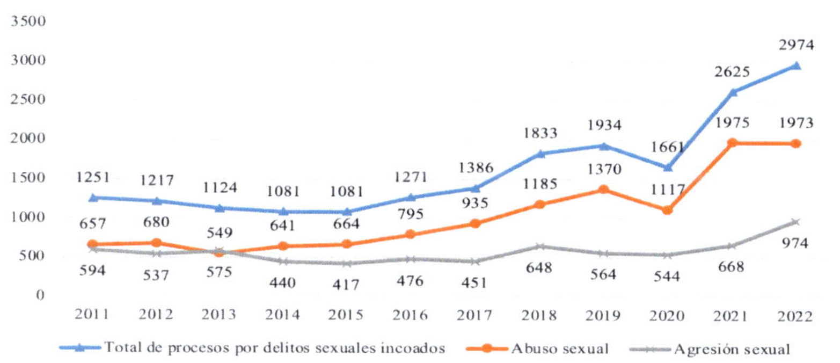

Elaboración propia (datos FGE)

[16] Esto puede venir motivado por el hecho de que inicialmente se califique el hecho como violento o intimidatorio y que en fases posteriores del proceso se rebaje dicha calificación, desapareciendo estos elementos.

Gráfico 8: porcentaje de detenidos e investigados menores de edad por delitos contra la libertad sexual por tipología delictiva

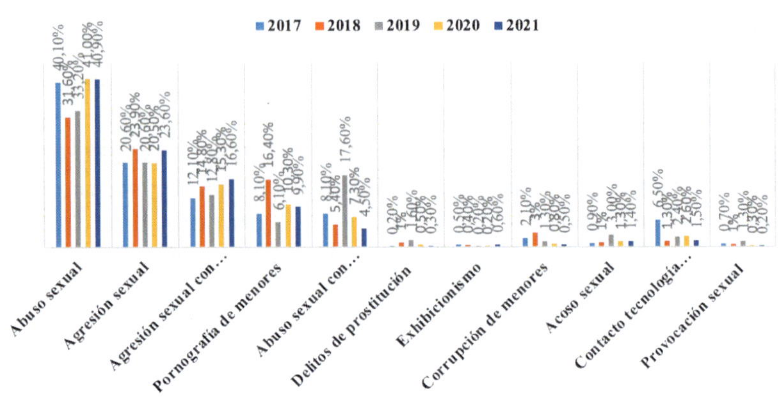

Elaboración propia (datos MIR)

Las condenas por su parte revelan que las agresiones sexuales, la tipología más grave, es escasa en el cómputo total de infracciones sexuales y mantiene una clara tendencia a la baja desde el año 2011. Parece que también sigue una tendencia estable y relativamente a la baja el abuso sexual, lo que difiere de los datos revelados por las demás fuentes (gráfico 10). No obstante, el descenso de los abusos y agresiones sexuales del gráfico 10 puede resultar engañoso, pues la categoría "otros", claramente en aumento, engloba los delitos del Capítulo II Bis, entre cuyos tipos penales se recogen los abusos y agresiones sexuales con víctima menor de 13 años (a partir de 2010) y con víctima menor de 16 años (a partir de 2015). Es decir, recoge una buena parte, si no la mayoría, de los abusos y agresiones sexuales cometidos por menores de edad.

El gráfico 9, que detalla más claramente las distintas tipologías delictivas de infracciones condenadas (sólo ofreciendo información desagregada desde 2017), evidencia cómo las agresiones sexuales respecto al total de la delincuencia sexual descienden desde 2017[17].

---

[17] Se entiende que, por lógica, el INE sólo recoge en la categoría "Agresión sexual" y "violación" aquellas con víctima mayor de dieciséis años.

Su modalidad más grave, la violación, es prácticamente anecdótica y también en descenso desde este año. Los delitos del Capítulo II Bis de abusos y agresiones sexuales a menores de 16 años, que también incorporan otros tipos penales con víctima menor de dieciséis, constituyen el grueso de la delincuencia sexual cometida, junto con los abusos en general. Estadísticamente con una importancia menor, pero considerable, destacan los delitos de exhibicionismo y pornografía infantil (en el apartado de los delitos relativos a la prostitución y a la explotación sexual y corrupción de menores), delitos que, como ya se ha dicho, se concibieron pensando en un delincuente adulto[18].

Gráfico 9: infracciones condenadas de menores de edad por delitos sexuales

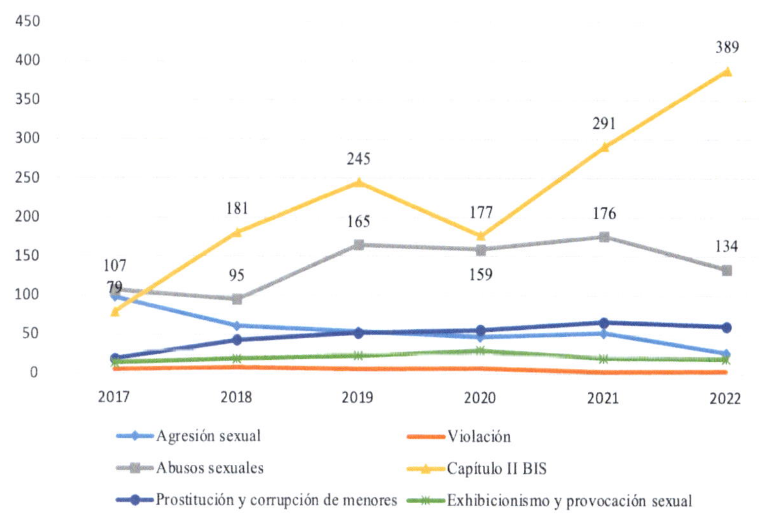

Elaboración propia (datos INE)

---

18 Destaca el incremento de los delitos de pornografía infantil RODRÍGUEZ TIRADO, A.M. *Vulnerabilidad y proceso penal de menores por delitos sexuales. Doctrina y jurisprudencia.* Aranzadi, 2021, p. 35. Aunque el aumento de estos delitos entre menores no es un fenómeno exclusivamente español, sino que parece ser generalizado. AEBI, M. *et al.* "Criminal History and Future Offending of Juveniles Convicted of Possesion of Child Pornography", *Sexual Abuse*, nº 26, 2014, pp. 375-390.

Gráfico 10: infracciones condenadas cometidas por menores

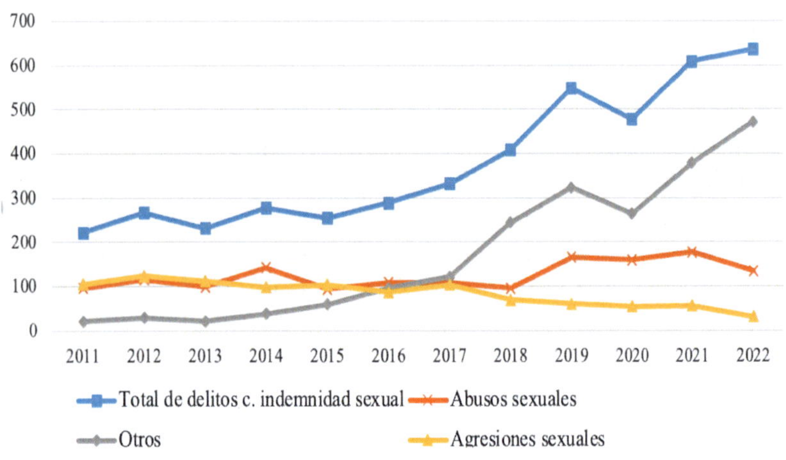

Elaboración propia (datos INE)

Si queremos ahondar sobre el perfil tanto de la víctima como del autor, el Informe sobre delitos contra la libertad e indemnidad sexual del Ministerio del Interior (2021) revela que la víctima habitual es de sexo femenino (87%), llegando las victimizaciones masculinas únicamente a porcentajes relativamente destacados en los delitos relativos a la corrupción de menores, prostitución-pornografía de menores y la provocación sexual. Por lo que se refiere al perfil del autor, este mismo informe revela que el grupo de los menores entre 14 y 17 años constituye un 8,3% del total de los detenidos e investigados por todos los delitos sexuales, siendo la franja de edad de los 41 a los 64 años la que con un 33% supone el porcentaje más elevado. Dentro de los menores de edad destaca el infractor de sexo masculino (97%) de origen español (79%), lo cual también se refleja en los condenados[19]. Llama la atención cómo el porcentaje de extranjeros, escueto en el ámbito de los adolescentes, se

[19] En 2021 en los condenados también es el menor de sexo masculino (97%) y el de nacionalidad española (78%) el mayoritario (INE).

amplía en las siguientes franjas de edad[20]. Esto significa que no es cierta la idea preconcebida lanzada por cierto sector político o periodístico de que el aumento de la delincuencia sexual de menores esté relacionado de algún modo con la inmigración o con los menores no acompañados.

2.3. Los datos sobre medidas judiciales impuestas a delincuentes sexuales

A continuación, se analizarán los datos disponibles sobre medidas judiciales impuestas a menores condenados por delitos sexuales con el objetivo de conocer cuál es la realidad de la práctica sancionadora en torno a esta categoría delictiva. En el ámbito penal a menudo sucede que las reformas van orientadas a incrementar la gravedad en la respuesta y que, por el contrario, los operadores jurídicos que tienen que aplicarlas traten de paliar dichos efectos punitivos. Como afirma FERNÁNDEZ MOLINA "la historia de la justicia de menores es una historia de resistencias internas en la que la ley y práctica no siempre han ido en la misma dirección y en el que en ocasiones se han vivido procesos de resistencia interna tan fuertes que la disparidad ha sido absoluta"[21]. De hecho, esta autora demuestra en su trabajo cómo las reformas operadas en la LORPM durante la década de los dos mil, que fueron duramente criticadas por la doctrina penal por aumentar la carga represiva de la legislación de menores, concretamente, por aumentar los supuestos en que se podía imponer el internamiento en régimen cerrado, no tuvieron los efectos esperados en lo que al incremento real de esta medida se refiere[22]. Es más, las tasas de internamiento varían mucho de

---

20 En la franja de 18 a 30 años los extranjeros constituyen un 40,6% y en la de 31-40 años un 47,1%.

21 FERNÁNDEZ MOLINA, E. "El internamiento de menores. Una mirada hacia la realidad de su aplicación en España", *Revista electrónica de Ciencia Penal y Criminología,* 2012, nº 18, pp. 1-20.

22 Como apunta esta autora "en los últimos años y, a pesar de la regulación más restrictiva, la tendencia se ha invertido demostrando una

unos países a otros con independencia de la dirección que tome la política criminal y las cifras de delincuencia[23].

Dicho esto, aunque ya en el anterior epígrafe se apuntaba cómo la realidad empírica refleja una respuesta penal más represiva contra los menores en la medida en que se han incrementado las condenas por delitos sexuales en los últimos años, especialmente después de 2015, es esencial comprobar cuáles son las medidas más impuestas y si la tendencia por parte de los jueces es aplicar a estos las más restrictivas de derechos. Principalmente se atenderá a cómo se están aplicando las medidas privativas de libertad, concretamente el internamiento en régimen cerrado, pues, aunque la propia LORPM no lo dice expresamente, los textos internacionales firmados por España recogen la idea de que debe ser siempre la *ultima ratio*[24]. Para ello, acudi-

---

apuesta clara de los poderes públicos hacia la desinstitucionalización y el trabajo comunitario con menores infractores". FERNÁNDEZ MOLINA, E. "El internamiento de menores..." cit. Como ella misma reconoce, a ello ha contribuido la FGE con sus circulares en las que interpreta las reformas de la LORPM de acuerdo con sus principios. Por ejemplo, la Circular 1/2007 de la FGE, sobre criterios interpretativos tras la reforma de la legislación penal de menores de 2006, que entre otras cosas insiste en que el margen de maniobra de los operadores jurídicos es considerable y que los Fiscales deberán acudir a la ampliación de la medida de internamiento (excepción a la regla general), cuando así lo aconseje el interés del menor. También en esta Circular se recuerda que el supuesto de comisión en "grupo o banda", que permite la imposición del internamiento en régimen cerrado, debe ser interpretado restrictivamente y sólo cuando la actuación en grupo sea "para debilitar la defensa del ofendido o para facilitar la impunidad de los autores" tal y como establece el 22.2 del CP para los autores adultos.

23 DÜNKEL, F. y PRUIN, I. "Community sanctions and the sanctioning practice in juvenile justice systems in Europe". JUNGER-TAS, J. y DÜNKEL, F. (ed.) *Reforming Juvenile Justice*, Springer, 2009, p. 185.

24 Así, las reglas de Beijing elaboradas por Naciones Unidas en 1985 recogen en su artículo 17 que "b) Las restricciones a la libertad personal del menor se impondrán sólo tras cuidadoso estudio y se reducirán al mínimo posible; c) Sólo se impondrá la privación de

remos a los datos ofrecidos por el INE sobre medidas adoptadas por la comisión de delitos sexuales. En esta web solo se ofrecen datos sobre medidas impuestas a partir del año 2017, lo cual de antemano merece una crítica, pues para el propósito del trabajo hubiera sido de mucha utilidad contar con datos previos a 2015.

Gráfico 11: comparación entre las medidas más impuestas para los delitos sexuales vs. dichas medidas impuestas para todos los delitos en general

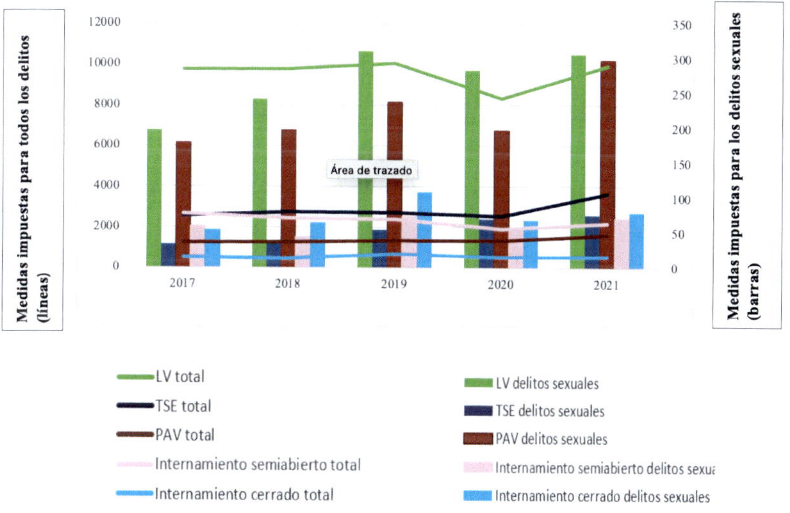

Elaboración propia (datos INE)[25]

El gráfico 11, que se presenta con el título de "comparación entre las medidas más impuestas para los delitos sexuales vs. dichas medidas impuestas para todos los delitos en general",

libertad personal en el caso de que el menor sea condenado por un acto grave en el que concurra violencia contra otra persona o por la reincidencia en cometer otros delitos graves, y siempre que no haya otra respuesta adecuada".

25 Agradezco la elaboración de este gráfico a Elena Casado Patricio, profesora ayudante doctora de Criminología de la Universidad de Málaga.

puede ser complejo de descifrar a simple vista, por eso, antes de extraer la información necesaria, procedo a explicar las claves para su correcta interpretación. Por un lado, encontramos las medidas más impuestas por delitos sexuales a menores desde 2017 a 2021. Estas se encuentran representadas por barras verticales, y requieren acudir a la escala de la derecha para conocer los resultados. Por otro, aparecen los resultados de esas mismas medidas impuestas para todos los delitos en general. Se representan en líneas horizontales y la escala para conocer los resultados es la de la izquierda. Dicho esto, con los datos del INE podemos extraer conclusiones sobre delitos sexuales (gráfico de barras y escala de la derecha), delitos en general (líneas horizontales y escala de la izquierda) o comparando ambos.

Si atendemos únicamente a las medidas judiciales más impuestas en menores que han cometido un delito sexual en el gráfico 9 aparecen reflejadas: la libertad vigilada (LV), la prohibición de aproximarse o comunicarse con la víctima (PAV), el internamiento en régimen cerrado, el internamiento semiabierto y la realización de tareas socioeducativas. La conclusión es que algunas de ellas son las más severas dentro del catálogo del art. 7 LORPM, especialmente los internamientos cerrado y semiabierto. También se eleva a la categoría de medida estrella, pues es la segunda más impuesta, una que se ha considerado como especialmente inocuizadora y de escaso contenido educativo: la PAV[26]. Todas mantienen una tendencia al alza, a excepción de la caída pandémica del año 2020. Resulta llamativo el gran uso de la medida más grave: el internamiento, pues uniendo los porcentajes de todos los tipos (cerrado, abierto, semiabierto y el terapéutico) en 2017, de cada 100 medidas impuestas por delito sexual a menores 23 fueron una medida de este tipo[27]. Esta dureza represiva contrasta con el hecho de que la mayor parte de los delitos sexuales cometidos por menores son sin acceso carnal y en los que no concurre violencia

---

26 Se abordará esta cuestión en el tercer capítulo.

27 en 2018 (19), en 2019 (24), en 2020 (20) y en 2021 (19).

o intimidación. También resulta llamativo que figure en último lugar como medida más impuesta la de tareas socioeducativas (TSE), lo que no tiene por qué constituir un ejemplo de moderación punitiva, pues su imposición probablemente obedezca a que se está aplicando como medida complementaria de otra más grave y viene a satisfacer las necesidades educativas del menor en materia educativo-sexual[28].

Aunque no aparezca reflejado en el gráfico, las medidas más impuestas para todos los delitos en general según el INE son: la LV, la prestación en beneficio de la comunidad (PBC), la TSE, el internamiento semiabierto y la PAV. Aunque hay algunas que coinciden con las más impuestas para los delitos sexuales, podemos afirmar que en general se imponen sanciones más educativas y menos represivas. Además, si volvemos al gráfico 11 y hacemos una lectura conjunta de líneas y barras, podemos comprobar que el endurecimiento punitivo es exclusivo de los delitos sexuales y no se trata de un fenómeno generalizado para el resto de tipologías delictivas. Así, por ejemplo, si atendemos al internamiento en régimen cerrado para todos los delitos en general (línea horizontal azul celeste), este mantiene una tendencia estable incluso a la baja desde 2017. Por el contrario, el internamiento en régimen cerrado para delitos sexuales (gráfico de barras azul celeste), se incrementa cada año exceptuando la caída pandémica de 2020. Lo mismo es extrapolable al internamiento semiabierto. También destaca el considerable aumento de la PAV en los delitos sexuales en comparación con el resto. Aunque en estos últimos también es creciente (debido probablemente a fenómenos como el acoso escolar o la violencia de género), dicho ascenso es más sutil.

---

28 Hay que recordar que el principio de acumulación de medidas permite imponer por un hecho una o más medidas siempre que no sean de la misma clase (art. 7.4 LORPM).

2.4. Discusión sobre los datos

Desde el punto de vista criminológico todo parece indicar que la delincuencia sexual de menores registrada asciende en los últimos años[29]. Dicha tendencia se confirma en los datos procedentes de todas las fuentes, aunque ello no significa que tenga lugar en todos los delitos por igual. Como ya se ha apuntado, este incremento se produce más claramente en el abuso sexual, y en otros delitos recientemente incorporados, y no tanto en las agresiones. La explicación puede ser multicausal. Por un lado, podría estar relacionada con un incremento de la delincuencia real debido a un mayor acceso a contenidos de carácter sexual a través de las tecnologías de la información y de la comunicación, que no habría venido acompañado de un refuerzo educativo en el ámbito escolar o familiar que contribuya a asimilar dicho contenido. Así, apunta la propia Fiscalía en su memoria de 2020 que el problema

---

29 Incremento que se percibe tanto en los datos policiales, de la fiscalía y del INE. Desde 2017 hasta 2021 se cuentan los siguientes detenidos e investigados anuales: 6363,6796,8288,7991,10.477. En esas mismas fechas según la Fiscalía se abrieron anualmente las siguientes diligencias preliminares: 1.386,1.833,1.934,1.661,2.625. La propia memoria de 2020 recoge lo siguiente "Durante los cuatro años precedentes se ha consignado el importante incremento del número de delitos contra la libertad sexual". La Fiscalía insiste en que "Hay que lamentar una nueva subida durante el año 2019, menos pronunciada, en conjunto, que la de 2018. En 2019 se incoaron 1.934 procedimientos frente a los 1.833 de 2018; los 1.386 de 2017; los 1.271 de 2016 y los 1.081 de 2015. Además, refleja que este aumento recae en los abusos sexuales, mientras que las agresiones permanecen relativamente estables". En cuanto a menores condenados desde 2017 por delitos sexuales son los siguientes: 269,323,416,390,439. Del fenómeno se ha hecho eco la propia prensa española vid. Noticia del diario *El Mundo* "Los delitos sexuales cometidos por menores se disparan un 169%" del 2 de enero de 2023 disponible en línea: https://www.elmundo.es/espana/2022/12/26/63a99238fdddffad2e8b4595.html. Por el contrario, en años anteriores la delincuencia sexual no registrada mantenía una tendencia a la baja (entre 1989 y 2008). Vid. GARCÍA ESPAÑA, E. *et al.* "Evolución de la delincuencia en España…"cit.

podría estar en el consumo de pornografía a edades muy tempranas[30]. Es cierto que algún estudio ha indicado que en España el inicio de esta práctica se produce relativamente pronto (catorce años de media)[31]. Además, la nueva pornografía se ha demostrado como un fenómeno que produce impactos destacados sobre la imagen de los hombres y las mujeres, así como consecuencias negativas en las relaciones de pareja y también un aumento de las prácticas de riesgo (consideradas esta como la práctica de sexo sin preservativo, con desconocidos, en grupo o de consumo de prostitución)[32]. Como dicen algunos autores, las narraciones en el porno generalmente están poco elaboradas, muestran relaciones sexuales descontextualizadas (no hay pasado, casi no hay seducción ni rituales de exploración), incluyen todo tipo de tópicos racistas, machistas y estereotipos culturales, presentan habitualmente prácticas de riesgo (sexo sin preservativo, eyaculación en la boca tras sexo anal), presentan violencia expresa (asfixia, golpes,

---

30 Así lo pone de manifiesto la propia Fiscalía la Memoria de 2021, que recoge que "Así lo confirman los informes de las memorias donde se sigue haciendo hincapié en el desarrollo de comportamientos excesivamente sexualizados a edades impúberes, como consecuencia del visionado de pornografía en internet y la falta de formación en materia sexual (Madrid, Sevilla).". Disponible en línea en: https://www.fiscal.es/memorias/memoria2021/FISCALIA_SITE/index.html. Apunta también a la pornografía como causa de la comisión de delitos sexuales BALLESTER BRAGE, L.; ORTE SOCÍAS, C. y POZO GORDALIZA, R. "Estudio de la nueva pornografía y relación sexual en jóvenes", *Revista andaluza de ciencias sociales*, nº13, 2014, pp. 165-178. Pone en relación el consumo de pornografía violenta en los adolescentes y las conductas sexuales agresivas. DAWSON, K.; TAFRO, A.; STULHOFER, A. "Adolescent sexual aggressiveness and pornography use: A longitudinal assessment" *Aggressive Behavior*, 45(6), 2019, pp. 587-597.

31 BALLESTER BRAGE, L.; ORTE SOCÍAS, C. y POZO GORDALIZA, R. "Estudio de la nueva pornografía..."cit.

32 BALLESTER BRAGE, L.; ORTE SOCÍAS, C. y POZO GORDALIZA, R. "Estudio de la nueva pornografía..." cit. La investigación empírica demuestra la relación entre el consumo de pornografía y la baja empatía.

humillación, etc.)"[33]. En definitiva, reproducen estereotipos de género y de la sexualidad basada en la dominación masculina[34].

No obstante, como apuntan GALLEGO RODRÍGUEZ y FERNÁNDEZ-GONZÁLEZ este no suele ser el único determinante causal de los delitos sexuales, sino que a esta contribuyen ciertas características individuales, como las psicopatologías, la agresividad, dominancia, masculinidad hostil, promiscuidad, y contextuales, influyendo la pornografía en la excitación, las actitudes y el comportamiento[35]. Otras explicaciones que se han ofrecido de tipo material apuntan al incremento del consumo de alcohol o drogas entre los jóvenes[36],

---

33 BALLESTER BRAGE, L.; ROSCÓN VARELA, C.; FACAL FONDO, T; GÓMEZ JUNCA, R. "Nueva pornografía y desconexión empática", *Revista Internacional de Estudios Feministas,* Vol. 6 (1), 2021, pp. 67-105. Apunta también los riesgos de la exposición a la pornografía entre jóvenes FLOOD, M. "The harms of pornography exposure among children and young people", *Child abuse review.* Vol. 18; pp. 384-400.

34 BALLESTER BRAGE pone de manifiesto que "El porno comunica la sensación de omnipotencia. En las consultas con los jóvenes aparecen frases como: «Puedo follar con muchas parejas», «Puedo hacer cualquier cosa», «No importa si me desean o no: siempre hacen lo que digo o deseo», «No hay ninguna restricción de ningún tipo». En uno de los institutos en los que se han realizado presentaciones de los primeros resultados y debates con jóvenes, al tratar de la percepción distorsionada de la realidad y de las violaciones en grupo, lamentablemente presentes en España y otros países, un joven dice: «Ellas deben haber provocado, eso no pasa si ellas no provocan». Como se puede ver, la justificación de cualquier conducta se basa en la certeza de lo que se está consolidando con los vídeos de violencia sexual en grupo." BALLESTER BRAGE, L.; ORTE SOCÍAS, C. y POZO GORDALIZA, R. "Estudio de la nueva pornografía…"cit..

35 GALLEGO RODRÍGUEZ, C. y FERNÁNDEZ-GONZÁLEZ, L. "¿Se relaciona el consumo de pornografía con la violencia hacia la pareja? El papel moderador de las actitudes hacia la mujer y la violencia", *Behavioral Psychology / Psicología Conductual. Revista internacional de psicología de la salud*, vol. 27, nº 3, 2019, pp. 431-454.

36 Esta es una de las razones que apunta uno de los expertos consultados en la noticia de Noticia del diario *El Mundo* "Los delitos sexuales

Además de que pueda haber razones que apunten a un aumento real de la delincuencia, el incremento de delitos registrados puede deberse a razones de otro tipo, como, por ejemplo, un aumento de las denuncias[37]. En este sentido, afirman REDONDO y MANGOT, la reacción social sobre conductas sexuales cometidas por menores ha cambiado enormemente y quizás comportamientos que antes se veían como "cosas de niños" ahora se perciben como conductas sexuales graves que merecen una reprobación por parte del sistema penal[38]. Este fenómeno no es exclusivo de los delitos sexuales. De hecho, este aumento de los delitos sexuales viene acompañado de una tendencia similar desde hace años en los delitos de violencia filio-parental y violencia de género. Así, dice la Fiscalía en su memoria de 2019 que incrementan delitos como "la violencia doméstica contra los padres, la violencia de género y los delitos contra la libertad sexual. Estos delitos no están asociados –necesariamente– a la marginalidad, sino a una deficiente educación, a una pobre formación en valores y a la ausencia de la mínima empatía y consideración hacia los demás". En cualquier caso, más allá del déficit educativo ya previamente apuntado, y dejando a un lado el fenómeno de la violencia intrafamiliar, lo que parece estar revelando la tendencia al alza de los delitos sexuales y los delitos de violencia de género es un incremento de la conciencia de género que podría estar dando lugar

---

cometidos por menores se disparan un 169%" del 2 de enero de 2023 disponible en línea: https://www.elmundo.es/espana/2022/12/26/63a99238fdddffad2e8b4595.html. Relaciona el consumo de alcohol y drogas con conductas sexuales desviadas LO, T.W; TSE, J.W.L.; CHENG, C.H.K.; CHAN, G.H.Y.: "The Association between Substance Abuse and Sexual Misconduct among Macau Youths". *International Journal of Environmental Research and Public Health*, 2019, 16, 1643, pp.1-17.

37 Tal y como sucedió con la violencia de género en adultos, pero también con la violencia filioparental en menores. Sobre este fenómeno en la violencia de género Vid. BENÍTEZ JIMÉNEZ, M.J. *Violencia contra la mujer en el ámbito familiar: cambios sociales y legislativos*, Edisofer, 2004, pp.274-275.

38 REDONDO, S. y MANGOT, A. "Génesis delictiva y tratamiento de los agresores sexuales: una revisión científica", *Eguzkilore*, 2, 2017, pp.1-33.

a una sobredimensión del fenómeno en los juzgados, debido a un incremento de hechos que se ponen en conocimiento de los juzgados o de casos que no desjudicializan[39].

Otra explicación plausible son las propias reformas penales en la materia. No es casualidad que se produzca un singular incremento de los delitos sexuales cometidos por menores tras el año 2010, y especialmente a partir de 2015[40]. Aunque las implicaciones concretas para los menores de estas se analicen detalladamente con posterioridad, las reformas penales de 2010 y 2015 incorporaron tipos penales nuevos de habitual comisión por menores e ampliaron y agravaron otros, impidiendo acudir a las amplias facultades desjudicializadoras de las que dispone el Ministerio Fiscal en la LORPM. El hecho de que aumente considerablemente la categoría "otros delitos sexuales" o que tipologías como las agresiones sexuales no mantengan una tendencia creciente tan clara refuerzan esta explicación, que no excluye algunas de las anteriores. El aumento en la edad de consentimiento es otra de las reformas que ha tenido relevancia. La Fiscalía recoge en sus memorias que muchas de las diligencias que se abren se acaban cerrando porque la proximidad en edad de los menores involucrados, así como la ausencia de violencia, intimidación engaño, etc. hacen que entre en juego la cláusula 183 *quáter* CP (actualmente en el art. 183 bis CP). De hecho, este organismo insiste en que esta podría ser la explicación al incremento de las causas judiciales y así lo reconoce en su Memoria de 2020 cuando recoge que "Se apun-

---

39 Así también lo considera FERNÁNDEZ MOLINA, aunque esta autora, además de a la cuestión de género, también apunta al hecho de la creciente sensibilidad social que ha surgido en los países occidentales sobre la violencia leve. Vid. "¿Son ahora los jóvenes españoles…"cit.

40 Este aumento se percibe más claramente a partir de 2018. Es normal que en algunas estadísticas, sobre todo en las relativas a condenas, el incremento asociado a las modificaciones legislativa no se produzca en los mismos años de las reformas penales, sino más tarde (hay que tener en cuenta que una reforma tarda en entrar en vigor y formar parte de la práctica aplicativa de los operadores jurídicos).

tó a la reforma del CP por la LO 1/2015 como una de las causas fundamentales del aumento de los abusos sexuales."[41].

Refuerza esta posible explicación el hecho de que esta tendencia ascendente también se haya producido en el ámbito de adultos. Al fin y al cabo, si se han incorporado nuevos delitos, se ha elevado la edad de consentimiento sexual, la edad de la víctima de determinados tipos o se han ampliado conductas típicas es normal que el incremento se produzca en ambos sujetos[42]. Como dirían los teóricos del conflicto social, la razón del aumento de la delincuencia no siempre hay que buscarla en un crecimiento real de esta, sino en una modificación de su definición[43]. Y lo cierto es

---

41 CUERDA ARNAU, también apunta a que en la Memoria de 2012 de la FGE esta institución reconoce, aunque de forma confusa, que el incremento de delitos sexuales obedece a la reforma operada en el CP por la LO5/2010, de 22 de junio. CUERDA ARNAU, M.L. "Irracionalidad y ausencia de evaluación legislativa en las reformas de los delitos sexuales contra menores", *Revista electrónica de ciencia penal y criminología*, nº 19, 2017. Asimismo, esta autora recuerda cómo aumentaron los delitos contra la seguridad vial tras las reformas de 2007 y 2010.

42 GONZÁLEZ TASCÓN también considera que el incremento de los delitos sexuales contra menores de edad que se ha producido desde 2013 es fruto de modificaciones legislativas como la inclusión del delito de *online child grooming*, la elevación de la edad del sujeto pasivo del delito en 2015, etc. GONZÁLEZ TASCÓN, M.M. "La victimización sexual de las personas menores de edad: Prevalencia y consecuencias del abuso sexual infantil", en VV.AA. (GONZÁLEZ TASCÓN, M.M., coord.). *Delitos sexuales y personas menores de edad o con discapacidad intelectual.* Tirant lo Blanch, 2022, p. 167. También apunta a esta razón y concretamente a la elevación de la edad de consentimiento sexual RODRÍGUEZ TIRADO, A.M. *Vulnerabilidad y proceso penal*...cit., p. 35.

43 A mediados del siglo XX diversos teóricos denominados por Matza como la "Nueva Escuela de Chicago" entre los que destacan Tannembaun, Goffman, Lemert y Becker pusieron en entredicho la supuesta objetividad de las denominadas conductas desviadas e infractoras. Hasta ese momento la Criminología habría orientado sus esfuerzos esencialmente hacia el estudio de los individuos desviados, poniendo el énfasis en la identificación de las circunstancias antecedentes que habían propiciado su desviación, y teniendo como propósito exclusivo su

que lo punible en el ámbito del Derecho penal sexual con víctima menor de edad viene ampliándose desde hace tiempo[44].

Ahora bien, aunque el aumento se ha producido tanto en menores como en adultos, en el en el segundo grupo es más sutil. Esto puede deberse a que la incorporación del Capítulo II Bis y otras modificaciones han tenido especial incidencia en los adolescentes, dado que van dirigidos a sancionar comportamientos con víctima menor de una determinada edad. Hay que tener en cuenta que entra dentro de la normalidad criminológica que un menor sometido a responsabilidad penal victimice a un igual o a otro menor pero próximo en edad (y que, por tanto, sea objeto de aplicación del Capítulo II Bis). Así, aunque los esfuerzos del legislador van dirigidos a contrarrestar el peligro que constituye un "nuevo tipo de pederasta", adulto, altamente reincidente, que en ocasiones busca el contacto con el joven a través de internet y se gana su confianza con la finalidad de cometer un abuso sexual o de obtener material pornográfico[45], la realidad revela que las reformas están haciendo

---

corrección. Sin embargo, la Criminología olvidaba analizar los auténticos productores de desviación: el estado, los mecanismos de control, todos aquellos estamentos que definen a ciertos sujetos como desviados e instan a su control. A raíz de este paradigma surgieron las teorías del etiquetado (*labelling*) y el conflicto social en las que precisamente los temas fundamentales fueron estos. REDONDO, S. y GARRIDO GENOVÉS, V. *Principios de Criminología,* Tirant lo Blanch, 2023, p. 292.

44 Este mismo informe revela que en el año 2021, prácticamente la mitad de victimizaciones registradas por menores de edad fue por abusos sexuales, mientras que sólo un 11% lo fue por agresión sexual. A esos porcentajes habría que sumar los de la agresión sexual con penetración, que constituyó el 7,3%, y el abuso sexual con penetración un 8,6%. Esos últimos porcentajes de delitos con penetración se incrementan en el resto de franjas de edad, excepto en el abuso sexual con penetración que es menor en las franjas de 41-64 años y de mayores de 65 años.

45 Así lo demuestran los debates parlamentarios previos a las reformas de 2010 y 2015 analizados por CRUZ MÁRQUEZ, B. "Capítulo 5. La construcción penal de los delitos contra la libertad e indemnidad sexual de los menores y adolescentes: un análisis crítico a partir de

estragos precisamente en los menores infractores por razones mucho más simples, pues, la víctima menor de edad es la habitual cuando el autor también lo es[46].

Otra de las conclusiones que se puede extraer es que se produce un incremento o una aplicación destacada de delitos que, incluidos en las recientes reformas o no, estaban concebidos para sancionar a adultos y no a menores con responsabilidad penal y

---

la «visibilidad» y el «grado de acuerdo social»", en VV.AA. (RODRÍGUEZ MESA, M.J. Dir.) *Pederastia. Análisis jurídico-penal, social y criminológico,* Aranzadi, 2019, p. 145. Críticos también con el hecho de que el perfil del delincuente al que se dirige el legislador se separe tanto de la realidad VILLACAMPA ESTIARTE, C. y GÓMEZ ADILLÓN, M.J. "Nuevas tecnologías y victimización sexual de menores por online grooming", *Revista Electrónica de Ciencia Penal y Criminología,* nº18 (2016), pp. 1-27. Disponible en línea: http://criminet.ugr.es/recpc/18/recpc18-02.pdf. Según RAMOS VÁZQUEZ esta imagen del delincuente sexual viene condicionada por la que ha mostrado reiteradamente la prensa. Vid. RAMOS VÁZQUÉZ, J.A. *Política criminal, cultura y abuso sexual de menores: un estudio sobre los artículos 183 y siguientes del código penal,* Tirant lo Blanch, 2016, pp. 40 y ss. Ahora bien, "Pese a la creencia errónea de que el abuso se produce principalmente por extraños, la evidencia demuestra que es en contextos familiares o de proximidad al menor que este se da con mayor frecuencia, y mediante mecanismos relacionados con actividades cotidianas de los infractores y de sus víctimas". DEL REAL CASTRILLO, C. "Capítulo 6. Infractores, víctimas y características del abuso sexual contra menores en España", en VV.AA. (RODRÍGUEZ MESA, M.J. Dir.) *Pederastia. Análisis jurídico-penal, social y criminológico,* Aranzadi, 2019, p. 194. El 90% de agresores sexuales de menores son hombres con edades entre los 30 y los 50 años, suelen tener pareja (entre el 65% y el 85%) y, entre el 65% y el 85% de los casos son familiares o personas cercanas a la víctima (profesorado, vecinos, etc.), pp. 60-61. El 20% de los casos de victimización sexual infantil es cometido por menores de edad. RODRÍGUEZ PÉREZ, S. "Aportaciones de la sexología..."cit. p. 61.

46 Así lo demostraba el estudio de VILLACAMPA y GÓMEZ ADILLÓN sobre el *child grooming,* que reveló la escasa prevalencia (siendo más elevada entre iguales) y poca peligrosidad de esta conducta. VILLACAMPA ESTIARTE, C. y GÓMEZ ADILLÓN, M.J. "Nuevas tecnologías..."cit.

que, trasladados al ámbito de menores, pueden no tener un injusto equiparable. Resulta llamativo el elevado nivel de prevalencia y el aumento en los últimos años, tanto en los datos policiales como en las condenas (gráficos 8 y 9), de la conducta de pornografía de menores y de delitos de contacto mediante tecnología con un menor de dieciséis con fines sexuales (*grooming*), pues, como se apuntará a lo largo del presente trabajo, son tipos que se han introducido o reformado pensando en un delincuente adulto y cuya aplicación a delincuentes menores debería ser excepcional[47]. Tal y como insiste la FGE, en estos delitos se debería abogar por una mayor flexibilidad para articular la respuesta "pues la antijuridicidad y culpabilidad que podrían constatarse con claridad si el autor es un adulto, pueden quedar desdibujadas de ser aquél menor de edad".

En cualquier caso, aunque en ascenso, de los datos podemos extraer que la delincuencia sexual no deja de ser un fenómeno minoritario dentro del cómputo total de delitos[48]. Los delitos sexuales no están entre los más cometidos, que siguen siendo los delitos patrimoniales, las lesiones y la violencia doméstica. El porcentaje de delincuencia sexual ha aumentado desde 2011, pero, aún en aumento, en 2021 está en torno a

---

47 Tal y como ha apuntado la propia Fiscalía en su Circular 9/2011, de 16 de noviembre, sobre criterios para la unidad de actuación especializada del Ministerio Fiscal en materia de reforma de menores (disponible en: https://www.boe.es/buscar/abrir_fiscalia.php?id=FIS-C-2011-00009.pdf).

48 En el ámbito de la delincuencia sexual de adultos en atención a los datos que tenemos de la cifra negra esta se reduce entre los años 1989 y 2008. Vid. GARCÍA ESPAÑA, E. *et al.* "Evolución de la delincuencia en España..." cit. Además, los datos comparados existentes a través de encuestas internacionales de victimización podemos concluir que la tasa de victimización en agresiones sexuales en nuestro país se sitúa muy por debajo de la media del resto de países. VAN DIJK, J.; VAN KESTEREN, J.; SMIT, P. *Criminal Victimisation in international perspective. Key findings from the 2004-2005 ICVS and EU ICS.* Eleven International Publishing, 2007, p. 78.

un 3% del total de delitos en los datos policiales y en torno a un 4,5% en los datos de la Fiscalía y de los condenados. Por tanto, aunque desde el punto de vista criminológico hay que implementar medidas para su detección y prevención, lo cierto es que sigue sin ser altamente preocupante. Además, como apunta FERNÁNDEZ MOLINA, si ponemos los delitos sexuales en un marco temporal más amplio, este aumento de los últimos años se produce en un contexto de bajada de la delincuencia en general de los últimos años, lo que hace que este quede relativizado[49].

Por lo que se refiere a la aplicación de las medidas, a pesar de que los delitos sexuales más cometidos son aquellos sin violencia o intimidación, la tendencia es que los jueces apliquen las más duras. Todo ello, aunque el margen de discrecionalidad para la aplicación de estas sea bastante amplio en la legislación vigente en ese momento, incluso para la comisión de los delitos sexuales[50]. Destaca la prevalencia de medidas especialmente represivas como las de internamiento y la prohibición de aproximarse a la víctima. Esto no es sólo contraproducente desde el punto de vista de la intervención educativa que se requiere en menores, sino que vulnera los tratados internacionales firmados por España que recomiendan que la privación de libertad sea excepcional[51]. En definitiva, se puede decir que la práctica sancionadora, a diferencia de lo que ha sucedido en otros momentos históricos, no está compensando la dureza represiva legislativa existente en este sector[52].

---

49 FERNÁNDEZ MOLINA, E. ¿Son ahora los jóvenes españoles…? cit.

50 Dicho margen de discrecionalidad era más amplio antes de la reforma penal de 2022 y su posterior reforma en 2023, pues los delitos sexuales que obligaban a la imposición del internamiento en régimen cerrado (art. 10.2 LORPM) eran muy pocos y sólo los más graves.

51 Así como principios básicos del ordenamiento de menores que con posterioridad se apuntarán.

52 Sobre este fenómeno y cómo las circulares de la FGE en otras ocasiones han contribuido a evitar la dureza represiva de la legislación de menores vid. nota a pie nº 23.

3. REFORMAS DE LOS DELITOS SEXUALES MÁS COMETIDOS POR MENORES Y CÓMO HAN AFECTADO ESTAS A LOS MENORES DE EDAD CON RESPONSABILIDAD PENAL

En las siguientes líneas se expondrán las reformas penales de los delitos sexuales más comúnmente cometidos por menores y cómo su modificación o incorporación al Código penal ha afectado al tratamiento que estos reciben por parte del sistema penal. No se trata de hacer un repaso sistemático por todas las modificaciones acontecidas en los últimos años, sino de atender a aquellos comportamientos que más les afectan criminológicamente hablando. Este análisis nos servirá para explicar por qué desde 2010, pero especialmente a partir de 2015, se incrementan los delitos sexuales cometidos por menores en las estadísticas oficiales y cómo las reformas les han conferido un tratamiento especialmente severo. En este sentido, se prestará especial atención a cómo ha evolucionado la posibilidad de imponer la medida más grave del ordenamiento de menores: el internamiento en régimen cerrado, tanto de forma potestativa como de forma obligatoria.

Aunque las modificaciones legislativas agravatorias en materia de delitos sexuales comenzaron mucho antes, el análisis se centrará en las reformas penales de 2010 y 2015 por coincidir temporalmente con el incremento de delitos de esta naturaleza, según las estadísticas oficiales[53].

---

[53] Crítica con la orientación político-criminal de la reforma de 1999 que introdujo el "denostado" delito de corrupción de menores y realizó una serie de modificaciones innecesarias, así como con la de 2003, que reintrodujo el delito de proxenetismo entre adultos a la par que aumentó las penas en unos casos o las conductas punibles en otros (destacando la ampliación de los conceptos de penetración, extendiéndolo a cualquier miembro, y de pornografía infantil). CUERDA ARNAU, M.L. "Irracionalidad y ausencia…"cit.

3.1. Premisa: la estrecha relación de dependencia entre la LORPM y el Código penal

Desde 2006 la LORPM no ha sufrido modificaciones sustanciales, a excepción de la producida a través de la Ley Orgánica 10/2022, de 6 de septiembre, de garantía integral de la libertad sexual y de nuevo por la Ley Orgánica 4/2023, de 27 de abril, para la modificación de la Ley Orgánica 10/1995, de 23 de noviembre, del Código Penal, en los delitos contra la libertad sexual, la Ley de Enjuiciamiento Criminal y la Ley Orgánica 5/2000, de 12 de enero, reguladora de la responsabilidad penal de los menores de la que se hablará posteriormente. Sin embargo, eso no significa que el ámbito de lo punible no se haya ampliado para estos sujetos desde entonces, pero, a diferencia de lo que sucedió en la década de los 2000, esta ha venido de la mano principalmente de las reformas operadas en el propio Código penal.

A pesar de que la LORPM dota al Derecho penal juvenil de un sistema diferente al de los adultos, con sanciones propias y una forma de aplicarlas también distinta, la legislación de menores y la legislación de adultos mantienen una estrecha relación de dependencia. Ambas comparten ámbito objetivo, es decir, sancionan los mismos comportamientos delictivos. El artículo 1.1 de la LORPM establece que la exigencia de responsabilidad penal al mayor de catorce y menor de dieciocho está supeditada a la comisión de hechos tipificados como delitos o faltas en el Código Penal o las leyes penales especiales. No existen ni conductas típicas distintas a las previstas para los mayores de edad, ni tampoco la despenalización de determinados delitos por la imposibilidad objetiva de que un menor lo cometa o por la falta de sustanciación de un elemento del tipo (por ejemplo, referido al abuso de superioridad o situación de indefensión de la víctima en razón de la edad). La doctrina afirma que este precepto consagra la supletoriedad o accesoriedad del Derecho penal de menores al de adultos en lo que a conductas o definición de conductas desaprobadas se refiere[54]. La idea de que ambos ordenamientos comparten

---

[54] FEIJOO SÁNCHEZ, B. "Título preliminar (art. 1)", VV.AA. (DÍAZ MAROTO y VILLAREJO, J. dir). *Comentarios a la Ley Reguladora de la Respon-*

comportamientos a sancionar se introduce como garantía para el menor en los modelos de responsabilidad para evitar que este pudiera ser sancionado por hechos por los que un adulto no lo sería, como sucedía en el modelo tutelar imperante en España antes de la entrada en vigor de la Ley Orgánica 4/1992, de 5 de junio, sobre reforma de la Ley reguladora de la Competencia y el Procedimiento de los Juzgados de Menores, y que permitía sancionar a los menores por delitos recogidos en el Código penal pero también por infracciones de leyes municipales y provinciales, faltas, infracciones del Código civil, etc.[55].

Ahora bien, compartir ámbito objetivo con el adulto también trae consigo una serie de consecuencias negativas que han sido apuntadas por la doctrina en numerosas ocasiones[56]. Tal y como se han percatado algunos autores "En ciertos delitos en los que la conducta típica se ve definida por la minoría de edad o la especial vulnerabilidad de los menores, puede que no tenga sentido la intervención del Derecho penal contra menores"[57]. Así, la incorporación de delitos o el incremento de penas de otros ya existentes puede tener su sentido en la lucha contra comportamientos abusivos de los adultos dirigidos hacia los menores, pero deja de tenerlo cuando hablamos de menores entre los que existe una escasa diferencia de edad[58]. El pro-

---

sabilidad Penal de los Menores, Thomson-Civitas, 2018, p. 87.

55 vid. art. 9 del Decreto de 11 de junio de 1948, por el que se aprueba el texto refundido de la Legislación sobre Tribunales Tutelares de Menores, LTTM.

56 CRUZ MÁRQUEZ, B. "Presupuestos de la responsabilidad penal del menor: una necesaria revisión desde la perspectiva adolescente", *Anuario de la Facultad de Derecho de la Universidad Autónoma de Madrid,* nº15, 2011, p. 246.

57 FEIJOO SÁNCHEZ, B. "Título preliminar (art. 1)"... cit. p. 88.

58 Esto lo ha apuntado BOLDOVA PASAMAR, M.A. "Minoría de edad y delitos sexuales". VV.AA. (ABADÍAS SELMA, A., CÁMARA ARROYO, S. y SIMÓN CASTELLANO, P. coord.). *Tratado sobre delincuencia juvenil y responsabilidad penal del menor a los 20 años de la Ley Orgánica 5-2000, de 12 de enero, reguladora de la responsabilidad penal de los me-*

blema no es nuevo, pues ya se planteaba con comportamientos como el de posesión de pornografía infantil, exhibicionismo, exhibición de material pornográfico a menores, etc., pero se ha agravado con la reciente política-criminal dirigida a reforzar la tutela de la víctima menor de edad[59]. Un buen ejemplo es el delito de *online child grooming* (actualmente sancionado en el art. 183.1 CP) del que hablaremos cuando corresponda.

La simbiosis existente entre ambas legislaciones no se limita únicamente a este hecho, sino que hay numerosas ocasiones en que la LORPM remite directa o indirectamente al Código penal. Así lo hacen todos los preceptos que orientan al juez o al Fiscal para escoger la medida a imponer. Aunque el sistema de responsabilidad penal de menores contiene un entramado

---

nores. Wolter Kluwer. 2021, p.413; CUGAT MAURI, M. "Capítulo 26. Delitos contra la libertad e indemnidad sexuales", en VV.AA. (ÁLVAREZ GARCÍA, F.J. GONZÁLEZ CUSSAC, J.L. dirs.) *Comentarios a la reforma penal de 2010.* Tirant lo Blanch, 2010, pp. 229; CRUZ MÁRQUEZ, B. "Presupuestos…" cit.; RAMOS VÁZQUEZ, J. A. "*Grooming* y *sexting*: artículo 183 ter CP", VV.AA (GONZÁLEZ, CUSSAC, J.L.; GÓRRIZ ROYO, E. Y MATALLÍN EVANGELIO, A. dirs.). *Comentarios a la reforma del Código Penal de 2015.* Tirant lo Blanch, 2015, p. 594; GONZÁLEZ RUS, J.J. "Capítulo cuarto. El menor como responsable penal y como sujeto pasivo especialmente protegido. Congruencias e incongruencias", VV.AA. (MORILLAS CUEVA, L. dir.) *El menor como víctima y victimario de la violencia social (Estudio jurídico).* Dykinson, 2010, pp. 139-140. También la propia Circular de la Circular de la Fiscalía 9/2011, de 16 de noviembre sobre criterios para la unidad de actuación especializada del Ministerio Fiscal en materia de reformas de menores. Disponible en línea en: https://www.boe.es/buscar/abrir_fiscalia.php?id=FIS-C-2011-00009.pdf.

59 Un análisis sobre el fundamento de la agravante de la minoría de edad en los distintos delitos vid. BLANCO, CORDERO, I. "Capítulo IV. La menor edad como fundamento de la agravación de la pena: estudio crítico de los tipos agravadas por razón de la menor edad y la especial vulnerabilidad. VV.AA. (MOYA GUILLEM, C. dir. y BONSIGNORE FOUQUET, D. coord). *La protección de las víctimas especialmente vulnerables. Aspectos penales, procesales y político-criminales.* Tirant lo Blanch, 2023, pp. 121-160.

de sanciones propio, en su elección el operador jurídico debe tener en cuenta, entre otras variables, la gravedad del delito cometido y, por tanto, de la pena prevista para este en el Código penal. El artículo 7.3 de la LORPM consagra el principio de flexibilidad que permite al juez imponer, a priori, cualquier medida sancionadora de todo el catálogo del art. 7 de LORPM, con independencia del delito cometido, atendiendo "de modo flexible, no sólo a la prueba y valoración jurídica de los hechos, sino especialmente a la edad, las circunstancias familiares y sociales, la personalidad y el interés del menor"[60]. Ello significa que la elección de la medida deberá realizarse atendiendo entre otros parámetros a la gravedad y naturaleza de los hechos[61]. También en caso de que el menor cometa una pluralidad de infracciones el juez deberá tomar como referencia para imponer la medida o medidas, así como su duración, la más grave de todas ellas (art. 11 LORPM).

Otro precepto importante que tener en cuenta a la hora de escoger la medida es el art. 8.2 LORPM que, de cara a garantizar que un menor no sea tratado peor que el adulto, exige tener en cuenta la pena prevista para el delito en el Código penal. Aunque me referiré a él en profundidad en el último capítulo, cuando aborde la cuestión sobre el registro de delincuentes sexuales, el art. 8.2 de la LORPM dispone que la duración de las medidas privativas de libertad no podrá exceder "del tiempo que hubiera durado la pena privativa de libertad que se le hubiere impuesto por el mismo hecho, si el sujeto, de haber sido mayor de edad, hubiera sido declarado responsable, de acuerdo con el Código penal". Para la mayor parte de la doctrina, este artículo recoge una alusión directa al principio de proporcionalidad cuya formulación obliga al juez a compa-

---

60 CRUZ MÁRQUEZ, B. "Presupuestos de la responsabilidad penal…"cit.

61 Como ha puesto de manifiesto CRUZ MÁRQUEZ, la gravedad del delito cometido marca el límite máximo de sanción de que puede responder el menor infractor con base en el principio de culpabilidad CRUZ MÁRQUEZ, B. "Presupuestos de la responsabilidad penal…"cit.

rar la sanción imponible al menor con la que le hubiera correspondido al adulto por la comisión del mismo hecho en las mismas circunstancias. Como afirma FEIJOO SÁNCHEZ, "no establece un principio orientador de proporcionalidad entre sanción y hecho, sino que sólo contempla un límite necesario (tiene un efecto unidireccional o unidimensional como frontera de lo aceptable)"[62].

Su formulación ha suscitado dudas interpretativas en torno a dos aspectos. La primera es la de cómo debe entenderse la referencia a la duración de la pena que se le hubiera impuesto a un adulto. Esta cuestión se ha resuelto, no sin vaivenes, a favor de realizar la comparación teniendo como referente la pena en concreto, aquella resultante de aplicar grados de ejecución, participación, eximentes incompletas, etc.[63]. Además, la Circular de la Fiscalía 1/2009 de 27 de abril sobre sustitución en el sistema de justicia juvenil de medidas no privativas de libertad por las de internamiento en centro semiabierto[64], en supuestos de quebrantamiento, lo ha interpretado de forma amplia impidiendo imponer al menor medidas privativas de libertad si en el Código penal no se encuentra contemplada una pena privativa

---

62 FEIJOO SÁNCHEZ, B. "Título II (art. 8)", VV.AA. (DÍAZ MAROTO y VILLAREJO, J. dir). *Comentarios a la Ley Reguladora de la Responsabilidad Penal de los Menores,* Thomson-Civitas, 2018, p. 249.

63 Así recoge el procedimiento la Circular de la Fiscalía 1/2009, de 27 de abril sobre sustitución en el sistema de justicia juvenil de medidas no privativas de libertad por las de internamiento en centro semiabierto, en supuestos de quebrantamiento. p. 8. También en este sentido autores como CARDENAL MONTRAVETA, S. *La responsabilidad penal de los menores,* Tirant lo Blanch, 2022, p.181; FEIJOO SÁNCHEZ, B. "Título II"...cit. p. 248; CRUZ MÁRQUEZ, B. "Una aproximación a las consecuencias de omitir la valoración de la culpabilidad por el hecho en el sistema penal juvenil", VV.AA. (ABADÍAS SELMA, A; CÁMARA ARROYO, S. y SIMÓN CASTELLANO, P, coords.) *Tratado sobre la delincuencia juvenil y responsabilidad penal del menor. A los 20 años de la Ley Orgánica 5/2000, de 12 de enero, reguladora de la responsabilidad penal de los menores.* Wolter Kluwers, p. 350.

64 Disponible en: https://www.boe.es/buscar/doc.php?id=FIS-C-2009-00001

de libertad equivalente[65]. Y ello incluye aquellos supuestos del art. 10 LORPM en los que la imposición de un internamiento es obligatoria (por ejemplo, cuando se dan los supuestos de la letra c del art. 9.2 con reincidencia o en los casos del art. 10.2 LORPM). En segundo lugar, también se ha planteado si este límite de proporcionalidad sólo debe aplicarse a las medidas privativas de libertad, a las únicas a las que alude el precepto, o a todas. La mayor parte de la doctrina considera que también es predicable de las ambulatorias, dado que este es un principio básico de todo el derecho sancionador[66].

Otra remisión expresa al Código penal en la determinación de la medida la encontramos en los supuestos agravados en los que se permite de forma potestativa (art. 9.2 LORPM) u obligatoria (art. 10.2 LORPM) la imposición del internamiento en régimen cerrado. La crítica que se ha hecho precisamente es que, en estos preceptos, sobre todo el 10.2 de la LORPM, decae el principio de flexibilidad y entra en juego como único o principal criterio el de la gravedad del delito, reduciéndose o eliminándose otros relacionados con las circunstancias psico-sociales y la personalidad del menor. La dependencia entre ambas legislaciones se vuelve más

---

65 Dicha circular recoge expresamente que "si la pena prevista para los adultos no es privativa de libertad no puede imponerse la medida de internamiento ni siquiera en su modalidad de semiabierto".

66 GARCÍA PÉREZ, O. "La contribución de la jurisprudencia al endurecimiento de la respuesta a los menores infractores". *Revista Electrónica de Ciencia Penal y Criminología,* nº 21, 2019, pp.-1-44. Disponible en línea en: http://criminet.ugr.es/recpc/21/recpc21-25.pdf.; JERICÓ OJER, L. "La relevancia práctica del principio acusatorio (mejor denominado, principio de proporcionalidad), en la LORPM (art. 8 párrafo segundo): ¿aplicación obligatoria de las medidas de internamiento al menor cuando, por idéntica infracción, el CP no prevé pena privativa de libertad para el adulto?", *Revista penal,* nº 31, 2013, pp. 140-160. La STC 36/1991, de 14 de febrero (BOE nº 66, de 18.3.1991) establece "la imposibilidad de establecer medidas más graves o de una duración superior a la que correspondería por los mismos hechos si de un adulto se tratase."; FEIJOO SÁNCHEZ, B. "Título II (art. 8)"...cit. pp. 250-251.

estrecha en estos supuestos, pues en estos preceptos la medida a imponer o su duración se hacen depender de la pena asignada para el delito en el Código penal. Así, el artículo 9.2 LORPM establece que sólo se podrá imponer internamiento en régimen cerrado cuando el delito cometido sea grave, menos grave con violencia o intimidación o cuando los hechos sean cometidos en grupo o banda. El reenvío a la legislación de adultos es claro, pues la clasificación de un comportamiento como grave o menos grave depende de lo establecido en los artículos 13 y 33 del CP. Además, si se dan las circunstancias del art. 9.2 LORPM se amplía el máximo de duración de las medidas (art. 10.1 LORPM), y, si además se añade la circunstancia de que el menor tiene 16 o 17 años y el comportamiento es de extrema gravedad (entendiendo que esta concurre siempre que exista reincidencia) será obligatoria la imposición del internamiento en régimen cerrado con una determinada duración (art. 10.1.b LORPM).

Por su parte el artículo 10.2 de la LORPM, que recoge el régimen súper agravado en que el juez debe imponer el internamiento en régimen cerrado obligatorio con una duración que puede llegar incluso hasta los ocho años para menores de dieciséis o diecisiete años seguido de su posterior periodo de libertad vigilada, se remite al Código penal de forma directa para los delitos en que debe imponerse este. Así, este establece que "Cuando el hecho sea constitutivo de alguno de los delitos tipificados en los artículos 138, 139, 178, apartados 2 y 3, 179, 180, 181, apartados 2, 4, 5 y 6, y 571 a 580 del Código Penal, o de cualquier otro delito que tenga señalada en dicho Código o en las leyes penales especiales pena de prisión igual o superior a quince años". Además, el aspecto que más contribuye a la severidad de este precepto es el hecho de que cuando se dé este supuesto, si el menor tiene dieciséis o diecisiete años, el juez no podrá hacer uso de las facultades de modificación o sustitución de la medida hasta que no haya transcurrido la mitad de la medida de internamiento impuesta (10.2 b. LORPM).

Finalmente, hay que señalar que la gravedad del delito cometido y, por tanto, la pena prevista para este en el CP no sólo afecta a la determinación de la medida a imponer, sino también a la posibilidad de acudir a las vías desjudicializadoras o desformalizadoras de que dispone la LORPM, aspecto que constituye una de las grandes diferencias respecto a la legislación de adultos. El amplio principio de oportunidad del proceso penal de menores es mayor en los delitos leves y menos graves, y prácticamente nulo en los delitos graves. Así, por ejemplo, para poder desistir del expediente (art. 18 de la LORPM) se exige, además de que el delincuente sea primario, que el delito sea leve o menos grave sin violencia o intimidación. Para el sobreseimiento del expediente por conciliación o reparación entre el menor y la víctima (art. 19 LORPM), se exige que el delito cometido no sea grave, pudiendo ser menos grave con violencia o intimidación. El resto de medidas desjudicializadoras como la conformidad de la sentencia, etc. requieren que el delito cometido no sea grave, lo que de nuevo nos remite a la clasificación que de las penas hace el Código penal en los arts. 13 y 33 CP. De este modo, si se incrementa la pena de un delito sin violencia o intimidación hasta pasar a ser grave, ese comportamiento no podrá ser desjudicializado, elevando el número de condenas y de medidas impuestas y recibiendo el menor de edad una respuesta sancionadora más grave que la que venía recibiendo hasta ese momento.

En definitiva, la inclusión de determinados delitos, la ampliación de otros ya existentes o el incremento de penas en el Código penal tiene numerosos efectos en el sistema de responsabilidad penal de menores. Sin embargo, el legislador parece no ser consciente de ello, pues en ninguna de las exposiciones de motivos de las reformas penales ha dedicado una sola línea a esta cuestión. Si su labor argumentativa y evaluativa en materia de delitos sexuales para con los destinatarios adultos ha sido especialmente deficiente, nula ha sido esta respecto a los menores de edad[67].

---

67 CUERDA ARNAU, M.L. "Irracionalidad y ausencia…"cit.. También crítico con la escasa argumentación a la hora de establecer las diferentes

En las siguientes líneas se expondrá cuál era la situación legislativa previa a la reforma penal de 2010 y cómo se ha ido configurando el panorama delictivo posterior con las sucesivas reformas penales en la materia. De este modo, se analizarán aquellas modificaciones en los delitos sexuales que más afectan a los menores responsables penalmente y se expondrán cuáles son sus consecuencias en su propio sistema penal. Así, se atenderá a las agravaciones tanto de extensión, aquellas que incluyen más tipos penales, como de intensidad punitiva, en las que se endurece la respuesta penal por un determinado comportamiento. Como cuestión metodológica conviene señalar que el precepto penal al que me referiré siempre será el vigente en la reforma analizada, y no a aquel en el que el comportamiento se encuentra ubicado actualmente.

3.2. La regulación previa a 2010 y su aplicación a los menores de edad responsables penalmente

3.2.1. La regulación de los delitos sexuales antes de la reforma de 2010

Desde la promulgación del Código penal de 1995, los delitos sexuales han sufrido numerosas reformas. Antes de la de 2010 se producen modificaciones de gran calado a través de la LO 11/1999, de 30 de abril, de la LO 11/2003, de 29 de septiembre y de la LO 15/2003, de 25 de noviembre. Especialmente importante es la primera de ellas, que precisamente vino motivada por el considerable aumento en la sensibilidad, tanto a nivel europeo como nacional, de la protección de los menores de edad y el desarrollo del fenómeno de la prostitución infantil[68]. TAMARIT

---

edades de tutela en los delitos sexuales en las últimas reformas DE LA MATA BARRANCO, N. "Tratamiento legal de la edad del menor en la tutela penal de su correcto proceso de formación sexual", *Revista electrónica de Ciencia penal y Criminología*, nº 20-21, 2019, pp. 1-70.

68 TAMARIT SUMALLA, J.M. *La protección penal del menor*...cit. p. 33

SUMALLA apuntó que estaba orientada a "la utilización de la protección de los menores como coartada de un endurecimiento punitivo que permita satisfacer exigencias irracionales de penalización o como «caballo de Troya» de una política criminal regresiva de signo moralizador en el Derecho penal"[69]. Y es que el propio legislador en la EM alude entre las razones que motivaron su promulgación a las lagunas o déficits de protección que había dejado el Código penal de 1995, que hacía que los menores quedaran desprotegidos[70], deficiencias que, según la mayor parte de autores, fueron exageradas por ciertos sectores de la doctrina y de la magistratura[71].

A partir de ese momento comienza el desmantelamiento del modelo configurado en el Código penal de 1995 en el que se apostó paradójicamente "por un lado, por una disminución de la protección ante conductas que tenían como sujeto pasivo a menores de edad" y, por otra, de "cierta expansión en el seno de algunos tipos delictivos respecto a la protección de aspectos de la libertad sexual de personas mayores de edad"[72]. Así, la reforma de 1999 incrementó la tutela del menor de edad de

69 TAMARIT SUMALLA, J.M. *La protección penal del menor*...cit. p. 33

70 Así, la EM de la Ley Orgánica 11/1999 después de mencionar distintas normas europeas que motivaban la necesidad de introducir cambios en el texto penal establece lo siguiente "Todo ello determina al Estado español a modificar las normas contenidas en el Código Penal, aprobado por Ley Orgánica 10/1995, de 23 de noviembre, relativas a los delitos contra la libertad sexual, las cuales no responden adecuadamente, ni en la tipificación de las conductas ni en la conminación de las penas correspondientes, a las exigencias de la sociedad nacional e internacional en relación con la importancia de los bienes jurídicos en juego".

71 Muy crítica con la orientación político criminal y los argumentos ofrecidos por el legislador para justificar la reforma de 1999. CUERDA ARNAU, M.L. "Irracionalidad y ausencia..."cit. En igual sentido TAMARIT SUMALLA, J.M. *La protección penal del menor*...cit p. 52

72 TAMARIT SUMALLA, J.M. *La protección penal del menor*...cit. p. 51. Este autor pone como ejemplo de lo primero, la desaparición del delito de corrupción de menores y como ejemplo de lo segundo la tipificación

trece años, pues elevó la edad de consentimiento sexual de los doce a los trece, incorporó agravaciones de pena en casi todos los delitos que preveían únicamente la pena de multa, incluyendo la pena de prisión, reincorporó el delito de corrupción de menores, añadió modalidades delictivas nuevas en los de pornografía infantil e introdujo agravantes para los abusos y las agresiones sexuales cuando la víctima fuera menor de dicha edad.

Por su parte, las reformas penales del año de 2003 fueron de menor calado, pero continuaron en la misma dirección político-criminal. La tónica general fue el incremento de las penas, sobre todo de las de multa, y la ampliación de los delitos de pornografía infantil (art. 189 CP). A partir de este año se incluye como delito la mera posesión de esta para el propio uso, sin ir destinada a los fines de venta, producción, etc. (art. 189.2 CP) y se incluyen agravantes entre las que se encuentra utilizar a menores de trece años (art. 189.3 CP). Una de las más cuestionadas fue la ampliación del concepto de pornografía infantil "en el que no habiendo sido utilizados directamente menores o incapaces, se emplee su voz o imagen alterada o modificada" (art. 189.7 en la redacción dada por la LO 15/2003).

En cualquier caso, el panorama legislativo previo a 2010 viene marcado principalmente por la existencia de dos tipos de atentados contra la libertad sexual. Por un lado, aquellos más graves caracterizados por conllevar violencia o intimidación, denominados agresiones sexuales (Capítulo I, arts. 178 179 y 180 CP), castigados con una pena de 1 a 4 años de prisión sin acceso carnal (art. 179 CP) y con una pena de 6 a 12 años con acceso carnal (art. 180 CP). Y, por otro, los abusos sexuales, aquellos comportamientos que, sin consentimiento, están caracterizados por la ausencia de estas modalidades delictivas (Capítulo II, arts. 181, 182, 183 CP)que se sancionan con una

---

del acoso sexual. TAMARIT SUMALLA, J.M. *La protección penal del menor*...cit. p. 52.

pena considerablemente más leve: prisión de 1 a 3 años o multa de 18 a 24 meses (art. 181.1 CP) y en su modalidad de acceso carnal con una pena de prisión de 4 a 10 años (art. 182.1 CP). En los abusos sexuales, en el art. 181.2 CP, se incluye un párrafo que expresa "A los efectos del apartado anterior, se consideran abusos sexuales no consentidos los que se ejecuten sobre menores de trece años, sobre personas que se hallen privadas de sentido o de cuyo trastorno mental se abusare". Este fue incluido en la reforma de 1999 y únicamente cambia respecto a la redacción original del Código penal en que la edad se incrementa de los doce a los trece años.

Como agravantes que pueden afectar más a los menores de edad, la regulación previa a 2010 recoge algunas específicas por ser la víctima menor de trece años. En las agresiones sexuales el art. 181.1. 3ª CP incrementa la pena hasta diez años en los casos en que no hay acceso carnal y hasta quince en los casos en que sí lo hay "cuando la víctima sea especialmente vulnerable, por razón de su edad, enfermedad o situación, y, *en todo caso cuando sea menor de trece años*"[73]. Desde la reforma de 1999 esta agravante se extiende a los delitos de abuso sexual (art. 181.4 CP), haciendo que la pena se imponga en su mitad superior. No obstante, su efecto agravatorio, venía contrarrestado por el mantenimiento de la pena de multa. Además, en el caso del abuso sexual existía una corriente doctrinal y jurisprudencial que consideraba que la aplicación de esta agravante no tenía cabida en los casos en los que la aplicación del propio tipo penal de abuso sexual venía motivada precisamente por el hecho de ser la víctima menor

---

[73] La explicación de por qué son los delitos sexuales con víctima menor de trece años los que se agravan es que hasta ese momento es la edad de consentimiento sexual, edad que se elevó de los 12 a los 13 con la reforma de 1999 y que ya en su momento suscitó numerosas críticas por la doctrina por "ir en contra precisamente de la evolución de la sociedad en materia de costumbres sexuales de la adolescencia". TAMARIT SUMALLA, J.M. *La protección penal del menor*...cit. p. 55. También crítica CUERDA ARNAU, M.L. "Irracionalidad y ausencia..."cit.

de trece años y, por tanto, no tener capacidad para consentir sexualmente, incurriendo lo contrario en una vulneración de la prohibición del *bis in idem*[74]. Como apuntan MORALES PRATS y GARCÍA ALBERO si la vulnerabilidad ha sido decisiva para valorar la propia existencia de la intimidación no debería apreciarse dicha agravante a riesgo de incurrir en *bis in idem*. Hay que recordar que la intimidación se debe poner en relación con las circunstancias de la víctima, pues "a mayor vulnerabilidad, menores requerimientos puede exigirse al nivel de intimidación

---

[74] A favor de esta interpretación LAMARCA PÉREZ, C. "La protección de la libertad sexual en el nuevo Código penal", en *Jueces para la democracia*, nº 27, 1996, p. 59. Esta autora criticaba abiertamente esta agravación, argumentando que si la víctima menor de doce años consentía y se entendía que había abuso por cuanto el consentimiento carecía de validez por debajo de esa edad, no debía poder agravarse el abuso sexual por ser la víctima menor de doce años sin conculcar el principio de *non bis in idem*. En el mismo sentido SUÁREZ-MIRA RODRÍGUEZ, C. "Capítulo 3. Agresiones y abusos sexuales a menores". *Delitos sexuales contra menores. Abordaje psicológico, jurídico y policial* (LAMEIRAS FERNÁNDEZ, M. y ORTS BERENGUER, E. coord.). Tirant lo Blanch, 2014, p. 82. En el mismo sentido la STS 2072/2003 de 25 de marzo (id cendoj: 28079120012003102880) y la STS 8034/2002, de 2 de diciembre (id. Cendoj: 28079120012002103227) , que consideró que si la corta edad de la víctima ya había sido tenida en cuenta para aplicar la intimidación como modalidad delictiva, no se podía aplicar la agravante sin vulnerar el *bis in idem*. En contra de esta interpretación RAMOS TAPIA, I. "Capítulo IV. La tipificación de los abusos sexuales a menores: el Proyecto de Reforma de 2013 y su adecuación", en a la Directiva 2011/92/UE", VV.AA. (VILLACAMPA ESTIARTE, C. coord.). *Delitos contra la libertad e indemnidad sexual de los menores. Adecuación del Derecho español a las demandas normativas supranacionales de protección*. Thomson Reuters Aranzadi, 2015, pp. 110. Sin embargo, a mi juicio erróneamente, la STS 7976/2002, de 28 de noviembre (id cendoj: 28079120012002102479), que considera que, aunque claramente no hay consentimiento de la víctima, no se debe aplicar la agravante por ser menor de trece.

bastante para consumar la concurrencia de los delitos de agresión sexual"[75].

Aparte de los delitos de abuso y agresión sexual, como delitos que pueden tener relevancia en el ámbito de menores hay que mencionar: el abuso sexual fraudulento (art. 183 CP), el exhibicionismo (art. 185 CP), la exhibición de material pornográfico a menores de edad (art. 186 CP), la exhibición de material pornográfico infantil (art. 189.1.b CP), la posesión de pornografía infantil (art. 189.2 CP) y el de corrupción de menores (art. 189.4 CP). Todas estas conductas merecen un análisis específico porque fueron concebidas teniendo como objetivo sancionar a un autor adulto y su aplicación a menores de edad resulta problemática. Un buen ejemplo de esto es el delito de corrupción de menores (art. 189.4 CP), cuya reincorporación al ordenamiento en 1999 fue criticada por la doctrina[76], que sanciona a "El que haga participar a un menor o incapaz en un comportamiento de naturaleza sexual que perjudique la evolución o desarrollo de la personalidad de éste, será castigado con la pena de prisión de seis meses a un año". El precepto fue cuestionado por innecesario, pues las conductas que se supone que sanciona ya eran subsumibles en los abusos "y, en muchos casos, podían entrar además en concurso con otros delitos superando con ello la penalidad que tenían asignada en el viejo Código"[77] y en otros casos "permite sancionar conductas que no deberían merecer la atención del Derecho penal"[78]. Por otra parte, la nueva regulación comprometía las exigencias del principio de legalidad en tanto en cuanto por

---

75 MORALES PRATS, F. y GARCÍA ALBERO, R. "Título VIII. Delitos contra la libertad e indemnidad sexuales", VV.AA. (QUINTERO OLIVARES, G. dir.). *Comentarios al Código penal español.* Thomson Reuters Aranzadi, 2016, p. 321.

76 CUERDA ARNAU, M.L. "Irracionalidad y ausencia..."cit.; TAMARIT SUMALLA, J.M. *La protección penal del menor...*cit. pp. 109 y ss.

77 CUERDA ARNAU, M.L. "Irracionalidad y ausencia..."cit.

78 TAMARIT SUMALLA, J.M. *La protección penal del menor...*cit. p. 100.

su deliberada indefinición dejaba abierta la puerta a todo tipo de interpretaciones y, por ende, permitía el castigo de conductas meramente "amorales"[79]. No obstante, tanto este precepto como el abuso sexual fraudulento (art. 183 CP) han sido objeto de escasa aplicación incluso para sancionar a adultos. En el caso del primero, porque no está claro a los casos a los que se dirige, en el del segundo, además de por los problemas concursales con otros preceptos ya mencionados, por el requisito de que el comportamiento de naturaleza sexual "perjudique la evolución o desarrollo de la personalidad de éste" de difícil o imposible prueba[80].

3.2.2. Repercusión en los menores de edad

Para analizar los efectos de la legislación de adultos en la de menores hay que tener en cuenta que tras la entrada en vigor de la LORPM en el año 2000 se sucedieron diversas reformas que agravaron el tratamiento penal de los menores en general, incluyendo también los delitos sexuales, y que fueron duramente criticadas por la doctrina por aproximar la legislación penal de menores a la de adultos, en la medida que introdujeron parámetros preventivo-generales o aseguradores en una legislación en la que originariamente estaban ausentes[81]. Hay que destacar

---

79 Crítica con la postura aquellos que favorecieron su reintroducción CUERDA ARNAU, M.L. "Irracionalidad y ausencia...".cit.

80 Como apunta TAMARIT SUMALLA "No basta con una dañosidad potencial...Naturalmente ello puede parecer en la práctica escasamente operativo, al haber optado el legislador por concretar el resultado en una magnitud difícilmente mensurable y evaluable". TAMARIT SUMALLA, J.M. *La protección penal del menor*...cit. p. 102.

81 Como acertadamente pone de manifiesto GARCÍA MAGNA, todas estas reformas de la LO 5/2000 han ido introduciendo el modelo de seguridad ciudadana en la legislación de menores. Vid. GARCÍA MAGNA, D. "Un ejemplo más de política legislativa securitaria: análisis del discurso del legislador español en el ámbito de derecho penal juvenil", *Revista Brasileira de Ciências Criminais*, 2018 (147), pp. 115-140. También críticos con las sucesivas reformas de la LORPM,

especialmente aquellas llevadas a cabo mediante la LO 7/2000, de 22 de diciembre (durante la *vacatio legis* de la LORPM) y la LO 8/2006, de 4 de diciembre, que entró en vigor el 5 de febrero de 2007[82]. Entre los muchos ejemplos de regresiones en los principios originarios de la LORPM están la introducción de la prohibición de aproximarse a la víctima como medida independiente y ajena a la libertad vigilada; el incremento de la duración del internamiento en régimen cerrado; la ampliación de los supuestos para poder imponer el internamiento en régimen cerrado de forma potestativa; el adelanto de los 23 a los 21 del paso obligatorio al centro penitenciario de adultos de forma general y en ciertos casos a los 18 años "si la conducta de la persona internada no responde a los objetivos propuestos por la sentencia" (art. 14.1 LORPM); la eliminación de la cláusula que permitía aplicar el sistema de responsabilidad penal de menores a los jóvenes adultos (18-21 años), la aplicación de la medida prescriptiva de internamiento en régimen cerrado, la inclusión de la medida de inhabilitación absoluta[83], el establecimiento de periodos de seguridad en la medida de internamiento en régi-

---

GARCÍA PÉREZ, O. "La reforma de 2006 del sistema español de justicia penal de menores", *Política Criminal: Revista Electrónica Semestral de Políticas Públicas en Materias Penales,* nº. 5, 2008, pp.1-31; FERNÁNDEZ MOLINA, E. y RECHEA ALBEROLA, C. "¿Un sistema con vocación de reforma?: La Ley de Responsabilidad Penal de los Menores", *Revista española de investigación criminológica,* 2006, nº4, pp. 1-34; VAELLO ESQUERDO, E. "La incesante aproximación del derecho penal de menores al derecho penal de adultos", *RGDP,* nº 11, 2009, pp. 1-40; CANO PAÑOS, M.A. "¿Supresión, mantenimiento o reformulación del pensamiento educativo el en derecho penal juvenil? Reflexiones tras diez años de aplicación de la Ley Penal del Menor", *RECPYC,* nº 13, 2011, pp.1-55.

82 FEIJOO SÁNCHEZ, B. "Exposición de motivos", VV.AA. (DÍEZ MAROTO y VILLAREJO, J. dir). *Comentarios a la Ley Reguladora de la Responsabilidad Penal de los Menores,* Thomson-Civitas, 2018, p.60.

83 Calificado como una muerte civil por DOMÍNGUEZ IZQUIERDO, E.M. "El interés superior del menor y la proporcionalidad en el Derecho penal de menores: contradicciones del sistema", *El Derecho penal de*

men cerrado (art 10.1 b) y 10.2 b) LORPM) en los que no se pueden ejercer las facultades modificativas o sustitutorias del art 13 y del 51.1 de la LORPM hasta transcurrido un tiempo de duración de la condena.

La doctrina considera que estas han dado lugar a que en el sistema penal de menores coexistan dos modelos político-criminales distintos con características diferenciadas, lo que complica la tarea de sistematización e interpretación a los operadores jurídicos[84]. Por un lado, el modelo original, en el que predominan criterios educativos y resocializadores y que se mantiene para casos de delitos imprudentes y delitos dolosos en los que no concurren los factores a los que hace referencia el art. 9.2 LORPM. Para estos se puede decir que se mantiene como regla general la desjudicialización y las medidas de carácter ambulatorio. Y, por otro, el de los hechos delictivos más graves, con consecuencias más represivas y con menor discrecionalidad del juez[85]. Para estos la principal respuesta es el internamiento en régimen cerrado. Indudablemente algunas de ellas han afectado de forma directa a los delitos sexuales, pues al fin y al cabo estas han ido dirigidas a dar un tratamiento más severo a la delincuencia grave.

Como reformas que han afectado a los menores que cometen delitos sexuales destaca la inclusión a través de la LO 8/2006, de 4 de diciembre, de la medida la prohibición de aproximarse y comunicarse con la víctima que desde hace años se impone de forma automática para todos estos delitos. También achacable a esta reforma es la configuración del art. 10.2 de la LORPM, que establece el internamiento obligatorio en régimen cerrado para los delitos más graves del CP, y que incluyó entre ellos las agresiones sexuales agravadas por determinadas circunstancias

---

menores a debate. I Congreso Nacional sobre Justicia Penal juvenil, Dykinson, 2010, p. 98.

84 FEIJOO SÁNCHEZ, B. "Exposición de motivos"...cit. pp. 60 y 61.

85 FEIJOO SÁNCHEZ, B. "Exposición de motivos"...cit. pp. 60 y 61.

(art.180 CP) o agravadas por constituir acceso carnal (art. 179 CP).

Ahora bien, a pesar de la agravación legislativa, se puede decir que en este momento la combinación aplicativa entre el CP y la LORPM no ofrece en este momento un tratamiento a los delitos sexuales más cometidos por los menores de edad especialmente severo. El internamiento en régimen cerrado obligatorio (10.2 LORPM) se puede imponer únicamente en los delitos más graves y menos cometidos por menores, las agresiones sexuales (con violencia o intimidación) agravadas, por constituir acceso carnal (art. 179 CP) o agravadas por determinadas circunstancias (art. 180 CP)[86]. Entre estos motivos de agravación se encuentra el hecho de que "la víctima sea especialmente vulnerable, por razón de su edad, enfermedad o situación, y, en todo caso, cuando sea menor de trece años". Por su parte, el internamiento en régimen cerrado de forma potestativa del art. 9.2 LORPM, también queda bastante restringido. Este únicamente se puede imponer en los delitos de abuso sexual (sin violencia o intimidación) con acceso carnal (art. 182.1 CP), por tener el delito contemplado una pena grave (4-10 años de prisión), y en los delitos de agresión sexual sin acceso carnal (art. 178 CP), por ser delitos menos graves cometidos con violencia o intimidación.

---

86 "1.ª Cuando la violencia o intimidación ejercidas revistan un carácter particularmente degradante o vejatorio. 2. ª Cuando los hechos se cometan por la actuación conjunta de dos o más personas. 3. ª Cuando la víctima sea especialmente vulnerable, por razón de su edad, enfermedad o situación, y, en todo caso, cuando sea menor de trece años. 4. ª Cuando, para la ejecución del delito, el responsable se haya prevalido de una relación de superioridad o parentesco, por ser ascendiente, descendiente o hermano, por naturaleza o adopción, o afines, con la víctima. 5. ª Cuando el autor haga uso de armas u otros medios igualmente peligrosos, susceptibles de producir la muerte o alguna de las lesiones previstas en los artículos 149 y 150 de este Código, sin perjuicio de la pena que pudiera corresponder por la muerte o lesiones causadas."

Además, aunque hay otros delitos sexuales que también pueden motivar potestativamente el internamiento en régimen cerrado por llevar aparejada una pena grave de acuerdo con los arts. 13 y 33 CP, estos son de difícil o escasa comisión por los menores de edad (incluso por adultos), lo que hace que no merezcan un comentario al respecto. Un ejemplo de estos es el actualmente desaparecido abuso sexual fraudulento a mayor de trece o menor de dieciséis con acceso carnal (183.2 CP) y el delito de utilizar al menor de edad o incapaz con fines exhibicionistas o pornográficos o para elaborar material pornográfico cuando concurran las agravantes establecidas en el art. 189.3 CP, entre las que se incluye que el menor tenga menos de trece años[87].

En definitiva, la situación en este momento es que la carga punitiva real es limitada debido a que el delito sexual más cometido por los menores: el abuso sexual sin acceso carnal, que abarca comportamientos de diversa gravedad (desde un beso o un tocamiento sorpresivo a un comportamiento en el que el consentimiento de la víctima está viciado por la concurrencia de prevalimiento), no permite la imposición del internamiento en régimen cerrado ni de forma obligatoria ni de forma potestativa. Además, el hecho de ser un delito menos grave sin violencia o intimidación permite incluso desistir del expediente (art. 18 LORPM) si el menor no es reincidente.

Ahora bien, es cierto que en ese momento el CP ya tiene incorporados tipos penales cuyo injusto se basa en el hecho de que la víctima es menor de una determinada edad, y cuya aplicación a adolescentes plantea problemas, como por ejemplo el de exhibicionismo (art. 185 CP), el de exhibición de pornografía infantil a menores de edad (art. 186 CP) o el de posesión de pornografía infantil (189.2 CP). No obstante, si por algo se caracteriza la regulación previa a 2010, a diferencia de las

87 Como se puede comprobar hasta ese momento, la edad de referencia para los tipos agravados es la de trece años porque en ese momento era la edad a partir de le cual se podía consentir sexualmente.

venideras, es por el hecho de que son pocos los tipos penales o agravaciones específicas para supuestos en los que el sujeto pasivo es menor. Además, esta situación legislativa probablemente confluye con una menor relevancia de este tipo de delincuencia y una restringida conciencia de género, que hacía menor el número de denuncias[88], así como un inferior desarrollo de la tecnología y uso de esta por parte de los jóvenes, lo que reduce la comisión de tipos penales como de posesión la pornografía infantil en comparación con momentos posteriores[89].

3.3. La regulación de los delitos sexuales tras la LO 5/2010, de 22 de junio, y su aplicación a menores de edad responsables penalmente

3.3.1. La regulación de los delitos sexuales tras la reforma de 2010

La Ley Orgánica 5/2010, de 22 de junio, por la que se modifica la Ley Orgánica 10/1995, de 23 de noviembre, del Código Penal transformó escasamente los delitos de abuso y agresión sexual con víctima adulta[90], pero supuso una profunda remodelación en los delitos sexuales con víctima menor de trece años

---

88 Aunque el escaso número de sentencias del sistema de responsabilidad penal de menores que se incorpora a nuestras bases de datos nos impide conocer cuál es la realidad aplicativa de estos delitos

89 No hay duda de que al aumento de los delitos de pornografía infantil han contribuido las redes sociales, los teléfonos con cámara, el acceso universal a internet y la tecnología en general. Así, como apunta algún autor, el *sexting* es el resultado de combinar la clásica necesidad de los menores de exploración sexual con la nueva tecnología, que les permite explorar sus relaciones sexuales vía fotos privadas compartidas a tiempo real. BARRY, J.L. "The Child as Victim and Perpetrator: Laws Punishing Juvenile «Sexting»", *Vanderbilt Journal of Entertainment and Technology Law*, vol.13, 2020, pp. 129-153.

90 Sobre estas modificaciones vid. SÁNCHEZ DAFAUCE, M. "Capítulo 25. Libertad e indemnidad sexuales: arts. 178 y 180", VV.AA. (ÁLVAREZ

y un cambio de paradigma en este tipo de delitos[91]. En lo que se refiere a los delitos con víctima adulta se producen reajustes como consecuencia de la acumulación en el Capítulo II Bis de los delitos sexuales con víctima menor de trece años. Tras la reforma de 2010, el límite máximo de la pena de prisión del tipo básico de agresión sexual incrementó en un año (art. 178 CP), que pasó a ser de uno a cinco años de prisión y en el art. 180.1 CP, apartado 3º, se elimina entre los supuestos agravados por vulnerabilidad de la víctima "que esta sea menor de trece años", para lo que se hace referencia a "salvo lo dispuesto en el artículo 183". Por su parte, el art. 181 CP recoge a partir de ese momento todos los delitos de abuso sexual con y sin acceso carnal con víctima mayor de 13 años. Además, otra de las modificaciones importantes del delito de abuso sexual es que en el art. 181.2 CP se introduce una alusión a los comportamientos "que se cometan anulando la voluntad de la víctima mediante el uso de fármacos, drogas o cualquier otra sustancia natural o química idónea a tal efecto", optando por la solución más benévola a un supuesto al

---

GARCÍA, F.J. y GONZÁLEZ CUSSAC, J.L. dirs). *Comentarios a la Reforma Penal de 2010*, pp. 219-224.

91 Además, como apunta CUERDA ARNAU, la reforma de 2010 en el ámbito de delitos sexuales fue muy mal recibida por la mayor parte de la doctrina. Esta autora expone que "Por lo que se refiere a la reforma de 2010, entre las novedades peor recibidas por los expertos están, entre otras, las siguientes: a) la ampliación del tipo de corrupción de menores en el art. 189; b) el aumento de las penas, que en algún caso es alarmante (el más mínimo tocamiento realizado a un menor de cuatro años sin violencia ni intimidación tiene una pena que va de 4 a 6 años (art. 183.4 a)); c) la previsión de la libertad vigilada como medida a imponer con carácter general e imperativo; d) la configuración del periodo de seguridad con ese mismo carácter y, por ende, al margen de cualquier consideración individualizadora y e) la introducción en el entonces 183 bis del delito conocido como *child grooming*, que une a su condición de delito de peligro una redacción que critican hasta quienes como Górriz Royo no se oponen de manera radical a la sanción de este tipo de conductas". CUERDA ARNAU, M.L. "Irracionalidad y ausencia..."cit.

que se habían dado respuestas de distinta gravedad en la jurisprudencia[92]. En el art. 180.1.3 CP, en el que permanece la agravante para las agresiones sexuales con víctimas especialmente vulnerables por razón de edad o enfermedad, a partir de 2010 se añade "la discapacidad" como causa y se elimina que la víctima sea menor de trece años debido al hecho de que ya estos comportamientos pasarían a castigarse en el art. 183 CP[93].

Dejando atrás las modificaciones con víctima adulta, la principal novedad de esta reforma consiste en la incorporación de un nuevo Capítulo II Bis que recoge los delitos sexuales con víctima menor de trece años. Como ha puesto de manifiesto la doctrina "la mayor novedad del art. 183 CP consiste en conceder un trato unitario y específico a conductas que ya contenía

---

92 Desde calificarlo como abuso sexual (STS 584/2007, de 27 de junio) o como agresión sexual por equiparar esta modalidad al uso de la violencia (SAP Islas Baleares 47/2006, de 7 de junio). CUGAT MAURI, M. "Capítulo 26. Delitos contra la libertad e indemnidad sexuales"... cit. p. 226. También vino a confirmar como abuso sexual aquellos comportamientos sexuales que se realizan con una víctima a la que previamente se ha privado de sentido mediante el uso de fármacos, drogas, etc. (181.2 CP). Como afirma CUGAT MAURI, con la reforma que se ofrece una respuesta unívoca a un supuesto al que se habían dado distintas soluciones en la jurisprudencia, desde calificar este supuesto como abuso sexual (STS 584/2007, de 27 de junio) a agresiones sexuales por equiparar esta modalidad al uso de la violencia (SAP Islas Baleares 47/2006, de 7 de junio). CUGAT MAURI, M. "Capítulo 26..."cit.p. 226.

93 Aunque se ha apreciado la especial vulnerabilidad de la víctima en caso de víctimas de 14 años saliendo del ascensor, aprovechando la soledad de las escaleras, difícilmente debería apreciarse cuando el autor sea menor también. Además, considera GALLEGO SOLER que no se puede apreciar esta agravante cuando la desproporción de edades entre agresor y víctima ya ha sido tomada en consideración para conseguir la intimidación en el tipo básico, de hacerlo sería un *bis in idem*. GALLEGO SOLER, J.I. "Título VIII. Delitos contra la libertad e indemnidad sexuales", VV.AA. (CORCOY BIDASOLO, M. y MIR PUIG, S. dirs.). *Comentarios al Código penal. Reforma LO 5/2010.* Tirant lo Blanch, 2011, p. 433.

el Código penal (arts. 180 y 181 CP)"[94]. Este nuevo capítulo regula los delitos de abuso sexual (art. 183.1) y agresión sexual (art. 183.2 CP), con (art. 183.3 CP) y sin acceso carnal, e incluye un nuevo comportamiento a sancionar, el *online child grooming* (art. 183 bis CP). Aunque el legislador no ofrezca una explicación oficial de por qué el menor de esta edad es aquel que merece una tutela penal reforzada, se entiende que esta reside en que esa es la edad de consentimiento sexual en ese momento[95].

La gran diferencia a efectos prácticos con la anterior regulación está en el considerable aumento de pena, sobre todo en los abusos sexuales, y en la extensión del elenco de cualificaciones[96], las cuáles no sólo aumentan en cantidad, sino que, como novedad para los menores de trece, pasan a poder aplicarse también a los abusos y no sólo a las agresiones[97]. Así, los atentados sexuales contra los menores de trece años sin violencia o intimidación y sin acceso carnal pasan de castigarse con una pena de 1 a 3 años de prisión o multa de 18 a 24 meses (anterior art. 181.2 CP) a una pena de 2 a 6 años de prisión (183.1 CP), eliminando la alternativa de multa, lo que en el caso de

---

94 CUGAT MAURI, M. "Capítulo 26..." ...cit. p.229. En el mismo sentido GALLEGO SOLER, que afirma que "las conductas que aquí se ubican ya eran típicas con anterioridad, pero obedecían a una ubicación sistemática diferenciada", "Título VIII. Delitos contra la libertad e indemnidad sexuales"...cit. p. 433.

95 Edad en la que desde la reforma del Código penal por la LO 11/1999 se sitúa el umbral de la validez del consentimiento sexual, pues antes de dicha reforma eran los doce años.

96 Como ha criticado reiteradamente la doctrina llama la atención que las penas superan notablemente los mínimos de pena máxima que establece la norma de armonización europea. Por todos CANCIO MELIÁ, M. "Una nueva reforma de los delitos contra la libertad sexual", *La Ley Penal*, nº 80, 2011, p. 1-17.

97 El art. 183.4 CP recoge que "Las conductas previstas en los tres números anteriores serán castigadas con la pena de prisión correspondiente en su mitad superior cuando concurra alguna de las siguientes circunstancias (...)"

los adultos hará imposible suspender la pena de prisión[98]. En el abuso sexual con acceso carnal vuelve a aumentarse considerablemente la pena, pasando de una pena de 4 a 10 años (anterior art. 181 CP) a una de 8 a 12 años de prisión (art.183.2 CP). Por el contrario, las agresiones sexuales a menores de trece años no sufren una agravación tan considerable, pues aquella sin acceso carnal incrementa sólo un año el límite mínimo, pasando a sancionarse con una pena de entre 5 a 10 años de prisión (art. 183.CP)[99], y en su modalidad de acceso carnal no cambia de pena, manteniéndose la de 12 a 15 años de prisión (art. 183.2 CP)[100].

La explicación que ofrece el legislador para este cambio de paradigma es que "Resulta indudable que en los casos de delitos sexuales cometidos sobre menores el bien jurídico a proteger adquiere una dimensión especial por el mayor contenido de injusto que presentan estas conductas"[101], lo que no constituye una fundamentación mínimamente satisfactoria en términos de control democrático de su decisión, que debería incluso incrementarse en los casos en los que, como el presente, la

98 CUGAT MAURI, M. "Capítulo 26..."cit. p. 226. Muy crítico con la eliminación de la alternativa de multa CANCIO MELIÁ, que se pregunta "¿Parece razonable, proporcional, prever una pena de prisión no susceptible de suspensión, siempre, para todos los casos?" "Una nueva reforma..." cit.

99 Resulta preocupante la subida de los límites mínimos que ha hecho el legislador en las reformas penales de 2010 y 2015, siendo consciente el legislador de que suele ser la pena impuesta por los jueces con el objetivo de reducir su discrecionalidad. Vid. DÍEZ RIPOLLÉS, J.L. "El abuso del sistema penal", *Revista española de ciencia penal y criminología,* nº 19, 2017, pp. 1-24.

100 Antes de 2010 esta era de 12 a 15 años de prisión (art. 179 en relación con el 180.1.3ª) y después se mantendrá la misma a 12-15 años (183.2).

101 El legislador no argumenta por qué, y si siempre es así, sólo son los menores de trece años los que merecen esa especial tutela, o por qué son las modalidades de abuso sexual y no las de agresión aquellas que deben recibir un refuerzo punitivo o intimidatorio con respecto a la anterior legislación.

modificación es sustancial[102]. No obstante, aunque la reforma penal de 2010 fue duramente criticada por la doctrina, hay un sector de esta que compartía la necesidad de tratar de forma independiente y agravada los abusos sexuales con víctima menor de edad por ser injustos de mayor gravedad, considerando este como uno de los mayores defectos en los que había incurrido el CP de 1995[103]. Se puede decir que con el tratamiento a la victimización sexual de menores de edad diferenciado de los adultos y el incremento en las penas producido en los abusos sexuales y, en especial con la eliminación para estos de la pena de multa, las instituciones europeas y parte de la doctrina vieron satisfechas en gran medida sus demandas[104].

La otra novedad del Capítulo II Bis (art. 183 bis) es la incorporación de una nueva figura delictiva en el art. 183 bis CP, el delito de *online child grooming*, que sanciona al que, a través

---

102 En el mismo sentido CUERDA ARNAU, M.L. "Irracionalidad y ausencia ..."cit.

103 Así, la Decisión marco 2004/68/JAI del Consejo, de 22 de diciembre de 2003, relativa a la lucha contra la explotación sexual de los niños y la pornografía infantil. y posteriormente también ahondará en esta línea la Directiva 2011/92/UE del Parlamento Europeo y del Consejo, de 13 de diciembre de 2011relativa a la lucha contra los abusos sexuales y la explotación sexual de los menores y la pornografía infantil y por la que se sustituye la Decisión marco 2004/68/JAI del Consejo. Entre la doctrina TAMARIT SUMALLA, J.M."Capítulo II BIS. De los abusos y agresiones sexuales a menores de dieciséis años". VV.AA. (QUINTERO OLIVARES, G., dir., y MORALES PRATS, F., coord.) *Comentarios al Código penal*. Thomson Reuters Aranzadi, 2016, p. 340; RAMOS TAPIA, I. "Capítulo IV. La tipificación de los abusos sexuales a menores..."cit. pp. 111 y 116; CANCIO MELIÁ, que afirma que "es claro que los delitos sexuales cometidos contra menores de trece años generan un injusto de especial intensidad, pues a las edades en cuestión, agresiones o abusos sexuales pueden comprometer el desarrollo de la libertad sexual del futuro adulto". CANCIO MELIÁ, M. "Una nueva reforma..."cit.

104 De acuerdo con eliminar la pena de multa RAMOS TAPIA, I. "Capítulo IV. La tipificación de los abusos sexuales a menores..."cit. p. 116.

de medios telemáticos contacte con un menor de trece años y proponga concertar un encuentro con el mismo a fin de cometer cualquiera de los delitos descritos en los artículos 178 a 183 y 189. Como ha puesto de manifiesto la doctrina, con este precepto se pretende "adelantar la intervención penal a supuestos que estructuralmente tienen rasgos en común con los actos preparatorios de los delitos sexuales a cuya comisión se orienta, pero su gravedad va más allá de la propia de estos"[105]. La necesidad de incorporar este tipo penal queda justificada por la existencia de un nuevo fenómeno delictivo y la irrupción de un nuevo perfil de delincuente. Según el legislador, "la extensión de la utilización de Internet y de las tecnologías de la información y la comunicación con fines sexuales contra menores ha evidenciado la necesidad de castigar penalmente las conductas que *una persona adulta* desarrolla a través de tales medios para ganarse la confianza de menores con el fin de concertar encuentros para obtener concesiones de índole sexual. Por ello, se introduce un nuevo artículo 183 bis mediante el que se regula el internacionalmente denominado «child grooming», previéndose además penas agravadas cuando el acercamiento al menor se obtenga mediante coacción, intimidación o engaño." (EM XIII).

La alusión del legislador a un autor adulto no es casual, pues así venía recogido en el propio Convenio del Consejo de Europa para la protección de los niños contra la explotación y el abuso sexual, hecho en Lanzarote el 25 de octubre de 2007 (Convenio de Lanzarote), del que surge la incorporación de esta figura[106]. Este pretende incidir sobre un "nuevo tipo de

---

105 CUGAT MAURI, M. "Capítulo 26..."cit. p. 325.Lo considera un acto preparatorio de otros delitos sexuales la mayor parte de la doctrina. CANCIO MELIÁ, M. "Una nueva reforma..."cit.; VILLACAMPA ESTIARTE, C. *El delito de «online child grooming» o propuesta sexual telemática a menores,* Tirant lo Blanch, 2015, p. 138.

106 El artículo 23 sobre Proposiciones a niños con fines sexuales establece que "Cada Parte adoptará las medidas legislativas o de otro

pederasta adulto, que se caracteriza por ser altamente reincidente y desconocido por la víctima, que en ocasiones busca el contacto con el menor a través de internet y se gana su confianza con la finalidad de cometer un abuso sexual o de obtener material pornográfico"[107]. Sin embargo, la existencia de adultos con ese perfil dispuestos a abordar al menor para la comisión de delitos sexuales no viene acompañado de datos empíricos que lo refrenden[108]. Tal y como demuestra el estudio de

---

tipo que sean necesarias para tipificar como delito el hecho de que un *adulto*, mediante las tecnologías de la información y la comunicación, proponga un encuentro a un niño que no haya alcanzado la edad fijada...".Instrumento de Ratificación del Convenio del Consejo de Europa para la protección de los niños contra la explotación y el abuso sexual, hecho en Lanzarote el 25 de octubre de 2007. Disponible en el B.O.E nº 274, de 12 de noviembre de 2010, pp. 94858 a 94879. También en la definición que se hace desde la Criminología el autor es un adulto. O´CONNELL, R.A. A *typology of cyberexploitation and online grooming practices*, 2003, pp. 1-19. Disponible en línea en: http://image.guardian.co.uk/sys-files/Society/documents/2003/07/24/Netpaedoreport.pdf

107 El perfil al que se dirige el legislador viene recogido en los trabajos parlamentarios previos a la reforma. Realiza un análisis cualitativo exploratorio de los boletines oficiales del Congreso y el Senado de las reformas penales de 2010 y 2015. CRUZ MÁRQUEZ, B. "Capítulo 5. La construcción penal de los delitos contra la libertad e indemnidad sexuales de los menores y adolescentes: un análisis crítico a partir de la «visibilidad» y el «grado de acuerdo social», VV.AA. RODRÍGUEZ MESA, M. J.(dir.). *Pederastia. Análisis jurídico-penal, social y criminológico.* Tirant lo Blanch, 2019, p. 150. Según RAMOS VÁZQUEZ esta imagen del delincuente sexual viene condicionada por la que ha mostrado reiteradamente la prensa. Vid. RAMOS VÁZQUEZ, J.A. *Política Criminal*...cit, pp. 40 y ss. Pero, como afirma también este autor, esta imagen alejada de la realidad evita que nos centremos desde un punto de vista preventivo en el autor más habitual, el familiar. "Depredadores, monstruos, niños y otros fantasmas de impureza (algunas lecciones de derecho comparado sobre los delitos sexuales y menores", *Revista de Derecho penal y Criminología*, nº8 (2012), pp. 195-227.

108 Crítica CUERDA ARNAU, M.L. "Irracionalidad y ausencia..."cit.

VILLACAMPA y GÓMEZ ADILLÓN, las conductas de *grooming* tienen un nivel bajo de prevalencia, que en todo caso aumenta cuando la conducta se realiza entre iguales (12,3% frente a un 10% cuando el autor es un adulto), y cuya peligrosidad es mínima, pues en la mayoría de casos no se producen encuentros físicos y la afectación o trauma que supone a las supuestas víctimas es escaso[109]. Es más, la realidad demuestra precisamente que lo habitual desde el punto de vista criminológico es que el abuso sexual a menores de edad sea perpetrado por sujetos procedentes del entorno del menor, a menudo por los propios familiares y no por personas ajenas a este[110]. Por este motivo la mayor parte de la doctrina se ha mostrado crítica con la sanción de este comportamiento en el Código penal[111].

---

109 VILLACAMPA ESTIARTE, C. y GÓMEZ ADILLÓN, M.J. "Nuevas tecnologías..."cit. Sobre la elevada prevalencia de las conductas de sexting entre menores VILLACAMPA ESTIARTE, C. "Predadores sexuales online y menores: grooming y sexting en adolescentes", *E-guzkilore*, nº 2, 2017, pp. 1-34. Lo habitual que resulta que las conductas de *grooming* se lleven a cabo entre iguales en la literatura internacional. Vid. WYNTON, J.S. "Myspace, yourspace, but not their space: the constitutionality of banning sex offenders from social networking sites", *Duke law Journal*, 60, 2011, pp. 1859-1903.

110 DEL REAL CASTRILLO, C. "Capítulo 6..."cit. p. 194.

111 CUERDA ARNAU, M.L. "Irracionalidad y ausencia..."cit. Se manifiesta en contra de su inclusión por "presentar una estructura caracterizada por su incongruencia por exceso subjetivo, ya que exige una intención, trascendente a los hechos cuya manifestación es requerida en el plano de la tipicidad objetiva". En igual sentido, TAMARIT SUMALLA, J.M. "Los delitos sexuales. Abusos sexuales. Delitos contra menores (arts. 178,180,181,193,183 bis), VV.AA. (QUINERO OLIVARES, G. dir.) *La reforma penal de 2010: Análisis y comentarios*, Thomson Reuters, 2010, p. 171. No se manifestó en contra de su inclusión en el Código penal GÓRRIZ ROYO aunque ha sido crítica con su redacción. "Online child grooming desde las perspectivas comparada y criminológica como premisas de estudio del art. 183 ter.1º CP", en VV.AA. (CUERDA ARNAU, M.L, dir. y FERNÁNDEZ HERNÁNDEZ, A., coord.), *Menores y redes sociales*, Tirant lo Blanch, Valencia, 2016, pp. 264-265. Por el

3.3.2. Repercusión en los menores de edad

A) Situación legislativa

Antes de entrar a valorar la situación legislativa resultante, cabe plantearse si un adolescente con responsabilidad penal que comete un delito de abuso sexual contra otro menor de trece años debe ser sancionado por el nuevo tipo penal agravado previsto en el art. 183 CP del Capítulo II Bis o debería serlo a través del tipo básico del art. 181 CP. Lo lógico sería la segunda opción, debido a que entre estos no hay una asimetría de edad que justifique tomar como referencia el tipo agravado[112]. Sin embargo, esta no es la solución por la que han optado la mayor parte de los tribunales y ha sido aceptada por la propia Fiscalía en su Circular 9/2011[113]. Esta solución jurisprudencial confirma la agravación legislativa que se produce en torno al delito de abuso sexual. El incremento de la pena de prisión del delito de abuso sexual hace que cambien los comportamientos que permiten la imposición del internamiento cerrado de forma potestativa (art. 9.2 LORPM). Por primera vez se incluye entre estos el delito de abuso sexual sin acceso carnal a un menor de trece años (art.

---

contrario, claramente en contra RAMOS VÁZQUEZ, J.A., *Política criminal*...cit. p. 155 y ss.

112 Sobre esta cuestión se profundizará en el siguiente capítulo.

113 La circular 9/2011 apunta que "formalmente la relación sexual sin violencia o intimidación entre un menor de 14 años recién cumplidos y otro de 12 años y 11 meses podría subsumirse en el tipo del art. 183.1 CP". En cuanto a la jurisprudencia, aplica los tipos agravados del Capítulo II Bis las siguientes sentencias de los juzgados de menores de Barcelona: 214/2013 de 29 de octubre (TOL4.423.098); 243/2012 de 30 de octubre (TOL4.424.399); 167/2013 de 17 de julio (TOL4.417.794). Para los delitos de agresión sexual ver las siguientes sentencias de los juzgados de menores). Sentencia del Juzgado de menores de Lérida 59/2014 de 16 de abril (2014/274414); de Lérida 152/2012 de 8 de noviembre (TOL4. 549.769); de Barcelona180/2012 de 26 de junio; de Barcelona 258/2014 de 25 noviembre (TOL5.193.810).

183 CP). Aunque el delito cometido es sin violencia o intimidación, la pena prevista pasa a convertirlo en un delito grave. Además, ello conlleva la imposibilidad de desjudicialización a través de los artículos 18 y 19 LORPM[114], lo que, desde el punto de vista estadístico, significa que a partir de ahora estos comportamientos quedarán reflejados en las estadísticas oficiales, concretamente de las condenas.

Este incremento de pena resulta especialmente dramático si tenemos en cuenta que el delito de abusos sexuales abarca comportamientos de diversa gravedad. Como afirma CANCIO MELIÁ "téngase en cuenta que en el concepto de abuso sexual entran también, en el escalón más bajo, los tocamientos fugaces y otras conductas de similar entidad, que tienen que compartir marco penal con comportamientos de indudable gravedad, como los de prevalimiento", de ahí que se haya criticado la eliminación de la pena de multa como alternativa[115]. De hecho, precisamente la previsión de una pena de multa también beneficiaba a los menores porque, en aras de la aplicación del

---

114 Consciente de dicha agravación, la propia Fiscalía en su circular 9/2011 reconoce la imposibilidad de acudir a la desjudicialización afirmando que "tras la reforma operada por la LO 5/ 2010, la pena prevista para el delito de abuso sexual cometido contra menores de trece años sufre un fuerte incremento, pasando a asignarse al tipo básico una pena grave, conforme a los arts. 13 y 33 CP, con lo que las posibilidades de desjudicialización que la LORPM ofrece quedan radicalmente limitadas".

115 Como se plantea CANCIO MELIÁ "¿Parece razonable, proporcional, prever una pena de prisión no susceptible de suspensión, siempre, para todos los casos?". CANCIO MELIÁ, M. "Una nueva reforma de los delitos contra la libertad sexual", *La Ley penal*, nº 80, p. 10. Como apunta GÓMEZ TOMILLO, el de abusos sexuales es un "tipo que posee una clara vocación de recogida", encajando en su tenor literal comportamientos que dudosamente merecen una sanción penal. "Delitos contra la libertad e indemnidad sexuales". VV.AA. (GÓMEZ TOMILLO, M. dir.). *Comentarios prácticos al Código penal (Vol. 2 Los delitos contra las personas, artículos 138-233)*. Thomson Reuters Aranzadi, 2015, pp. 504-505.

principio de proporcionalidad (art. 8.2 LORPM), dificultaba la imposición de una pena privativa de libertad.

Por lo que se refiere a los comportamientos objeto de internamiento en régimen cerrado obligatorio (art. 10.2 LORPM), no se produce ningún cambio, estos siguen siendo los mismos que antes de la reforma. No obstante, tiene lugar una paradoja no advertida por el legislador[116]. La reforma penal de 2010 no modificó el 10.2 LORPM, por lo que los únicos preceptos recogidos como merecedores del internamiento en régimen cerrado obligatorio son los arts. 179 y 180 CP, es decir, la agresión sexual agravada por constituir acceso carnal y la agresión sexual agravada por determinadas circunstancias a víctimas mayores de trece años. Eso significa que quedan fuera los atentados contra menores de trece años que antes quedaban incluidos en esos artículos. Estos comportamientos a los que se les pretendía dar un tratamiento más agravado, quedan, aparentemente, sin posibilidad de que se les pueda imponer el internamiento en régimen cerrado obligatorio, excepto la modalidad de agresión sexual con acceso carnal al menor de trece años, que al alcanzar una pena igual o superior a 15 años sí quedaría abarcada por el 10.2 LORPM. No obstante, la interpretación de la FGE en la Dictamen 2/2015, es que, a pesar del descuido del legislador, deben quedar incluidos[117].

---

116 Sí por la doctrina JERICÓ OJER, L. "El impacto (probablemente no previsto) de la reforma del Código Penal operada por la LO 1/2015, de 30 de marzo en el Derecho penal de menores". *Revista electrónica de Ciencia penal y Criminología*, nº 20, 2018, pp. 1-56.

117 El Dictamen 2/2015, sobre criterios de aplicación del art. 10 de la LORPM, en delitos contra la libertad sexual, tras las reformas del CP por LO 5/2010, de 22 de junio y LO 1/2015, de 30 de marzo apunta que "conforme al espíritu de la Ley, las agresiones sexuales a menores de trece años, expresamente mencionadas en el anterior 180.1.3ª CP, que se encuentran tipificadas ahora en el art. 183 del CP, deben seguir teniendo la consideración de delitos de máxima gravedad a los efectos de aplicar el art. 10.2 LORPM".

El tratamiento a los menores de edad también es más severo que antes en la medida que se incorpora un delito de habitual comisión por estos como es el *online child grooming* (183 bis). Si este tipo ya tenía numerosos detractores teniendo en mente al destinatario adulto, todavía encontramos más argumentos si pensamos en un destinatario adolescente. La combinación que hace el precepto del uso de la tecnología y realizar una propuesta sexual a un menor hace que este tipo tenga una gran prevalencia entre estos, no siendo el injusto equivalente a cuando lo comete un adulto. Como apunta VILLACAMPA ESTIARTE, llama la atención que un menor pueda ser condenado por la comisión de un delito que el legislador introdujo para luchar contra las conductas abusivas de los adultos, no de personas con escasa diferencia de edad entre sí. Por eso recomienda limitar el tipo a supuestos en que el sujeto activo sea un mayor de edad[118].

Su aplicación a adolescentes no constituye una mera posibilidad teórica, sino que ya tenemos antecedentes de condenas por este precepto. A pesar de que son escasas las sentencias de esta jurisdicción que se incorporan a las bases de datos, dificultando el trabajo a penalistas y criminólogos, la sentencia del Juzgado de menores de Orense 171/2012 de 13 de mayo de 2013, castiga por este tipo a un menor de 17 años que intercambia con la víctima menor de doce años una serie de conver-

---

118 VILLACAMPA ESTIARTE, C. "Capítulo V. El delito de «online child grooming» o propuesta sexual telemática a menores", VV.AA. (VILLACAMPA ESTIARTE, C. y AGUADO CORREA, T. coords.). *Delitos contra la libertad e indemnidad sexual de los menores. Adecuación del Derecho español a las demandas normativas supranacionales de protección.* Thomson Reuters Aranzadi, 2015, p. 159.También crítica con que este delito se pueda aplicar a menores GONZÁLEZ TASCÓN, M.M. "El nuevo delito de acceso a niños con fines sexuales a través de las TIC", *Estudios penales y criminológicos.*, nº 31, 2011, p.243. Sancionar únicamente al adulto por este tipo tiene sentido, más aún si tenemos en cuenta que los comportamientos tipificados se encuentran todavía lejos en la lesión del bien jurídico VILLACAMPA ESTIARTE, C. *El delito de «online child grooming»* ...cit. p.172.

saciones subidas de tono en las que le propone un encuentro para practicar sexo oral[119]. Por este comportamiento el menor es condenado a una medida, no precisamente nimia, de diez meses de libertad vigilada con asistencia a cursos de desarrollo afectivo sexual de cuarenta horas de duración. Asimismo, los datos expuestos en la primera parte del capítulo confirman la presencia estadística de este delito.

Como ya se ha apuntado, este delito se añade a otros ya existentes en el ordenamiento cuyo injusto se basa principalmente en la constatación de una asimetría entre autor y víctima, siendo el autor adulto y la víctima menor de edad. Como apunta CANCIO MELIÁ, la reforma penal del 2010 "no ha servido para eliminar —como hubiera resultado coherente— ni el anacrónico abuso fraudulento ahora recogido en el art. 182 ni la misteriosa (¿qué espacio queda para ella?) y moralizante figura de la «corrupción de menores» del art. 189.4". Estos se mantienen junto a otros preceptos clásicos en este problema como el exhibicionismo (art. 185 CP), la exhibición de material pornográfico a un menor (art. 186 CP), los delitos de pornografía infantil, especialmente la conducta de posesión (art. 189.2 CP) u ofrecimiento (189.1 b CP).

Ahora bien, como hemos visto en los gráficos, el incremento de los abusos sexuales tiene lugar más bien a partir de 2015 y, no tanto, a partir de 2010. ¿Cómo puede ser que aumentar considerablemente la pena del delito más cometido por los menores de edad no tenga tanta repercusión estadística entre 2010 y 2015? La explicación puede ser doble, por un lado, que esta modificación no se refleje de forma automática y, en segundo lugar, que la víctima especialmente tutelada tras la reforma, aquella menor de tre-

---

119 RAMOS VÁZQUEZ y VILLACAMPA ESTIARTE, coinciden que antes de 2015 este delito había sido escasamente aplicado, por lo que uno de los pocos fallos condenatorios sobre este lo encontramos a un menor de edad en esta sentencia acabada de recoger. RAMOS VÁZQUEZ, J.A. "*Grooming y sexting...*"cit. p.593; VILLACAMPA ESTIARTE, C. Capítulo V..."cit. p. 153.

ce años, sea joven incluso para el autor responsable penalmente. Hay que tener en cuenta que lo más normal es que los menores victimicen a sus iguales y que el autor habitual es el de dieciséis o diecisiete años. Por tanto, una víctima de doce años es demasiado joven para el autor menor más frecuente. A ello hay que añadir que el uso de la tecnología evoluciona y se va extendiendo entre los menores de edad con posterioridad a 2010.

B) La respuesta de la FGE

Aunque el problema de aplicar delitos con víctima menor de edad a autores adolescentes no surge con la reforma de 2010, la FGE considera que tras su promulgación es un buen momento para pronunciarse sobre esta cuestión. La Circular de la Fiscalía 9/2011 apunta a esta cuestión debido a que el aumento de pena que sufren los abusos sexuales con víctima menor de trece años hace que a partir de ahora "los efectos sean ahora aún más perturbadores", pues estos comportamientos pasan a tener una pena grave y las posibilidades de desjudicialización que la LORPM ofrece quedan radicalmente limitadas. Como apunta el texto, a diferencia de otros ordenamientos, en el español no se han previsto requisitos sobre asimetría de edad en la tipificación de los delitos contra la indemnidad sexual, de tal modo que "formalmente la relación sexual sin violencia o intimidación entre un menor de 14 años recién cumplidos y otro de 12 años y 11 meses podría subsumirse en el tipo del art. 183.1 CP". Por eso insiste en que "esta interpretación literal debe ser superada en el sistema de la responsabilidad penal de menores", de tal modo que en este ámbito "no todo hecho subsumible formalmente en un tipo es de manera automática penalmente relevante. Se requiere que la acción sea peligrosa para el bien jurídico protegido y comprendida dentro del ámbito de prohibición de la norma"[120]. La Fiscalía recomienda estar especialmente atentos

---

[120] En este mismo sentido CUGAT MAURI, que considera que las relaciones consentidas entre menores de 12 y 14 años deben quedar excluidas del

para evitar penalizar cualquier contacto sexual entre un menor de edad responsable penalmente y otro menor de 13 años "sin concurrencia de otros signos de abuso o intrusión". En estos casos afirma que no se lesiona ni la libertad ni la indemnidad sexual del menor de edad y que se aconseja el archivo a través del art. 16 de la LORPM.

Además, el problema de no haber previsto un requisito de asimetría de edades "en una diferencia de 5 años como mínimo" se extiende a otros tipos penales ya existentes como el de exhibicionismo (art. 185 CP), de exhibición de pornografía (art. 186 CP), de pornografía infantil (art. 189 CP) y el de corrupción de menores (art. 189.4 CP). Dichas consideraciones también son extensibles "al nuevo delito de captación de niños y niñas por medio de internet con fines sexuales (*grooming*,) (art. 183 bis CP)". Para estos casos, la FGE de forma genérica insiste en que se debe huir de soluciones estereotipadas y que se debe atender a las circunstancias del caso concreto siempre respetando los principios del derecho penal juvenil. En los casos en que la víctima sea menor de trece años no se debe descartar, por ejemplo, la posibilidad de alcanzar una sentencia de conformidad de acuerdo a las disposiciones del art. 32 LORPM pero también apuesta por "no poner en marcha el procedimiento cuando se llegue a la conclusión de que ni el interés de aquél ni el de éste justifican la apertura de la causa".

Como vemos, dicha institución se centra principalmente en proponer soluciones a aquellos supuestos en los que hay una ausencia de injusto y que, por tanto, no merecen un reproche penal. Sin

---

tipo penal CUGAT MAURI, M. "Capítulo 26..."cit. p. 229 y también GALLEGO SOLER,J.I. "Título VIII. Delitos contra la libertad e indemnidad sexuales"...cit. p. p. 438. En este mismo sentido la Circular de la Fiscalía dice que se ha pronunciado el Informe del Consejo Fiscal sobre el Anteproyecto de reforma del CP de 2008 (4 de febrero de 2009), que también se ocupó de poner de manifiesto que hay que evitar sancionar supuestos en los que no se afecte a la indemnidad sexual del menor por ser autor y víctima próximos en edad y no concurrir signos de abuso o intromisión

embargo, dedica escasa o nula atención a los más problemáticos: aquellos que, con relevancia penal, no son equiparables en gravedad a cuando el comportamiento lo lleva a cabo un adulto[121]. Aquí no realiza una propuesta concreta para evitar que la respuesta al menor sea desproporcionada. Por ejemplo, la propuesta de la FGE podría haber sido que el tipo penal de referencia a aplicar para los abusos sexuales que comete un menor de catorce años contra el menor de trece años no sea el previsto en el art. 183.1 CP, sino el tipo básico (art. 181 CP).

Además de los abusos sexuales, la Circular se detiene en los delitos relativos a pornografía infantil. La FGE se percata de que "es bastante frecuente que en las operaciones policiales sean identificados una pluralidad de internautas, incluyendo a menores de edad, en posesión de material de este tipo" y vuelve a ahondar en la idea de que estos autores exigen una mayor flexibilidad a la hora de articular respuestas sancionadoras educativas, insistiendo en que "debe tenerse en cuenta que la curiosidad es inherente a los menores y a su proceso de socialización y maduración, de modo que, en determinadas circunstancias, la antijuridicidad y la culpabilidad que podrían constatarse con claridad si el autor es un adulto, pueden quedar desdibujadas de ser aquél menor de edad". No obstante, además de recordar la importancia de acudir a medidas desjudicializadoras, la FGE va más allá en su propuesta e insiste en que "cuando no hay asimetría de edad entre el menor poseedor de pornografía y los menores representados en el material, no puede decirse que exista una lesión del bien jurídico protegido, ni propiamente, una conducta pedófila".

Para saber si en un caso de un menor de edad estamos ante una conducta pedófila que debe ser sancionada penalmente de-

---

121 Así lo reconoce la propia Fiscalía en su Circular 9/2011 cuando afirma que "existe un consenso generalizado en la comunidad científica sobre el perfil de los niños y adolescentes que incurren en delitos contra la libertad e indemnidad sexual y su clara diferencia con el de los adultos que realizan los mismos hechos, por lo que la respuesta de la sociedad, en particular la respuesta legal, debe ser especialmente depurada y afinada para tratarlos de forma adecuada"

ben ponderarse, entre otros, "si se trata de actos de mera posesión (189.2 CP) o de difusión intencionada (art 189.1 b); la cantidad de material aprehendido (la valoración debe ser muy distinta ante supuestos de menores que incurren en el patrón del «coleccionista», estudiado por la criminología norteamericana, propio de personas que aplican abundante tiempo y esfuerzo a conseguir material; y supuestos de posesión de archivos aislados que deben poner sobreaviso ante una eventual concurrencia de error o ante una conducta sin connotaciones sexuales); la edad del menor encartado y la de los menores representados en el material (poseer material de menores adolescentes puede tener un significado muy distinto al de poseer material de menores prepúbescentes o de bebés); el tipo de acto sexual representado en el material (concurrencia de violencia, notas degradantes o vejatorias...), etc".

A pesar de que resulta positivo el intento de la Circular 9/2011 de paliar los efectos a los que ha dado lugar la reforma penal de 2010, lo cierto es que, como se ha podido comprobar, desde el punto de vista criminológico su relevancia es escasa, pues no ha sido capaz de paliar la aplicación de estos delitos ni el aumento de penas. Quizás esto se debe a que la solución propuesta es poco concreta o no se dirige al delito que criminológicamente más se comete. No obstante, el acierto o desacierto de las propuestas realizadas por la FGE se expondrán en el siguiente capítulo.

3.4. La regulación de los delitos sexuales tras la Ley Orgánica 1/2015, de 30 de marzo y su aplicación a menores de edad responsables penalmente

3.4.1. La regulación de los delitos sexuales tras la reforma de 2015

No le falta razón a CUERDA ARNAU cuando afirma que desde hace años las reformas penales en materia de delitos con víctima menor de edad han supuesto una "inversión de las directrices que guiaron la regulación original de esta materia en el Código penal de 1995" y una perversión del bien jurídico protegido, que ha pasado de tutelar el libre ejercicio de la sexualidad o, como la mayoría defiende en el caso de los menores, la indemnidad sexual, para tratar de tutelar otro más prejuicioso y mojigato como es su integridad sexual. Ahora bien, como insiste esta autora, "el mal es generalizado y en la reforma de 2015 se han alcanzado cotas extraordinarias"[122]. Esta reforma volvió a realizar modificaciones sustanciales en los delitos sexuales con víctima menor de edad, con el pretexto de adaptarnos de nuevo a la normativa europea, concretamente a la Directiva europea 93/ 2011 de 13 de diciembre que deroga la Decisión Marco 2004/68/JAI, que establece obligaciones de incriminación en relación con diversas conductas de abuso sexual, explotación sexual, pornografía infantil y embaucamiento con fines sexuales por medios tecnológicos[123].

La modificación que más afecta a los menores responsables penalmente ha sido la elevación de la edad de consentimiento sexual a los 16 años, acompañado de una problemática cláusula de exoneración (art. 183 *quáter*); la ampliación del abuso fraudulento y de prevalimiento (art. 182.1)[124], la creación de un tipo

---

122 CUERDA ARNAU, M.L. "Irracionalidad y ausencia..."cit. Afirma DÍEZ RIPOLLÉS que "Todas esas reformas se han distanciado, cada vez un poco más, de un derecho penal sexual estructurado en torno a la protección de la libertad sexual individual, y han abierto el camino, con renovada energía, a la resurrección de un derecho penal sexual con fuertes connotaciones moralizadoras" DÍEZ RIPOLLÉS,J.L. "Alegato contra un derecho penal sexual identitario", *Revista Electrónica de Ciencia Penal y Criminología*, 21, 2019, pp. 1-29.

123 Aunque la dureza punitiva de la reforma supera con creces el estándar europeo. Así TAMARIT SUMALLA, J.M. "¿Caza de brujas o protección de menores? La respuesta penal a la victimización sexual de menores a partir de la directiva europea de 2011", VV.AA. (VILLACAMPA ESTIARTE, C. dir.) *Delitos contra la libertad e indemnidad sexual de los menores. Adecuación del derecho español a las demandas normativas supranacionales.* Thomsom Reuters aranzadi, 2015, p. 89.

124 Este no se va a analizar debido a que es un delito de escasa aplicación, pero en 2015 ve ampliado su ámbito de actuación no sólo a los casos en que intervenga engaño, sino también a aquellos en que el autor "abu-

de embaucamiento de menores de estructura similar al de *child grooming* creado en 2010 (art. 183 ter.2); la ampliación de la definición de pornografía haciéndola extensiva a la "virtual" y la extensión del delito de corrupción de menores (art. 183 bis CP). La reforma en general ha suscitado la crítica de toda la doctrina por suponer un aumento generalizado de las penas en un sector ya caracterizado por su rigor punitivo, así como por sobrepasar lo que exigía el estándar europeo[125]. En las siguientes líneas analizaremos las que tienen mayor impacto en los menores de edad.

A) Elevación de la edad de consentimiento sexual

El establecimiento de la edad de consentimiento sexual en los trece años había suscitado la crítica de ciertos organismos internacionales por ser demasiado baja, por eso el legislador español la eleva a los dieciséis años, una de las más altas de

---

sando de una posición reconocida de confianza, de autoridad o influencia sobre la víctima realice actos de carácter sexual con una persona mayor de dieciséis y menor de dieciocho. Como apunta SUÁREZ-MIRA RODRÍGUEZ "Desde luego, si hoy por hoy ya resulta difícil imaginar un engaño de esta naturaleza a personas de trece a dieciséis años, más difícil aún será imaginarlo sobre personas de más de dieciséis años". "Abusos sexuales a menores: arts. 182, 183 y 183 bis CP". *Comentarios a la reforma del Código Penal de 2015 (actualizado con la corrección de errores BOE 11 de junio de 2015).* Tirant lo Blanch, 2015, p.576. Finalmente, este tipo también ve aumentada la pena de prisión y a eliminación de la pena de multa y la edad de la franja de edad.

125 TAMARIT SUMALLA establece que "La nueva regulación de estas figuras delictivas excede en mucho en su dureza punitiva del estándar europeo, dado que se mantienen unos mínimos de pena muy elevados para algunas infracciones y se siguen configurando los tipos cualificados según la criticable técnica penológica que obliga al juez a imponer la pena en su mitad superior ". "Capítulo II BIS. De los abusos y agresiones sexuales a menores de dieciséis años". VV.AA. (QUINTERO OLIVARES, G., dir., y MORALES PRATS, F., coord.) *Comentarios al Código penal.* Thomson Reuters Aranzadi, 2016, p. 339.; También alude a la idea del exceso respecto a la normativa europea CUERDA ARNAU, M.L. "Irracionalidad y ausencia"...cit.

Europa[126]. Como apunta RAMOS TAPIA, la sugerencia que realizó Naciones Unidas en 2007 por la baja edad de consentimiento sexual vino al hilo del Informe de España sobre la Implementación del Protocolo Opcional sobre Venta de Niños, Prostitución infantil y Pornografía infantil (Ratificado por España en diciembre de 2001), por entender que ello podía suponer una desprotección frente a los delitos de prostitución. Sin embargo, "esta preocupación carecía de fundamento en cuanto que los delitos de prostitución infantil abarcan a todos los menores de edad y no sólo a los que no han alcanzado la edad de consentimiento sexual"[127]. Por tanto, este argumento queda debilitado en la medida que no sirve para cumplir el objetivo que se le da a la medida.

El incremento de dicha edad ha suscitado la crítica unánime de la doctrina, entre otros motivos, por el hecho de que contradice claramente la realidad empírica de las relaciones sexuales entre adolescentes, un ámbito en el que todo parece indicar su

---

126 La EM (XII) de la Ley Orgánica 1/2015, de 30 de marzo, por la que se modifica la Ley Orgánica 10/1995, de 23 de noviembre, del Código Penal recoge como argumento para esta modificación que "En la actualidad, la edad prevista en el Código Penal era de trece años, y resultaba muy inferior a la de los restantes países europeos –donde la edad mínima se sitúa en torno a los quince o dieciséis años– y una de las más bajas del mundo. Por ello, el Comité de la Organización de las Naciones Unidas sobre Derechos del Niño sugirió una reforma del Código penal español para elevar la edad del consentimiento sexual, adecuándose a las disposiciones de la Convención sobre los Derechos de la Infancia, y así mejorar la protección que España ofrece a los menores, sobre todo en la lucha contra la prostitución infantil." Afirma que ahora es una de las más altas de Europa incluso la propia FISCALÍA GENERAL DEL ESTADO, Circular 1/2017, sobre la interpretación del art. 183 *quater* del Código penal, (disponible en https://www.boe.es/buscar/abrir_fiscalia.php?id=FIS-C-2017-00001.pdf).

127 RAMOS TAPIA, I. "Capítulo IV. La tipificación de los abusos sexuales a menores..."cit. pp. 116. p. 125-126.

inicio cada vez más temprano[128]. Como la doctrina ha puesto de manifiesto, a partir de 2015 un menor de 17 años que mantiene relaciones sexuales con una menor de 15 está cometiendo a priori un delito y sus relaciones sexuales están sometidas al escrutinio del control penal, aunque entre en juego la cláusula del 183 *quáter* (actualmente ubicada en el art. 183 bis)[129].

Fijar la edad de consentimiento sexual a una en la que la realidad demuestra que las relaciones sexuales son habituales ha sido acompañada de una cláusula, bastante habitual en el mundo anglosajón, conocida como cláusula Romeo y Julieta (art. 183 *quáter*)[130]. Su objetivo es tratar de evitar que se acabe penalizando a sujetos que por su proximidad en edad y madurez mantienen relaciones sexuales consentidas. Ahora bien, aunque constituye un acierto su inclusión, esta no resuelve todos los

---

128 Realizan esta crítica DE LA MATA BARRANCO, N. "Tratamiento legal de la edad..."cit.; GONZÁLEZ AGUDELO, G. "Consecuencias jurídicas y político-criminales de la elevación de la edad del consentimiento sexual en los derechos sexuales y de salud sexual y reproductiva del menor de edad", *Revista electrónica de Ciencia Penal y Criminología*, nº18, 2016, pp. 1-31; RAMOS VÁZQUEZ, J.A. "El consentimiento del menor de dieciséis años como causa de exclusión de la responsabilidad penal por delitos sexuales: artículo 183 *quáter* CP", VV.AA. (GONZÁLEZ, CUSSAC, J.L.; GÓRRIZ ROYO, E. Y MATALLÍN EVANGELIO, A. dirs.). *Comentarios a la reforma del Código penal de 2015(actualizado con la corrección de errores BOE 11 de junio de 2015)*. Tirant lo Blanch, 2015, pp. 599.

129 Como ha dicho RAMOS VÁZQUEZ esta reforma acarrea "la proliferación de abusos sexuales recíprocos -¡!-entre nuestros menores pues la responsabilidad penal se inicia a los catorce años y es de prever que el cambio legislativo no habrá de suponer un cambio en la conducta sexual de los menores". "El consentimiento del menor... "cit. p. 599.

130 Como apunta RAMOS TAPIA "a mayor edad para el consentimiento sexual, más importancia reviste establecer algún mecanismo que excluya de la intervención penal las relaciones consentidas del menor con personas próximas por edad y madurez. "Capítulo IV. La tipificación de los abusos sexuales a menores..."cit. p. 127.

problemas que la modificación de la edad de consentimiento sexual ha traído consigo[131]. En cualquier caso, en el siguiente capítulo se volverá sobre esta cuestión.

A pesar de su existencia y a que, como muchos autores han apuntado, la edad de consentimiento sexual debería servir para escrutar las relaciones sexuales entre menores y adultos y no las de menores entre sí[132], el incremento en la edad de consentimiento sexual ha dado lugar a un aumento de los delitos sexuales en las estadísticas oficiales[133]. Esto nos lleva a confirmar la premonición que realizaba algún autor: estamos ante un error político-criminal de enormes dimensiones[134]. La relación entre la modificación en la edad de consentimiento sexual y el incremento de delitos ha sido puesta de manifiesto por la pro-

---

131 RAMOS VÁZQUEZ, J.A. "La cláusula Romeo y Julieta (art. 183 *quáter* del Código penal) cinco años después: perspectivas teóricas y praxis jurisprudencial". *Estudios penales y criminológicos*, nº 41, 2021, pp. 307-360.

132 Como dice RAMOS VÁZQUEZ "el objetivo, evidentemente, es el de no penalizar a los menores que mantienen relaciones sexuales entre sí, al ser una de las ideas rectoras del establecimiento de una edad de consentimiento la de la exclusión de los adultos de la esfera sexual de los adolescentes y no la de prohibir a éstos que tengan una vida sexual activa (o, al menos, no lo es en teoría)". "El consentimiento del menor…"cit. p. 600. En el mismo sentido TAMARIT SUMALLA, que apunta que "la presunción de irrelevancia del consentimiento sexual hace referencia al contacto sexual del menor con un adulto en el que exista asimetría de edad, no a las relaciones sexuales entre menores de edad similar", TAMARIT SUMALLA, J.M. "¿Caza de brujas o protección de menores?..."cit. p. 91.

133 Este aumento de delitos se ha producido en todos aquellos ordenamientos que han elevado la edad de consentimiento sexual. Los países anglosajones fueron los primeros que empezaron a elevarla y a sufrir dicho incremento. Vid. GUERRA MARTÍNEZ, A. "Edad sexual y exclusión de la responsabilidad penal. Fundamentos del derecho anglosajón", *Revista de Derecho penal y Criminología,* nº 23, 2020, pp. 67-106.

134 Así lo califica RAMOS VÁZQUEZ, J.A. "Grooming y sexting…."cit p. 597.

pia Fiscalía en cada una de sus memorias desde que esta tuvo lugar. La de 2021 recoge que "Durante el último lustro se ha dado cuenta del importante incremento del número de delitos contra la libertad sexual. Se apuntó a la reforma del CP por la LO 1/2015 como una de las causas fundamentales del aumento de los abusos sexuales, pues la reforma legislativa elevó de trece a dieciséis años la edad para prestar consentimiento en las relaciones sexuales"[135]. Como ya apuntaban algunos autores, la elevación puede dar lugar al efecto pernicioso de hacer llegar al sistema penal relaciones consentidas y libremente aceptadas por un menor que, aunque finalmente no sean objeto de sanción, se van a ver sometidas a una acusación, enjuiciamiento, etc., dando lugar a indeseables efectos estigmatizadores[136]. Al incrementar el número de relaciones sexuales que se someten al control penal, aumentan las que pasan a formar parte de las estadísticas oficiales, sobre todo, de las diligencias preliminares de la FGE o de las denuncias policiales. Ahora bien, lo lógico sería que la cláusula del 183 *quáter* evitara que pasaran a formar parte de las condenas[137].

El incremento en la edad de consentimiento sexual no sólo tiene efectos de cara a la aplicación del delito de abuso sexual, sino que esta modificación ha incrementado la edad del sujeto pasivo de otros tipos. Así, la víctima objeto de especial tutela en aquellos comportamientos contemplados en el Capítulo II Bis también se eleva en 2015 de los trece a los dieciséis años,

---

[135] Memoria de la FGE 2021 que hace referencia a datos de 2020, Capítulo III (Menores), apartado 6. 1.Disponible en línea en https://www.fiscal.es/memorias/memoria2021/FISCALIA_SITE/index.html. Esta misma idea con las mismas palabras se repite en todas las memorias anteriores.

[136] RAMOS TAPIA, I. "Capítulo IV. La tipificación de los abusos sexuales a menores..."cit. p. 127.

[137] Lo que ya de por sí implica someter al menor a control social formal. Es decir, es inevitable el aumento del control penal, también cuando se establecen clausulas para evitarlo.

ampliando el ámbito de aplicación de sus tipos penales[138]. Sucede, por ejemplo, con el delito de *online child grooming* que, como auguraba RAMOS VÁZQUEZ, "supondrá, a buen seguro, un aumento de las condenas en aplicación de este precepto-hasta ese momento muy reducidas: sólo tres casos en casi cinco años-, toda vez que los adolescentes entre los 13 y los 16 años utilizan con profusión las TICs"[139]. También los delitos que se incorporan a este capítulo como el de corrupción de menores (art. 183 bis CP) o el de embaucamiento (art. 183 *ter* apartado 2 CP) elevan la edad del sujeto pasivo a los dieciséis. El problema es que los comportamientos que recogen estos preceptos son de habitual comisión por los adolescentes, en la medida que suelen victimizar a iguales y a que son usuarios frecuentes de las redes sociales y la tecnología.

B) La creación de un tipo penal de embaucamiento (art. 183 ter apartado 2)

La reforma penal de 2010 había ampliado el ámbito de lo punible tipificando un comportamiento bastante habitual entre menores de edad como es el denominado *online child grooming*. En la de 2015 este comportamiento pasa a sancionarse en el 183 *ter* apartado 1 del CP y se eleva la edad de la víctima para hacerla coincidir con la nueva edad de consentimiento sexual, ampliando así, como se ha apuntado, el alcance del tipo y, por tanto, las posibilidades de que este sea aplicado. Además, se añade un nuevo tipo que tiene en común con el anterior el contacto con un menor a través de la tecnología y, por consiguiente, su facilidad de comisión por adolescentes: el embaucamiento de menores a través de medios telemáticos en el 183 *ter* apartado 2 CP. Este sanciona al sujeto que "a través de

138 RAMOS VÁZQUEZ, J.A. "Grooming y sexting: artículo 183 ter CP"... cit. p. 593. En el mismo sentido VILLACAMPA ESTIARTE, C. "Capítulo V..."cit. p. 160.

139 RAMOS VÁZQUEZ, J.A. "Grooming y sexting..." cit. p. 593.

internet, del teléfono o de cualquier otra tecnología de la información y la comunicación contacte con un menor de dieciséis para embaucarle para que le facilite material pornográfico o le muestre imágenes pornográficas en las que se represente o aparezca un menor, será castigado con una pena de prisión de seis meses a dos años".

La introducción de este comportamiento viene motivada por la obligación establecida en el art. 6.2 de la Directiva 2011/93/ del Parlamento Europeo y del Consejo de 13 de diciembre de 2011, relativa a la lucha contra los abusos sexuales y la explotación sexual de los menores y la pornografía infantil y por la que se sustituye la Decisión marco 2004/68/JAI del Consejo, que exige a los a los Estados "adoptar las medidas necesarias para garantizar la punibilidad de cualquier tentativa *de un adulto*, por medio de las tecnologías de la información y la comunicación, de cometer las infracciones contempladas en el art. 5, apartados 2 y 3, embaucando a un menor que no ha alcanzado la edad de consentimiento sexual para que le proporcione pornografía infantil en la que se represente a dicho menor". Sin embargo, la redacción finalmente incorporada al Código penal se ha extralimitado de la original en dos sentidos. La primera es que la Directiva únicamente contemplaba que el precepto se aplicara al autor adulto y, a pesar de ello, el legislador español no ha adoptado ninguna medida para evitar que este y otros comportamientos con víctima menor de edad sean aplicados a los menores responsables penalmente[140].

---

[140] Por ejemplo, el legislador español tenía esta posibilidad de hacerlo con el delito de pornografía infantil y no lo ha hecho. La propia Directiva 2011/93/UE deja en su artículo 8.3 a discreción de los Estados la posibilidad de sancionar o no a menores de edad que hayan alcanzado la edad de consentimiento sexual por los delitos de posesión, producción o adquisición de pornografía infantil cuando ese material se haya realizado con consentimiento, se emplee para uso privado exclusivamente de las personas involucradas y no se hayan obtenido mediante abuso.

En un intento de restringir el tipo penal, el término "embaucar" debe ser incompatible con el hecho de que el menor pueda victimizar a otro de similar edad y similar experiencia/madurez sexual. Según el significado del concepto embaucar (engañar, encandilar, prevaliéndose de la inexperiencia o candor del engañado) este sólo debería aplicarse a "conductas que supongan un engaño en el que un menor podría caer por su propia ingenuidad en materia sexual"[141]. Como apunta RAMOS VÁZQUEZ "no basta con cualquier engaño, sino que debe probarse que, en el caso concreto existieron actos dirigidos a un aprovechamiento de la inexperiencia sexual del menor y un riesgo serio para su bienestar psíquico, desarrollo y proceso de formación en estas lides"[142]. Por eso, ya el término "embaucar" exige una asimetría entre autor y víctima en edad y/o madurez que debería impedir que este sea aplicado a menores entre los que existe una escasa diferencia de edad o experiencia sexual. En caso de que entre embaucador y embaucado exista mucha diferencia en el proceso de desarrollo sexual se puede acudir a la menor culpabilidad del autor para evitar aplicar el tipo penal pues, aunque el autor tenga más experiencia en el plano sexual, este no suele tener conciencia de la profundidad de ese desarrollo y de cómo puede ponerse en riesgo[143].

La segunda extralimitación es que el precepto español puede ir dirigido a obtener una foto del propio menor al que se embauca o de cualquier otro, a pesar de que la Directiva exigía que este comportamiento abarcara únicamente los primeros supuestos[144]. Esta no es una consecuencia menor, pues, como apunta RAMOS

141 RAMOS VÁZQUEZ, J.A. "Grooming y sexting…"cit. p. 595.

142 RAMOS VÁZQUEZ, J.A. "Grooming y sexting…"cit. p.595.

143 De hecho, seguramente su "mucha experiencia" es indicativa de la imagen distorsionada que tiene de la sexualidad, seguramente detrás de esa experiencia lo que hay es un "haberse dado cuenta del poder que tiene" y una construcción de la identidad en torno a ese poder.

144 El art. 6.2 de la Directiva 2011/93/UE del Parlamento Europeo y del Consejo, de 13 de diciembre de 2011, relativa a la lucha contra los abusos sexuales y la explotación sexual de los menores y la pornografía

VÁZQUEZ, de esta ampliación surgen numerosos problemas de solapamiento con otros tipos penales, especialmente con los delitos de pornografía infantil. De hecho, como ha puesto de manifiesto un amplio sector de la doctrina, este tipo penal es un acto que ya era punible como tentativa de pornografía infantil[145]. De tal forma que, si el menor accede a la petición y envía una foto de sí mismo o incluso de otro menor se convierte en autor de un delito de distribución de pornografía infantil del art. 189 CP[146].

C) Las modificaciones en los tipos sobre pornografía infantil

El art. 189 sufre en 2015 considerables modificaciones, pero la más importante, y la que más afecta tanto a menores como a adultos, es la ampliación del concepto de pornografía infantil, que a partir de este momento abarca la pornografía virtual. La definición, tomada de la Directiva 2011/93/UE, comprende no sólo el material que representa a un menor o persona con discapacidad participando en una conducta sexual, sino también a la de menores que participan en conductas sexualmente explícitas, aunque no reflejen la realidad sucedida[147]. Como afirma ORTS BERENGUER "el legislador ha descrito la con-

---

infantil y por la que se sustituye la Decisión marco 2004/68/JAI del Consejo.

145 TAMARIT SUMALLA, J.M. "Capítulo II BIS…"cit p. 349; RAMOS VÁZQUEZ, J.A. "Grooming y sexting…"cit. p. 596.

146 RAMOS VÁZQUEZ, J.A. "Grooming y sexting…"cit. p. 596. En el mismo sentido MUÑOZ CONDE, F. *Derecho penal. Parte especial.* Tirant lo Blanch, 2021, p. 243.

147 El 189.1 incluye un nuevo párrafo que define de forma amplia y difusa el concepto de pornografía infantil. Así, el art. 189.1 CP incorpora un párrafo con la definición de pornografía infantil que dice "A los efectos de este Título se considera pornografía infantil o en cuya elaboración hayan sido utilizadas personas con discapacidad necesitadas de especial protección:

a) Todo material que represente de manera visual a un menor o una persona con discapacidad necesitada de especial protección participando en una conducta sexualmente explícita, real o simulada.

ducta típica de forma tan difusa que es posible encajar en ella comportamientos sin la menor carga lesiva para la indemnidad o el bienestar o los procesos de formación y/o socialización de menores y personas con discapacidad, sin la menor tangencia con uno de ellos[148].

Las agravaciones previstas para estos delitos también se ven modificadas. Especial importancia en nuestro caso tiene la del art. 189.2 a) "cuando se utilice a menores de dieciséis años", edad que se eleva al igual que la de consentimiento sexual. Esa agravante, permite imponer una pena de prisión de cinco a nueve años al sujeto que realiza cualquiera de las conductas de pornografía descritas en el art. 189.1 CP. No obstante, independientemente de su incorporación, así como de la ampliación del concepto de pornografía, el problema de la aplicación de estos tipos a menores era anterior a la reforma, pues permite sancionar conductas de *sexting* de habitual comisión entre menores sin que conlleven el mismo contenido de lo injusto a cuando lo hace un adulto. Como recoge RAMOS VÁZQUEZ ¿Qué sucede con el menor o con el joven adulto que le pide una fotografía de un desnudo provocador a su novia de 15 años

---

b) Toda representación de los órganos sexuales de un menor o persona con discapacidad necesitada de especial protección con fines principalmente sexuales.

c) Todo material que represente de forma visual a una persona que parezca ser un menor participando en una conducta sexualmente explícita, real o simulada, o cualquier representación de los órganos sexuales de una persona que parezca ser un menor, con fines principalmente sexuales, salvo que la persona que parezca ser un menor resulte tener en realidad dieciocho años o más en el momento de obtenerse las imágenes.

d) Imágenes realistas de un menor participando en una conducta sexualmente explícita o imágenes realistas de los órganos sexuales de un menor, con fines principalmente sexuales."

148 ORTS BERENGUER, E. "Determinación a la prostitución (arts. 187, 188, 189 y 192 CP)", VV.AA. (GONZALEZ CUSSAC, J.L. dir.) *Comentarios a la reforma del Código penal (actualizado con la corrección de errores BOE 11 de junio de 2015)*, Tirant lo Blanch, 2015, p. 620.

que esta le remite gustosamente? o aún más, ¿Qué le sucede a ese menor o joven adulto que sin solicitar simplemente recibe la referida imagen?, e incluso yendo todavía a más ¿Qué le sucede a la chica de 15 años que se ha tomado a sí misma la fotografía? Aunque este autor se está refiriendo al problema que plantea el delito de embaucamiento, todos estos interrogantes son extensibles, precisamente por ser este un acto preparatorio de la pornografía, a los delitos de pornografía infantil[149]. De este modo, todas las conductas descritas pueden acabar siendo sancionadas por el art. 189 CP, pues a día de hoy si se hace una interpretación literal del delito se puede aplicar este precepto a supuestos de *sexting* consentido entre menores u otros cuya dañosidad social o injusto no es equivalente a cuando lo comete un adulto. Esto nos lleva a un problema más que conocido en determinados países anglosajones: el de evitar que los Estatutos anti-pornografía pensados para adultos se acaben aplicando a menores de edad[150]. Ahora bien, el problema legislativo, que

---

149 RAMOS VÁZQUEZ, J.A. "Grooming y sexting..." cit. p. 596.

150 No sólo en los países anglosajones, sino que este problema se ha exportado a países de nuestro entorno como Italia, donde la doctrina y los tribunales ya llevan tiempo tratando de solucionar el problema. Vid. MOYA FUENTES, M.M. "El «sexting» entre menores y el delito de pornografía infantil en Italia". *Cuadernos de política criminal*, nº 120, 2016, pp. 281-305, pero también en el nuestro, en el que todavía estamos percatándonos de ello. Un ejemplo de la jurisprudencia española es la Sentencia 36/2013 de los Juzgados de Barcelona, de 11 de febrero de 2013 (TOL 4.422.778), que sanciona como delito de corrupción de menores del art. 189.1.b CP a un menor que muestra unas imágenes de su exnovia desnuda a compañeros de clase, aplicando este precepto conjuntamente con el consiguiente delito contra la intimidad (art. 197.1 CP). Critica también esta situación en nuestro ordenamiento GARCÍA ALBERO, R. "Capítulo VIII. Pornografía infantil y reforma penal: consideraciones sobre el objeto material del delito", VV.AA. (VILLACAMPA ESTIARTE, C. coord.). *Delitos contra la libertad e indemnidad sexual de los menores. Adecuación del Derecho español a las demandas normativas supranacionales de protección.* Thomson Reuters Aranzadi, 2015, pp. 298-299.

era previo a 2015, se ha agravado por la realidad empírica. Esta situación coincide con el auge de la tecnología, concretamente la generalización del uso de *smartphones* con cámaras, así como la facilidad de acceso a ella por parte de menores y a contenidos pornográficos en la red, lo que hace que las imágenes de contenido sexual que se envían los menores de edad puedan ser consideradas como pornografía infantil.

D) La reformulación del delito de corrupción de menores

Hay quien considera que la introducción del art. 183 bis CP (actualmente con una redacción diferente en el art. 182 CP) es la "modificación de mayor trascendencia derivada de la aprobación de la LO 1/2015"[151]. Quizás no sea la que más, pero desde luego tiene una gran relevancia, sobre todo de cara a su aplicación a menores sometidos a responsabilidad penal, pues el 183 bis sanciona a quien "con fines sexuales determine a un menor de dieciséis años a participar en un comportamiento de naturaleza sexual, o le haga presenciar actos de naturaleza sexual, aunque el autor no participe en ellos". Además, este añade que "Si le hubiera hecho presenciar abusos sexuales, aunque el autor no hubiera participado en ellos, se impondrá una pena de prisión de uno a tres años". Este precepto sanciona tres comportamientos. El primero, determinar a un menor a participar en un comportamiento sexual, que coincide esencialmente con el anterior art. 189.4 del CP reintroducido con la reforma penal de 1999[152].

---

151 TAMARIT SUMALLA, J.M. "Capítulo II BIS…"cit. p. 345.

152 Antes el art. 189.4 CP se redactaba de la siguiente manera "El que haga participar a un menor o incapaz en un comportamiento de naturaleza sexual que perjudique la evolución o desarrollo de la personalidad de éste, será castigado con la pena de prisión de seis meses a un año". Aunque hay diferencias en la redacción está claro que pretenden abordar el mismo tipo de comportamientos. No obstante, ahora se elimina la referencia al incapaz.

La única diferencia respecto al anterior y que podría ampliar sus posibilidades aplicativas es que este no exige la existencia de un perjuicio a la evolución o desarrollo de la personalidad del menor[153]. Por el contrario, plantea numerosos problemas interpretativos como: cuáles son los medios comisivos para determinar al menor a realizar un comportamiento sexual[154] o si deben ser comportamientos con otro menor o también pueden ser sobre sí mismo (masturbación) [155]. Y, por supuesto, al igual que sucedía con el anterior delito de corrupción de menores, sigue suscitando problemas concursales con los delitos de abuso o agresión sexual (arts. 183.1 y 183.2 CP)[156].

El segundo es el de "hacer presenciar actos de naturaleza sexual a un menor". Este ha sido cuestionado, en primer lugar, por sancionar con la misma pena un comportamiento que claramente no tiene la misma gravedad que el anterior y, en segundo lugar, porque igualmente plantea problemas concursales con el delito de exhibicionismo (art. 185 CP), si se hace presenciar al menor actos de naturaleza sexual en directo y con el de exhibición de pornografía (art. 186), si se le hace presenciar este tipo de comportamiento en vídeo, foto, etc.[157].

---

153 Lo que prácticamente hacía que el tipo fuera de imposible aplicación. SUÁREZ-MIRA RODRÍGUEZ, C. "Abusos sexuales a menores..."cit. p. 588.

154 TAMARIT SUMALLA, J.M. "Capítulo II BIS..."cit. p. 346; SUÁREZ-MIRA RODRÍGUEZ, C. "Abusos sexuales a menores..."cit. p. 587.

155 Considera que en este caso debería prevalecer la interpretación restrictiva que exige que intervengan más personas. TAMARIT SUMALLA, J.M. "Capítulo II BIS..."cit. p. 346

156 SUÁREZ-MIRA RODRÍGUEZ, C. "Abusos sexuales a menores..."cit. p.589 y, como apunta este autor, si se aceptan que el modo comisivo pueda incorporar violencia o intimidación plantea problemas con las agresiones sexuales.

157 Así también SUÁREZ-MIRA RODRÍGUEZ, C. "Abusos sexuales a menores..."cit. p. 590; RAMOS TAPIA, I. "Capítulo IV. La tipificación de los abusos sexuales a menores..."cit. p. 131; VILLACAMPA ESTIARTE, C. "Capítulo V..."cit., p. 171.

La diferencia entre estos dos y el de corrupción es la considerable gravedad de la pena de este último[158]. Debido a que la edad de la víctima del delito de corrupción de menores es la menor de dieciséis (mientras que la de los otros preceptos es la del menor en general), el art. 183 bis tendría preferencia en virtud del principio de especialidad (art. 8 CP) cuando estos concurran. El tercero, es el de hacer "presenciar abusos sexuales, aunque el autor no hubiera participado en ellos", que al ser un tipo que no implica contacto físico con el autor, ha recibido la crítica por la desproporcionada pena prevista (de uno a tres años de prisión) sin que se entienda muy bien cuál es el motivo[159].

3.4.2. Repercusión en menores de edad

La reforma penal de 2015 va a agravar exponencialmente la respuesta punitiva a los menores responsables penalmente. En la aplicación del internamiento en régimen cerrado tanto de forma obligatoria (10.2 LORPM) como de forma potestativa (9.2 LORPM) la reforma penal de 2015 no produce cambios. Estos ya se habían producido con la de 2010, que elevó considerablemente la pena del abuso sexual del tipo básico (sin acceso carnal) a un menor de trece años, permitiendo por primera vez imponer a este comportamiento la sanción más grave del ordenamiento de menores: el internamiento en régimen cerrado de forma potestativa (art. 9.2 LORPM). Sin embargo, en 2015 se eleva la edad de la víctima especialmente protegida a los dieciséis para hacerla coincidir con la edad de consentimiento sexual. Esto amplía considerablemente la posibilidad

---

158 El delito de corrupción de menores (art. 183 bis CP) prevé una pena de prisión de 6 meses a 2 años en sus dos primeras modalidades y en aquella que supone hacer presenciar al menor abusos sexuales una pena de 1 a 3 años, mientras que la recogida en los arts. 185 y 186 es de 6 meses a un año o multa de 12 a 24 meses de multa.

159 SUÁREZ-MIRA RODRÍGUEZ, C. "Abusos sexuales a menores..."cit. p.591.

de imponer este precepto y, por tanto, de aplicar el internamiento en régimen cerrado. Si con la víctima menor de 13 años afirmábamos que incluso era demasiado joven para el autor menor habitual (suele ser aquel de dieciséis o diecisiete años), no se puede decir lo mismo de la víctima menor de dieciséis, pues esta forma parte de la normalidad criminológica para el delincuente de 16 o 17 años. Además, la elevación de la edad de la víctima no sólo tiene lugar en los delitos de abuso y agresión sexual del art. 183 CP, sino que se extiende a otros tipos penales de habitual comisión por menores como el delito de corrupción de menores (183 bis) y el *online child grooming* (183 ter 1), lo que significa ampliar exponencialmente la posibilidad de aplicar estos tipos y que, por consiguiente, aumenten en las estadísticas considerablemente a partir de 2015.

A ello hay que añadir que la reforma penal de 2015 ha tipificado comportamientos nuevos con víctima menor de dieciséis que afectan especialmente a los menores y que plantean el problema de si deben ser aplicados a estos por ser su injusto equivalente a cuando este es llevado a cabo por el adulto como el embaucamiento (183 *ter* apartado 2) o el delito de corrupción de menores ampliado (art. 183 bis)[160]. Ambos se añaden a otros ya existentes, como los de pornografía infantil, exhibición de material pornográfico a menores, exhibicionismo, etc.

---

160 Aunque, como han apuntado algunos autores, la extensión punitiva de este último es relativa, pues algunos de esos comportamientos podían ser objeto de sanción antes de 2015, suponiendo únicamente un incremento de pena en la mayoría de los casos. Excepcionalmente en algún caso puede suponer incluso una disminución de pena, pues, como ya se ha puesto de manifiesto el delito de corrupción de menores puede suponer una sanción más atenuada a un comportamiento que también sea subsumible en el delito de abusos sexuales. Así SUÁREZ-MIRA RODRÍGUEZ, C. "Abusos sexuales a menores..."cit. p. 589.

3.5. Reforma producida por Ley Orgánica 10/2022, de 6 de septiembre, de garantía integral de la libertad sexual ("sólo sí es sí") y su contrarreforma, la Ley Orgánica 4/2023, de 27 de abril, para la modificación de la Ley Orgánica 10/1995, de 23 de noviembre, del Código Penal, en los delitos contra la libertad sexual, la Ley de Enjuiciamiento Criminal y la Ley Orgánica 5/2000, de 12 de enero, reguladora de la responsabilidad penal de los menores

3.5.1. Reforma en el Código penal

Los delitos contra la libertad sexual han sufrido dos reformas importantes en un breve lapso de tiempo. Teniendo en cuenta que el objetivo del presente capítulo es poner de manifiesto cómo las diferentes modificaciones en esta materia han afectado a los menores de edad, en la medida de lo posible se eludirá la polémica que las ha rodeado, centrando el análisis en lo que a este grupo de sujetos afecta. La LO 10/2022, de 6 de septiembre venía a modificar sustancialmente la regulación de los atentados contra la libertad sexual en el Código penal, unificando en una sola figura delictiva conductas que hasta entonces eran calificadas como "agresión", cuando esta era cometida con violencia o intimidación (anterior art. 178 CP) o "abuso" cuando, prescindiendo del consentimiento de la víctima o en casos de consentimiento viciado, el sujeto no empleaba dichas modalidades delictivas (anterior art. 181 CP). Tras dicha reforma se recoge bajo la misma denominación *agresión sexual* "los actos de contenido sexual que se realicen empleando violencia, intimidación o abuso de una situación de superioridad o de vulnerabilidad de la víctima, así como los que se ejecuten sobre personas que se hallen privadas de sentido o de cuya situación mental se abusare y los que se realicen cuando la víctima tenga anulada por cualquier causa su voluntad" (art. 178.2 CP)[161].

---

161 Como afirman FARALDO CABANA y ACALE SÁNCHEZ, lo que se propone con la nueva regulación es "la unificación y ordenación de

Eliminar la distinción entre agresión y abuso sexual, considerándose agresiones todos aquellos comportamientos que atenten contra la libertad sexual sin el consentimiento de la otra persona, ha sido fundamentado por el legislador en la EM de la Ley 10/2022 en la intención de cumplir "con las obligaciones asumidas desde que ratificó en 2014 el Convenio de Estambul" (EM III)[162]. Sin embargo, como insiste DÍEZ RIPOLLÉS, "hay que esforzarse por encontrar previsiones o ausencia de previsiones de nuestro actual derecho penal sustantivo que contradigan el citado Convenio"[163]. Lo cierto es que, como apunta este autor, el Convenio de Estambul no impide diferenciar entre las diferentes modalidades de atentado contra la libertad sexual[164]. Otro argumento, según el legislador, es que

las actuales conductas constitutivas de agresiones sexuales y de abusos sexuales bajo una denominación única, poniendo el acento no ya en las conductas de contenido sexual, sino en los medios comisivos que evidencian la falta de consentimiento de la víctima para la práctica de esas relaciones". ACALE SÁNCHEZ, M. y FARALDO CABANA, P. "Presentación", VV.AA. (FARALDO CABANA, P. y ACALE SÁNCHEZ, M. dirs.). *La manada. Un antes y un después en la regulación de los delitos sexuales en España.* Tirant lo Blanch, 2018, pp. 27 y 28.

162 "La disposición final cuarta modifica la Ley Orgánica 10/1995, de 23 de noviembre, del Código Penal. Como medida más relevante, elimina la distinción entre agresión y abuso sexual, considerándose agresiones sexuales todas aquellas conductas que atenten contra la libertad sexual sin el consentimiento de la otra persona, cumpliendo así España con las obligaciones asumidas desde que ratificó en 2014 el Convenio de Estambul" (EM III). Además, FARALDO CABANA también considera que era necesario ajustar la normativa a dicho Convenio. FARALDO CABANA, P. "Hacia una reforma de los delitos sexuales con perspectiva de género", VV.AA. (MONGE, A. dir.; PARRILLLA VERGARA, J. coord.). *Mujer y Derecho penal ¿Necesidad de una reforma desde una perspectiva de género?*, Bosch, 2019, p. 278.

163 DÍEZ RIPOLLÉS, J.L. "Alegato contra un derecho penal sexual identitario", *Revista Electrónica de Ciencia Penal y Criminología*, 21, 2019, pp. 1-29.

164 DÍEZ RIPOLLÉS, J.L. "Alegato..."cit. A favor también de mantener las gradaciones en los atentados contra la libertad sexual CUERDA

"Este cambio de perspectiva contribuye a evitar los riesgos de revictimización o victimización secundaria" (EM III), lo que significa aligerar problemas probatorios a la hora de obtener una condena por estos hechos[165]. Asimismo, la necesidad de reformar estos tipos venía motivada, por un lado, en que el Convenio de Estambul exigía incorporar para estos delitos una agravante para los casos en que la violencia sexual proviene de la pareja o ex pareja[166]. Y, en segundo lugar, para poder sancionar como modalidad de agresión sexual la denominada "sumisión química", que supone el uso de sustancias y psicofármacos que anulan la voluntad de la víctima (EM III).

La idea de agrupar en un solo tipo penal diferentes atentados aparece mejor argumentada en la Proposición de ley de Protección integral de la libertad sexual 122/000258 del grupo Unidas Podemos, que es la que ha servido de base a toda la

---

ARNAU, M.L. "Agresión y abuso sexual: violencia o intimidación vs. Consentimiento viciado", VV.AA. (FARALDO CABANA, P. y ACALE SÁNCHEZ, M. dirs.). *La manada. Un antes y un después en la regulación de los delitos sexuales en España.* Tirant lo Blanch, 2018, p. 109.

165 Así ha quedado el texto definitivo en la Ley a pesar de que la Proposición afirmaba claramente que esta equiparación venía a aligerar dificultades probatorias. Así lo recoge la Proposición 122/000258, Boletín Oficial de las Cortes, Núm. 297-1, p.7 "Esta equiparación, además de atenuar problemas probatorios, evita la revictimización y la victimización secundaria." Como afirma ACALE SÁNCHEZ respecto al consentimiento "No basta por tanto con la prueba de la falta del consentimiento, sino que hay que probar su concurrencia: esto es lo que convierte una relación sexual, en un delito de agresión sexual". ACALE SÁNCHEZ, M. "Título VIII. Delitos contra la libertad sexual. Capítulo I. De las agresiones sexuales", VV.AA. (CUERDA ARNAU, M.L.) *Comentarios al Código penal Tomo I.* Tirant lo Blanch, 2023, p. 1209. Las ventajas probatorias que aporta la nueva regulación ya fue apuntada por ACALE SÁNCHEZ, M. y FARALDO CABANA, P. "Presentación"... cit. p. 28.

166 Apunta DÍEZ RIPOLLÉS, que la inclusión de esta agravante específica no era necesaria estando la agravante genérica del art. 22.4 CP "Alegato..."cit.

reforma. Esta fundamenta la transformación del modelo en un cambio en la concepción en el bien jurídico "libertad sexual" que "implica el derecho a la autodeterminación sexual, es decir, la libertad de decidir sobre todo lo relativo al ejercicio de la propia sexualidad, con el límite en las libertades de las otras personas"[167]. Este derecho a la libertad sexual implica tutelar un derecho a la seguridad personal que garantice a la persona elegir libremente las experiencias sexuales sin sufrir "injerencias o impedimentos por parte de terceros; exentas de coacción, discriminación y violencia"[168]. Este nuevo bien jurídico implica incorporar una valoración positiva de la sexualidad como fuente de realización personal, y no solo, "como suele ser habitual en derecho penal, como origen de experiencias negativas"[169]. Como afirma LAURENZO COPELLO, en el modelo anterior tradicional "se ha entendido que este bien se lesiona cuando el autor involucra a la víctima en un contexto sexual no querido, de donde se infiere con cierta lógica que la lesión será más profunda, más grave, cuanto mayor sea la resistencia de aquella al contacto sexual"[170]. De ahí que se agraven las modalidades de

---

167 Apartado II de la EM.

168 Apartado II de la EM

169 Un aspecto que DÍEZ RIPOLLÉS considera positivo del bien jurídico concebido por la Proposición, no así otros y, por supuesto, las consecuencias que se derivan. "Alegato contra un derecho penal... ."cit. Especialmente crítico es este autor con la dimensión colectiva del bien jurídico que deja un lado la autorrealización personal para poner el acento en el enfrentamiento entre dos grupos antagónicos, hombres y mujeres, producto de la sociedad patriarcal vigente.

170 LAURENZO COPELLO, P. "La contrarreforma de los delitos sexuales: tanto camino para nada", *El País,* 7 de marzo de 2023. Disponible en línea en: https://elpais.com/opinion/2023-03-07/la-contrarreforma-de-los-delitos-sexuales-tanto-camino-para-nada.html. Como apuntan MORALES PRATS y GARCÍA ALBERO, la violencia e intimidación constituyen "el criterio básico para deslindar las conductas de agresión de las de abuso, en coherencia con el bien jurídico tutelado. Lógico resulta que si de lo que se trata de proteger es la libertad, el criterio sistemático determinante radique en la mayor o

atentado contra la libertad sexual que implican violencia intimidación pues el autor ha tenido que buscar mayores medios para someter la voluntad o la resistencia de la víctima[171]. Por el contrario, en el nuevo modelo, el bien jurídico no se observa desde una óptica puramente pasiva, sino positiva y dinámica, que se centra en el derecho a autogestionar la sexualidad sin interferencia de terceros[172]. Según esta autora "La ausencia de

---

menor lesividad del medio utilizado para doblegarla…" "Título VIII. Delitos contra la libertad e indemnidad sexuales", VV.AA. (QUINTERO OLIVARES, G. dir.). *Comentarios al Código penal español.* Thomson Reuters Aranzadi, 2016, pp. 309-310. Por el contrario, afirma ACALE SÁNCHEZ, que el modelo del sólo sí es sí tiene como finalidad convertir la violencia o la intimidación en meros elementos auxiliares de prueba de la falta de consentimiento. "Título VIII…"cit. p. 1209.

171 LAURENZO COPELLO, P. "La contrarreforma..."cit. Sin embargo, según FARALDO CABANA, esto ha tenido como consecuencia dos efectos nocivos, la primera, que es necesario que la víctima se resista activamente y la segunda, que para que la intimidación sea equiparada a la violencia debe ser de tal magnitud que genere en la víctima un estado de temor que se vea obligada a soportar la realización del acto sexual como "un mal menor". FARALDO CABANA, P. "Hacia una reforma de los delitos sexuales…cit", p. 277.C Como apunta GÓMEZ TOMILLO sobre el anterior modelo, no es cierto que la víctima deba acreditar la resistencia al contacto sexual pero sí su oposición inequívoca al mismo. GÓMEZ TOMILLO, M. "Delitos contra la libertad… "cit. p. 480.

172 LAURENZO COPELLO, P. "La contrarreforma…"cit. También valora positivamente el concepto amplio de libertad sexual MONGE FERNÁNDEZ, A. "*Las manadas" y su incidencia en la futura reforma de los delitos de agresiones y abusos sexuales,* Tirant lo Blanch, 2020, p. 46. Por el contrario, MORALES PRATS y GARCÍA ALBERO, consideran que la libertad sexual se nutre de dos aspectos tradicionalmente señalados por la doctrina, uno aspecto dinámico- positivo que se concreta en el libre ejercicio de la sexualidad sin más limitaciones que las que derivan- entre otras- del respeto hacia la libertad ajena y otra negativa-aspecto estático pasivo- concretada en el derecho a no verse involucrado, activa o pasivamente, en conductas de contenido sexual y, con mayor motivo a repeler agresiones sexuales de terceros. Según estos autores "Sólo esta segunda vertiente del bien jurídico

consentimiento se convierte aquí en el eje central del atentado a la libertad sexual y no sólo en una especie de requisito mínimo". Lo relevante es que el autor invade ese espacio de autonomía personal tanto cuando a punta de navaja obliga a la víctima a practicarle una felación como cuando se aprovecha del profundo estado de ebriedad que reduce drásticamente su capacidad de voluntad[173].

De este modo, el tipo básico del delito de agresión sexual quedaría centrado en la ausencia de consentimiento, evitando que cuando un juez se enfrenta a un atentado contra la libertad sexual se deje llevar por una cierta inercia aplicativa que le lleva a comprobar qué modalidad (violenta o no) empleó el autor para vencer la resistencia de la víctima. De lo que se trata es que directamente fundamente la existencia o no consentimiento[174]. Como apunta DÍEZ RIPOLLÉS, el origen de todos los males relativos al tratamiento diferenciado de los dos principales atenta-

---

es merecedora de protección penal específica". "Título VIII. Delitos contra la libertad e indemnidad sexuales", VV.AA. (QUINTERO OLIVARES, G. dir.). *Comentarios al Código penal español.* Thomson Reuters Aranzadi, 2016, p. 308.

173 LAURENZO COPELLO, P. "La contrarreforma..."cit.

174 Como afirma ACALE SÁNCHEZ sobre el consentimiento, "como cualquier otro delito que protege un bien jurídico disponible, no sólo nuclea la antijuridicidad del comportamiento, sino que además se convertía en el elemento objetivo central de la tipicidad, desplazando a los tradicionales medios comisivos como la violencia o la intimidación que hasta la LO 10/2022 venían dosificando la protección del bien jurídico libertad sexual y quedaron reducidos a meros medios de corroboración periférica de la falta de consentimiento". "Título VIII... "cit. p. 1207. En el mismo sentido FARALDO CABANA, P. "Hacia una reforma de los delitos sexuales..."cit. p. 276. Confirma el cambio de paradigma la STS 544/2023 de 5 julio (TOL9.638.481) que insiste en que "no es preciso, con la redacción del art. 178 del CP una negativa de la víctima, sino que lo que se valora es si hubo consentimiento, o no, al acto de contenido sexual. Tampoco es preciso que la mujer exprese una resistencia al acto, sino que es al revés. Si no consiente hay agresión sexual."

dos contra la libertad sexual obedece a una exagerada descalificación de la interpretación por la jurisprudencia de estos tipos vinculada, sobre todo, con el concepto de prevalimiento[175]. Así, el sector doctrinal que defiende el tratamiento unitario del atentado contra la libertad sexual considera que la jurisprudencia ha tendido a difuminar la diferencia entre intimidación y prevalimiento reduciéndola a una cuestión meramente cuantitativa entre medios de comisión. De tal forma que si la intimidación es tal que la víctima conserva su voluntad es abuso y si esta se anula es agresión[176]. Sin embargo, para otro sector la diferencia entre prevalimiento e intimidación no es meramente cuantitativa y, por tanto, el tratamiento unitario de los distintos atentados contra la libertad sexual nos lleva a un Derecho penal "superficial, carente de matices, moralista que fácilmente terminará siendo autoritario"[177].

---

175 DÍEZ RIPOLLÉS, J.L. "Alegato…"cit..

176 Así, FARALDO CABANA, P. "Hacia una reforma de los delitos sexuales…cit", pp. 268-269; FARALDO CABANA, P. y RAMÓN RIBAS, E. "La sentencia de la manada y la reforma de los delitos de agresiones y abusos sexuales en España", VV.AA. (FARALDO CABANA, P. y ACALE SÁNCHEZ, M. dirs). *La manada. Un antes y un después en la regulación de los delitos sexuales en España.* Tirant lo Blanch, 2018, pp. 258-259. En contra de que la diferencia entre prevalimiento e intimidación se limite a términos meramente cuantitativos DÍEZ RIPOLLÉS, J.L. "Alegato…" cit.; CUERDA ARNAU, M.L. "Agresión y abuso sexual…"cit. p.126. Como insiste esta autora, a diferencia de los casos en los que concurre violencia o intimidación, en el abuso sexual de prevalimiento concurre el consentimiento de la víctima, aunque este está viciado. "De ahí la expresión legal de «cuando el consentimiento se obtenga»" (p. 126). No obstante, hay posiciones doctrinales intermedias como la de MORALES PRATS y GARCÍA ALBERO que, aunque se han mostrado críticos con la línea jurisprudencial según la cual la intimidación ha de sumir a la víctima en "un constreñimiento o situación de perturbación psicológica profunda", estos consideran que si la intimidación no llega a ser suficientemente grave puede calificarse como abuso sexual de prevalimiento."Título VIII…"cit. p. 311.

177 DÍEZ RIPOLLÉS, J.L. "El no es no", *El país,* 10 de mayo de 2018. Disponible en línea en: https://elpais.com/elpais/2018/05/03/opi-

En cualquier caso, como es de sobra sabido, la LO 10/2022 ha implicado hacer ajustes en las penas, modificando los límites mínimos y máximos de las penas de prisión de la mayoría de los delitos[178]. Estas modificaciones han dado lugar a los efectos de sobra conocidos de revisión de condenas a la baja, que han creado una alarma social y el escándalo que ha motivado la promulgación de la LO 4/2023[179]. Ésta, tomando como base el modelo de la anterior[180], ha vuelto a elevar las penas de las modalidades que conllevaban violencia o intimidación a las previas a la reforma de 2022, equiparándolas cuando el atentado se realice con una víctima que tenga anulada por cualquier causa su voluntad[181]. De esta manera, tras la LO 4/2023, cabe entender que el legislador ha llevado a cabo una graduación de las conductas

---

nion/1525363530_373340.html. En el mismo sentido, añadiendo el adjetivo "desproporcionado" CUERDA ARNAU, M.L. "Agresión y abuso sexual..."cit. p.109.

178 Como apunta DÍEZ RIPOLLÉS esto supone tratar penológicamente igual casos en los que la voluntad de la víctima es contraria a la relación sexual, casos de consentimiento viciado porque el autor se prevale de una posición privilegiada o mediante una conducta engañosa y aquellos que se realizan sin que la víctima haya manifestado su consentimiento. DÍEZ RIPOLLÉS, J.L. "Alegato..." cit.

179 Reformas producidas por la reducción de penas de los atentados contra la libertad sexual (con acceso y sin acceso carnal) que conllevan violencia o intimidación. Han confirmado rebajas de pena las siguientes SSTS entre otras: SSTS 30/2024 de 11 de enero (TOL9.862.113); 587/2023, de 12 de julio (TOL9.652.221); 987/ 2022 de 21 diciembre (TOL9.357.739); 438/ 2023 de 8 junio (TOL9.635.221); 523/2023 de 29 junio (TOL9.635.355). Por el contrario, han descartado dicha revisión entre otras: STS 459/2023, de 14 de junio (TOL9.635.278); 524/2023 de 29 junio (TOL9.635.529); 569/ 2023 de 7 julio (TOL9.657.529).

180 Aunque, como afirman quienes defendían el anterior modelo con incorporando "modificaciones sustanciales". Vid. ACALE SÁNCHEZ, M. "Título VIII..."cit., p. 1203.

181 El legislador en el Preámbulo de la EM de la LO 4/2023, de 27 de abril afirma que esta circunstancia "encierra una gravedad equiparable al empleo de violencia o intimidación. En estos casos, no estamos ante meras circunstancias agravantes que rodean el delito, sino ante elementos que

típicas. Por un lado, se encuentran las agresiones sexuales en las que el sujeto se prevalece de una situación de superioridad o de vulnerabilidad de esta o las realiza sobre personas que se hallen privadas de sentido o de cuya situación mental se abuse, que se castigan con una pena de prisión de 1 a 4 años y, por otro, las que se realizan empleando violencia, intimidación o cuando la víctima tenga anulada su voluntad por cualquier causa, que se castigan con una pena de prisión de 1 a 5 años[182].

Ahora bien, a pesar de la impresión que pudiera dar la revisión de condenas a la baja que ha tenido lugar con posterioridad a la entrada en vigor de la LO 10/2022, lo cierto es que el modelo consagrado en esta, y no modificado por la posterior LO 4/2023, ha supuesto una agravación generalizada de los delitos contra la libertad sexual[183]. La regulación actual reduce escasamente la carga penal en algún aspecto y la incrementa en muchos otros. Se puede decir que la ha disminuido relativamente al eliminar el delito de abuso sexual fraudulento con víctima mayor de dieciséis y menor de dieciocho, que ya era escasamente aplicado por los tribunales (anterior art. 182 CP). También al eliminar el delito de corrupción de menores ubicado ahora en el art. 182 CP en su modalidad originaria, consistente en “determinar a un menor de dieciséis años a participar en un comportamiento de naturaleza sexual”, cuyo injusto se solapaba con el de otros tipos penales.

Por el contrario, se han producido las agravaciones o extensiones punitivas que procedo a enumerar, y que también afectan a los menores sometidos a responsabilidad penal: el legislador ha agravado las penas de comportamientos que antes eran calificados como abusos sexuales como los de prevali-

---

están en la conducta misma y que evidencian una mayor antijuridicidad, lo que precisa de una respuesta normativa diferenciada.”

182 Así lo entiende ACALE SÁNCHEZ, M. “Título VIII…”cit. p. 1204.

183 DÍEZ RIPOLLÉS coincide en que se produce una agravación generalizada de conductas y elevación de penas DÍEZ RIPOLLÉS, J.L. “Alegato…”cit.

miento (en los que concurre el consentimiento pero este está viciado[184]), que han pasado de tener una pena de uno a tres años de prisión o multa de dieciocho a veinticuatro meses a una pena de uno a cuatro años de prisión. Así se considera agresión sexual y, por tanto, sujeto a esta pena aquel atentado contra la libertad sexual en que se dé "abuso de una situación de superioridad o de vulnerabilidad de la víctima, así como los que se ejecuten sobre personas que se hallen privadas de sentido o de cuya situación mental se abusare y los que se realicen cuando la víctima tenga anulada por cualquier causa su voluntad (art. 178.2 CP)", lo que implica que esos comportamientos pueden verse agravados por las circunstancias previstas en el art. 180 CP, que antes estaban contempladas únicamente para las agresiones sexuales (con violencia/intimidación)[185].

Además, se producen las siguientes agravaciones: pasa a formar parte de la agresión sexual agravada, equiparada a las tradicionales modalidades con violencia e intimidación, un supuesto que antes de la reforma podía ser calificado como abuso sexual, que es aquel en que la víctima "tenga anulada su voluntad por cualquier causa". Esta equiparación se produce tanto cuando la víctima es mayor (arts. 178.3, 179 y 180 CP) como menor de dieciséis años (arts. 181.3 y 181.4 y 181.5 CP). Se han añadido, tanto a las agresiones sexuales con víctima mayor de dieciséis años como a las que se realizan con víctima menor de esta edad, dos agravantes nuevas: "cuando la víctima sea o haya sido esposa o mujer que esté o haya estado ligada por análoga afectividad" (art. 180.1.4ª/ 181.5 d CP) y cuando el autor "haya

---

184 Sobre las características del abuso sexual de prevalimiento vid. CUERDA ARNAU, M.L. "Agresión y abuso sexual..."cit. pp. 125 y ss.

185 Sólo cuando no concurran dichas modalidades o las circunstancias del artículo 180 CP, el órgano sentenciador podrá imponer la pena de prisión en su mitad inferior o multa de dieciocho a veinticuatro meses, en atención a la menor entidad del hecho y a las circunstancias personales del culpable (art. 178.4 CP). De acuerdo con DÍEZ RIPOLLÉS, en que queda poco concreto cuándo se puede acudir a dicho tipo atenuado. "Alegato..."cit.

anulado la voluntad de la víctima suministrándole fármacos, drogas o cualquier otra sustancia natural o química idónea a tal efecto" (180.1. 7ª/ 181.5 g). Se incorpora un nuevo delito de distribución o difusión pública mediante tecnologías de la información y de la comunicación en el art. 189 bis CP que sanciona la distribución o difusión pública a través de Internet, del teléfono o de cualquier otra tecnología de la información o de la comunicación de contenidos específicamente destinados a promover, fomentar o incitar a la comisión de los delitos previstos en este capítulo y en los capítulos II y IV del presente título[186].

3.5.2. Reforma en la LORPM

Hacía tiempo que una ley penal no realizaba modificaciones expresas en la LORPM. Sin embargo, las recientes LLOO 10/2022 y 4/2023 lo han hecho. Es decir, tras la promulgación de ambas, las consecuencias para la jurisdicción de menores no sólo van a ser indirectas (por el hecho de que se modifica el ámbito objetivo de la LORPM o se agravan los delitos), sino que por primera vez desde hace tiempo se incide directamente en dicho sistema de responsabilidad penal. Las línea político-criminal es la misma que la emprendida en el CP para los adultos: agravar la respuesta para los delitos sexuales. El objetivo ha sido incorporar medidas de aplicación forzosa para este tipo de delitos, reduciendo así la discrecionalidad del juez, limitar el principio de oportunidad del Ministerio Fiscal y hacer depender de la víctima el acceso del menor infractor a medidas desjudicializadoras.

Tras la promulgación de la LO 10/2022 se añade una nueva medida de aplicación obligatoria y conjunta con la, principal como consecuencia de la comisión de un delito sexual consistente en "la obligación de someterse a programas forma-

---

186 Introducido, en realidad, por la Ley Orgánica 8/2021, de 4 de junio, de protección integral a la infancia y la adolescencia frente a la violencia.

tivos de educación sexual y de educación en igualdad." (art. 7.5 LORPM)[187]. Además, se modifica el art. 13 LORPM para que las facultades relativas a la suspensión y modificación de la medida no se puedan ejercer si no se ha llevado a cabo dicha formación (art. 13.1 LORPM). No obstante, el cambio de mayor transcendencia es la modificación del art. 10.2 LORPM, que amplió sus severas consecuencias a prácticamente todos los delitos sexuales (todos aquellos localizados entre los arts. 178 y 183 CP)[188]. De este modo ha incluido en este régimen agravadísimo comportamientos que antes ni si quiera podían ser susceptibles de internamiento en régimen cerrado potestativo (art. 9.2 LORPM), como por ejemplo, modalidades de atentado contra la libertad sexual que antes se calificaban como abusos sexuales (aquellas llevadas a cabo sin violencia o intimidación, por ejemplo, pero con el consentimiento viciado de la víctima mediante la modalidad de prevalimiento) incluso sin acceso carnal. En contradicción con esta modificación, cuya consecuencia automática es que impide las posibilidades desjudicializadoras de la LORPM (especialmente la mediación del art. 19 LORPM), se ha modificado este precepto para hacer depender la mediación en caso de comisión de un delito sexual de la voluntad de la víctima y de haber llevado a cabo la formación anteriormente mencionada, cosa que resulta llamativa

---

187 Aunque este tipo de programas ya se venía aplicando a los menores que atentan contra la libertad sexual GARCÍA INGELMO, F.M. "La reforma de la Ley Orgánica 5/2000(de responsabilidad penal de los menores) por la Ley Orgánica 10/2022, en materia de delitos sexuales. Apuntes críticos e interpretativos", *Blog jurídico de Sepin,* 10 de noviembre de 2022.Disponible en línea en: https://blog.sepin.es/reforma-de-responsabilidad-penal-de-los-menores-en-delitos-sexuales.

188 Así tras la Ley de sólo sí es sí el nuevo art. 10.2 LORPM queda redactado de la siguiente manera "Cuando el hecho sea constitutivo de alguno de los delitos tipificados en los artículos 138, 139, 178 a 183 y 571 a 580 del Código Penal, o de cualquier otro delito que tenga señalada en dicho Código o en las leyes penales especiales pena de prisión igual o superior a quince años (...)".

debido a que los delitos graves no permiten acudir a estas[189]. Al salto punitivo que supone la reforma, contrario a la propia esencia del Derecho penal de menores y a los principios que inspiran este sistema, se suma el hecho de que no ha recibido la más mínima justificación por parte del legislador.

Tras percatarse de la excesiva ampliación del art. 10.2 de la LORPM, la LO 4/2023 ha tratado de reducir los delitos sexuales objeto de este régimen hiper agravado, limitándolos a los siguientes artículos (según la ubicación actual) "178, apartados 2 y 3, 179, 180, 181, apartados 2,4,5 y 6". Ahora bien, aunque supone una disminución respecto a los que figuraban tras la LO 10/2022, constituye una ampliación considerable si lo comparamos con la legislación anterior. A partir de ahora pasan a ser objeto de este precepto: la agresión sexual (incluyendo supuestos que antes eran calificados como abusos sexuales como el prevalimiento o la víctima privada de sentido) (art. 178 apartados y 3 CP); las agresiones sexuales con acceso carnal (art. 179 CP); las agresiones sexuales agravadas por cualquier circunstancia de las previstas en el art. 180.1 CP (incluyendo agravantes nuevas como el hecho de que la víctima sea o haya sido pareja o ex pareja y la de que se haya anulado la voluntad de la víctima suministrándole fármacos, etc.); las agresiones sexuales cometidas a menores de dieciséis años recogidas en los arts. 178.2 y 178.3 CP (que incluye supuestos que antes eran calificados como abusos sexuales como el prevalimiento o la víctima privada de sentido); agresiones sexuales con acceso carnal (art. 181.4 CP); cuando, con acceso carnal o no, concurran determinadas agravantes (incluyendo agravantes nuevas como que la

---

189 Se incluye un nuevo párrafo en el art. 19.2 LORPM "cuando la medida sea consecuencia de la comisión de alguno de los delitos tipificados en los Capítulos I y II del Título VIII del Código Penal, o estén relacionados con la violencia de género, no tendrá efecto de conciliación, a menos que la víctima lo solicite expresamente y que el menor, además, haya realizado la medida accesoria de educación sexual y de educación para la igualdad".

víctima sea pareja o ex pareja y que se haya anulado la voluntad de la víctima suministrándole fármacos, etc.) (art. 181.5 CP); cuando concurran dos o más agravantes de las previstas en el art. 181.5 CP (art. 181.6 CP)[190].

3.5.3. Repercusión en menores de edad

Antes de la entrada en vigor de la LO 10/2022 y la posterior LO 4/2023, las infracciones de máxima gravedad incluidas en el art. 10.2 LORPM sólo eran las más severas y menos cometidas por menores: las agresiones sexuales (en ese momento aquellas realizadas con violencia o intimidación) agravadas por ser la modalidad de acceso carnal o por determinadas circunstancias. En la actualidad, como ya se ha apuntado, este artículo entra en juego en numerosos supuestos que no llegan a este extremo ni son tan escasamente habituales, lo que a buen seguro va a suponer un incremento considerable de la aplicación de este precepto, sin que el art. 8 LORPM o las indefinidas atenuantes de los arts. 178.4 CP y 181.4 CP puedan evitarlo[191].

Por su parte, el principio de proporcionalidad (art. 8 LORPM) podrá contribuir a eludir que la duración del internamiento que prevé el art. 10.2 LORPM sea de mayor duración que la del adulto, pero no va a poder evitar que se aplique la medida de internamiento en régimen cerrado obligatorio. Por lo que

---

[190] La alusión de la LORPM al art. 181.6 CP (que permite aplicar el 10.2 cuando concurran dos o más agravantes de las previstas) carece de sentido en la medida que ya si ya concurre una sola, el art. 181.5 permite aplicar el régimen del art. 10.2 LORPM.

[191] Sobre todo, si la violencia, la intimidación u otros elementos que califican la agresión sexual se interpretan de forma diferente y más laxa a como se hace en el ámbito de adultos. Por ejemplo, la Sentencia del Juzgado de Menores de Barcelona 243/2012 de 30 de octubre (TOL4.422.891), califica como agresión sexual una conducta en la que un menor le agarra el culo y le enseña los genitales a una camarera de pisos de un hotel (aunque se absuelve al menor por falta de prueba).

se refiere al internamiento en régimen cerrado de forma potestativa (art. 9.2 LORPM), este va a ver reducido su ámbito de aplicación debido a que los supuestos que antes permitían su entrada han pasado a formar parte del internamiento cerrado obligatorio (art. 10.2 LORPM). Así, por ejemplo, el delito de agresión sexual cuando concurren violencia o intimidación, pero no acceso carnal podía ser objeto de internamiento en régimen cerrado potestativo (por ser un delito con violencia o intimidación y también por prever una pena grave) pero ahora es de los que se encuentran recogidos en el art. 10.2 LORPM, que obliga a la imposición de internamiento en régimen cerrado obligatorio (art. 10.2 LORPM)[192]. A todo ello, como ya se ha apuntado, hay que añadir que se incorpora un nuevo tipo penal que puede ser de fácil comisión por menores de edad ubicado en el art. 189 bis CP, y las modificaciones anteriormente descritas en la LORPM.

4. CONCLUSIONES

Tras analizar las principales reformas penales en la materia y su repercusión en menores infractores lo primero que cabe apuntar es el hecho de que en ninguna de ellas el legislador ha realizado una evaluación de cómo afectaría su aplicación a este colectivo. No se ha recogido en las exposiciones de motivos el impacto que estas iban a tener para estos sujetos a pesar de que se han incorporado tipos o agravaciones con víctima menor de edad que claramente podían afectar a estos. Ha sido tal la omisión que tampoco ha fundamentado las modificaciones que ha realizado incluso en la propia LORPM, ahondando en la reiterada pérdida de legitimidad democrática de la ley penal.

En la primera parte de este capítulo se ha demostrado que la política criminal en materia de delitos sexuales de los últimos

---

192 El comportamiento del menor recogido en la anterior nota, le sería aplicable el agravadísimo régimen del art. 10.2 LORPM.

años ha dado lugar a un aumento de estos en las cifras oficiales. Es la consecuencia lógica, tanto para adultos como para menores, de la incorporación de nuevos delitos o de ampliar otros ya existentes. Un papel fundamental lo ha tenido indudablemente el incremento de la edad de consentimiento sexual a los dieciséis años y, por consiguiente, la elevación de la edad de la víctima de determinados tipos penales. Sin embargo, aunque el incremento se da en ambos sujetos, los efectos agravatorios son mayores para los adolescentes. Esto se debe a que, por proximidad en edad, la víctima menor de dieciséis años es habitual para el menor infractor. No obstante, no se puede decir que el aumento de la delincuencia sexual en las cifras oficiales pueda ser explicado únicamente por este motivo. Como ya se apuntó, han podido incidir otros factores como el crecimiento de las denuncias motivado por el aumento de la conciencia social de género o un incremento real de los delitos debido a déficits educativos relacionados con el acceso a la pornografía a edades tempranas. A ello hay que añadir el auge en el acceso a tecnología (internet, móviles con cámaras, redes sociales, etc.), que facilita considerablemente la comisión, y también la prueba, de determinados tipos tradicionales, como los relacionados con la pornografía infantil, y otros incluidos posteriormente. Además, se ha llegado a la conclusión de que los jueces en su margen de aplicación de la LORPM, cada vez más reducido, están optando por las sanciones más severas del ordenamiento, y especialmente por el internamiento en régimen cerrado, para este tipo de delincuencia.

En la segunda parte se ha expuesto cómo las modificaciones penales para tutelar la integridad sexual del menor se siguen realizando al margen de la realidad empírica. El legislador sigue dirigiéndose a un delincuente sexual adulto, más propio del imaginario social que de la realidad empírica, lo que ha derivado en un endurecimiento de la respuesta que el sistema ofrece a los menores infractores. En este sentido, se han incorporado agravantes o delitos al Código penal de habitual comisión por adolescentes sin que el injusto sea equivalente a cuando el tipo lo comete un adulto. Además, la LORPM también ha sido modificada para ofrecer una respuesta más severa a este tipo de delincuencia. A partir de ahora el súper agravado régimen del art. 10.2 LORPM va a ser la respuesta habitual para muchos delitos sexuales, cuando no entre en juego el indefinido régimen atenuado del art. 179.4 CP, cuya aplicación queda especialmente dificultada debido a que en el delito no puede concurrir violencia, intimidación, una víctima con la voluntad anulada o cualquiera de las circunstancias agravantes del art. 180 CP. La cuestión de por qué las modificaciones indirectas, aquellas en producidas en el CP, y las directas, aquellas que han tenido lugar en la LORPM, atentan contra principios penales básicos del ordenamiento y las posibles soluciones a la existencia de tipos que no equivalen en injusto a cuando los comete un adulto se expondrán en el siguiente capítulo.

Capítulo II

Propuesta de solución al problema del endurecimiento de la respuesta penal a agresores sexuales menores

1. INTRODUCCIÓN

Tras hacer un análisis sobre la realidad empírica y legislativa de los delitos sexuales en su aplicación a menores se puede decir que las últimas reformas penales han venido a agravar la respuesta que el sistema les otorga. Como se ha apuntado, su empeoramiento se ha producido de dos formas. Por un lado, directamente, debido a que en 2022 se ha modificado la LORPM, acercando la respuesta penal del menor a la del adulto y, por consiguiente, menoscabando principios básicos del sistema de responsabilidad penal de menores. Pero también indirectamente, a través de las modificaciones que han tenido lugar en el Código penal, que han ido incorporado agravantes y tipos penales con víctima menor de edad que fueron concebidos para adultos.

Este es un problema al que ya se han enfrentado otros ordenamientos jurídicos, especialmente los anglosajones, pues son estos los que empezaron a elevar la edad de consentimiento sexual y a agravar las consecuencias derivadas de la comisión de estos delitos, incorporando a adolescentes a bases de datos para delincuentes sexuales[1]. De hecho, fue la doctrina de estos

[1] Lo que después se ha trasladado a Europa impulsado de forma indirecta por la UE a través de la Directiva de 2011. En este mismo sentido MARTÍNEZ GUERRA, A. "Edad sexual y exclusión de la responsabilidad penal. Fundamentos del Derecho anglosajón", *Revista*

países la primera que cuestionó el hecho de que los Estatutos anti-pornografía, concebidos para sancionar a adultos, se estuvieran aplicando a menores por la comisión de conductas de *sexting* consentido (reenvío de imágenes de contenido sexual) con la consecuencia de enviarlos al mismo proceso y con la misma pena que a los adultos, inscribiéndolos en un registro de delincuentes sexuales configurado en las mismas condiciones y con amplio acceso público[2]. Aunque en España existen delitos con víctima menor de edad desde siempre, no se había planteado la necesidad de proponer soluciones a este problema hasta ahora. Esta surge, por un lado, por el momento legislativo en el que nos encontramos, en el que la tutela penal del menor de edad ha alcanzado cotas elevadas de irracionalidad. Y, por otro, al auge de la tecnología, que ha incrementado la comisión de algunos delitos (consumo y difusión de pornografía infantil, *online child grooming*, etc.).

En el presente capítulo se expondrá por qué son ilegítimas las dos líneas político-criminales adoptadas por el legislador, la directa y la indirecta, y cuáles son las posibles soluciones para evitar que la aplicación del CP como texto supletorio le otorgue al menor infractor un tratamiento penal injusto y desigual en estos delitos. Para ello se analizarán las propuestas de la doctrina, de la jurisprudencia y de la propia FGE.

---

de Derecho penal y Criminología, pp. 67-106. Considera que toda esta política criminal relacionada con elevar la protección del menor de edad frente a los delitos sexuales proviene de Estados Unidos. RAMOS VÁZQUEZ, J.A. "Depredadores, monstruos, niños..."cit.

2 BARRY, J.L. "Child as victim and perpetrator..."cit.

2. ¿POR QUÉ ES ILEGÍTIMO EL ENDURECIMIENTO DE LA RESPUESTA PENAL A LOS AGRESORES SEXUALES MENORES DE EDAD?

2.1. Crítica a la línea político-criminal de endurecimiento directo de la LORPM

Como hemos podido comprobar, las recientes reformas emprendidas por el legislador en la LORPM han dado lugar a una situación en la que la respuesta principal para la comisión de un delito sexual es la aplicación del internamiento en régimen cerrado, ya sea potestativo (art. 9.2 LORPM) u obligatorio (art. 10.2 LORPM). Este último precepto se ha visto ampliado respecto a la legislación previa a 2022 debido a la extensión del concepto de agresión sexual, a la inclusión en su ámbito de actuación de agravantes nuevas (art. 180 CP) y a la inclusión expresa de las agresiones sexuales a menores de dieciséis años (art. 181 CP), que con anterioridad era más dudosa[3]. Este endurecimiento en la respuesta, que equipara el tratamiento del menor al del adulto, supone un ataque contra el propio fundamento del sistema penal de menores, que precisamente se basa en las diferencias psicobiológicas que ambos grupos mantienen. Si el Derecho penal de menores existe como ordenamiento independiente es porque la sociedad reconoce que los jóvenes y los adultos son diferentes y, por tanto, deben ser tratados de manera diversa[4].

---

3 Hay que recordar que la aplicación del art. 10 LORPM no sólo obliga a la imposición de la medida más severa del ordenamiento (a la que se añade el posterior periodo de libertad vigilada), sino que conlleva que no se pueda acudir a las facultades de modificación o sustitución de la medida hasta pasado un año del cumplimiento de la condena cuando el menor tiene dieciséis o diecisiete años (vid. Art. 10.2 b LORPM).

4 BARRY, J.L. "Child as victim and perpetrator..."cit.

La Ciencia lleva años apoyando la intuición general de que la mente de los adolescentes es distinta a la de los adultos. La psicología evolutiva ha estudiado el gran proceso de transformación psicobiológica al que están sometidos los menores y ha llegado a la conclusión de que sus características tienen una clara relación con el comportamiento delictivo. Así, estos, a diferencia de los adultos, tienen una escasa percepción del riesgo, lo que les hace ser temerarios. Se caracterizan por su impulsividad, por su menor capacidad de juicio y de planteamiento. También cabe destacar su predilección por la búsqueda de sensaciones nuevas y de gratificación inmediata, la mayor susceptibilidad a la presión de sus iguales, su cortoplacismo, así como su menor capacidad para controlar sus estados emocionales[5]. Por su parte, la neurociencia evolutiva ha revelado recientemente que los cambios de maduración en determinadas regiones del cerebro se inician en la infancia, continuando incluso durante la edad adulta. No sólo la anatomía del cerebro, sino su propio funcionamiento evoluciona durante mucho más tiempo de lo que se pensaba anteriormente[6]. De hecho, hay estudios que demuestran que la madurez comienza al final de la adolescencia y continúa entre los dieciocho y veinticinco, no alcanzándose su punto máximo hasta, al menos, los veintiuno[7].

---

5 Para conocer cuáles son los recientes hallazgos de las neurociencias y la psicología evolutiva y cómo estos han afectado a la eliminación de la pena de muerte y de la pena de prisión perpetua para menores de edad en Estados Unidos vid. POZUELO PÉREZ, L. "Sobre la responsabilidad penal de un cerebro adolescente", *Indret*, nº 2, 2015, pp. 1-27.

6 STEINBERG, L. "Should the science of adolescent brain development inform public policy?", *Issues in Science and Technology*, 28, nº 3, 2012, pp. 1-7.

7 Lo que fundamentaría un tratamiento atenuado para los jóvenes adultos de dieciocho a veintiuno, tal y como en su momento previó el propio legislador español y como tienen regulado otros ordenamientos. Realiza una revisión bibliográfica sobre esta cuestión SÁNCHEZ VILANOVA, M. "Responsabilidad de los delincuentes juveniles a la luz

Se ha podido probar que hay cambios sustanciales en la densidad y distribución de los receptores de dopamina en las vías que conectan el sistema límbico, que es donde se procesan las emociones y recompensas y castigos experimentados, y la corteza prefrontal, que es el director ejecutivo del cerebro. Estos cambios tienen implicaciones importantes para la búsqueda de sensaciones de los menores[8]. Asimismo, una de las últimas regiones cerebrales en madurar es el córtex prefrontal, que es la parte implicada en procesos y habilidades cognitivas complejas, como la función inhibitoria, necesaria en la toma de decisiones y donde residen los circuitos neuronales de funciones como la capacidad de planificar a largo plazo, sopesar riesgos y recompensas, la toma de decisiones complicadas, la memoria activa o el control de impulsos[9]. Por eso, no se trata de que los menores no sean capaces de realizar un análisis coste-beneficio, sino que la diferencia con los adultos es cómo sopesan los riesgos y las ganancias, primando las que son a corto plazo[10].

Durante esta etapa no solo se producen cambios estructurales en el cerebro, sino también en su funcionamiento. Por un lado, a lo largo de la adolescencia y hasta la adultez tiene lugar un fortalecimiento de la actividad en los sistemas de auto-regulación. Considera STEINGBERG que los adultos emplean una red más amplia de regiones cerebrales que los adolescentes, lo que puede facilitar el autocontrol. Este autor también afirma que hay importantes cambios en la respuesta del cerebro a las recompensas. Según sus estudios, este autor hay ciertas zonas del cerebro que se activan más durante la adolescencia que durante la infancia o la adultez. Además, dicha hipersensibilidad a

---

de la neurociencia", *Revista de Derecho y Genoma Humano, Biotecnología y Medicina Avanzada,* nº 47, 2017, pp.199-218.

8 STEINBERG, L. "Should the science…"cit.

9 Como dice POZUELO PÉREZ, aspectos clave en el comportamiento criminal. "Sobre la responsabilidad penal…" cit.

10 SÁNCHEZ VILANOVA, M. "Responsabilidad de los delincuentes juveniles…"cit.

las recompensas incrementa cuando el adolescente está con sus amigos, lo que explica que estos adopten decisiones de riesgo cuando están en grupo[11].

Una de las paradojas que tienen lugar durante la adolescencia es que estos pueden resultar tan inteligentes como los adultos, el problema es su limitada capacidad para adecuar ese comportamiento conforme a esas avanzadas habilidades intelectuales[12]. La facultad para adoptar decisiones razonadas se reduce en un contexto con posible presión de sus pares en el que se apremia al menor para que adopte una decisión rápida. En ese caso existe la posibilidad de que este asuma un comportamiento arriesgado con un elevado nivel de emocionalidad[13]. Por eso, desde un punto de vista legislativo, se puede considerar al menor suficientemente reflexivo para la elección de algunas y no otras, sin que ello suponga incoherencia. Así, este puede ser considerado maduro para decidir en cuestiones que le afectan como el aborto o la eutanasia, puesto que estas se toman de forma calmada y tras un periodo legal de reflexión. Y, por el contrario, no considerarlo como tal respecto de la resolución delictiva, la cual suele surgir cuando este está acompañado por sus pares, en momentos en los que aumenta la impulsividad y la búsqueda de sensaciones[14].

Esas desigualdades entre adolescentes y adultos quedan aún más patentes si nos ponemos en el contexto de los delitos sexuales, pues el desarrollo de la sexualidad es un aspecto central de la adolescencia y esta tiene profundas implicaciones emocionales y sociales para el menor. La sexualidad, especialmente en la adolescencia, implica una gran variedad de sentimientos, emociones y sensaciones. Es en este momento del

---

11 STEINBERG, L. "Should the science..."cit.

12 STEINBERG, L. "Adolescent development and juvenile justice", *Annual review of Clinical Psychology*, nº 5, 2009, pp. 459-485.

13 SÁNCHEZ VILANOVA, M. "Responsabilidad de los delincuentes juveniles...". cit.

14 STEINBERG, L. "Adolescent development..."cit. p. 477

ciclo vital en el que esta se expresa con todo su potencial y aparece el deseo de compartirla, de experimentar todo aquello que se está descubriendo; al tiempo que surgen dudas y miedos ante esa sexualidad que aflora, pero que todavía no se conoce bien. Es por ello que los/as jóvenes necesitan recibir afecto, reconocimiento y apoyo desde su entorno social inmediato en el proceso de desarrollo de su identidad sexual; pero también necesitan adquirir conocimientos específicos, actitudes y habilidades[15]. No obstante, en esta fase de búsqueda de la identidad sexual y experimentación, canalizada a menudo a través de la pornografía como ya se ha apuntado, no es raro que se produzcan comportamientos desviados. A lo que hay que añadir que en la actualidad los adolescentes cada vez participan más en actividades sexuales y lo hacen a una edad más temprana que en décadas anteriores.

Dado que se encuentra en una etapa vital del desarrollo y aprendizaje de la sexualidad, el adolescente debe ser tratado de forma diferente al adulto. Y es que la evidencia empírica demuestra que el menor que comete un delito sexual tiene más en común con el delincuente menor de edad que con el delincuente sexual adulto. De este modo, la delincuencia de menores se caracteriza por ser un fenómeno normal (algo habitual en el desarrollo de la etapa adolescente que se produce como respuesta a la necesidad de experimentación, la búsqueda de nuevas experiencias, la falta de madurez, rebeldía, desorientación, etc.) ubicuo (en todas las clases sociales) y de carácter episódico (limitado a la adolescencia), sin que nada que parezca indicar que la sexual se aleja de dichas características[16]. De

---

15 EGEA TRESGALLO, S. "La vivencia de la sexualidad en la adolescencia", *Cuadernos de medicina psicosomática y psiquiatría de enlace*, nº 118, 2016, pp.71-79.

16 Sobre la imagen del delincuente sexual menor de edad y lo alejado de la realidad empírica que está vid. LETORNEAU, E. J., y MINER, M. H. "Juvenile sex offenders: A case against the legal and clinical status quo". *Sexual Abuse: A Journal of Research and Treatment,* 17, 2005

hecho, como apunta CARPENTER "Los delincuentes sexuales juveniles son diferentes de los delincuentes sexuales adultos hasta el punto de que la comisión de un delito sexual por un adolescente no augura un comportamiento sexual predatorio futuro"[17]. En cualquier caso, sobre esta cuestión, así como en los menores índices de reincidencia de los adolescentes o su mayor permeabilidad al tratamiento, etc., se volverá en el siguiente capítulo.

Las diferencias psico-biológicas entre menores y adultos se han canalizado a través de la categoría de la culpabilidad, de tal forma que, como se apuntará en el siguiente capítulo, es pacífico en la doctrina que estos no sólo tienen una menor culpabilidad, sino que esta también es diferente a la del adulto[18]. De este modo, si se trata de igual forma a menores y a adultos sin tener en cuenta sus particularidades, además de no tener en cuenta la culpabilidad como categoría, se vulnera este mismo principio, pues este se menoscaba cuando se otorga el mismo tratamiento penal a dos supuestos diferentes. Esto implica, como se apuntará en el siguiente capítulo, que tampoco se respeta el principio superior del interés del menor, pues no se tienen en cuenta circunstancias del caso concreto para imponer la medida y decidir su duración, lo que claramente sucede cuando se impone obligatoriamente el agravado régimen del art. 10.2 LORPM, que no permite modificar la medida en caso de que concurran atenuantes de la culpabilidad u otras que así

---

pp. 293-312; ZIMRING, F. E. *An American travesty: Legal responses to adolescent sexual offending*. Chicago, IL: The University of Chicago Press, 2004; HARRIS, A.J.; WALFIELD, S.M.; SHIELDS, R.T.; LETORNEAU, E.J. "Collateral consequences of juvenile sex offender registration and notification: results from a survey of treatment providers", Sexual Abuse: A Journal of Research and Treatment, 28(8), 2016, pp. 770-790.

17 CARPENTER, C. "On emotion…"cit. CARPENTER, C. "On emotion, juvenile sex offenders, and mandatory registration", *Journal of Race, Gender, & Poverty*, nº 29, 2012, pp. 29-41.

18 Por todos CRUZ MÁRQUEZ, B. "Una aproximación..."cit. p. 339.

lo justifiquen en el caso concreto. También se debe considerar menoscabado el principio educativo por los motivos que se apuntarán en el siguiente capítulo, dado que coinciden con los aportados para deslegitimar la inclusión de menores de edad en el registro de delincuentes sexuales.

2.2. Crítica a la línea político-criminal de endurecimiento indirecto del CP

2.2.1. Introducción

Las consecuencias negativas de la interdependencia de la legislación de menores y de la de adultos han sido apuntadas por la doctrina penal en numerosas ocasiones y ya se han descrito en el primer capítulo[19]. El problema no es nuevo ni exclusivo del sistema penal español, pero, como se recogió en el capítulo anterior, incrementar la tutela del menor de edad ha agravado la situación en los últimos años. La cuestión es que la propia doctrina se ha percatado de que la previsión de delitos sexuales con víctima menor de edad o de determinadas agravantes que contemplan esta circunstancia, así como el incremento de penas por su comisión puede tener sentido en la lucha contra comportamientos abusivos de los adultos dirigidos hacia los menores, pero deja de tenerlo cuando hablamos de adolescentes entre los que existe una escasa diferencia de edad[20]. Así,

---

19 CRUZ MÁRQUEZ, B. "Presupuestos..." cit. p. 236;

20 Esto se lo ha planteado BOLDOVA PASAMAR, M.A. "Minoría de edad..." cit. p. 413; CUGAT MAURI, M. "Delitos contra la libertad e indemnidad sexuales", en VV.AA. (ÁLVAREZ GARCÍA, F.J. GONZÁLEZ CUSSAC, J.L. dirs.) *Comentarios a la reforma penal de 2010.* Tirant lo Blanch, 2010, pp. 229; CRUZ MÁRQUEZ, B. "Presupuestos..."cit.; RAMOS VÁZQUEZ,J.,A. "Grooming y sexting: artículo 183 ter CP", VV.AA (GONZÁLEZ, CUSSAC,J.L.; GÓRRIZ ROYO, E. Y MATALLÍN EVANGELIO, A. (dirs.). *Comentarios a la reforma del Código Penal de*

aunque a los menores se les aplica una legislación atenuada (LORPM), ello no evita que se les sancione por conductas que no tienen contenido lesivo o un contenido de lo injusto no equivalente al del adulto[21]. Por eso FEIJOO SÁNCHEZ afirma que "En ciertos delitos en los que la conducta típica se ve definida por la minoría de edad o la especial vulnerabilidad de los menores de edad puede que no tenga sentido preventivo-especial la intervención del Derecho penal contra menores (...)". Entre los delitos que este autor pone como ejemplo están algunos sexuales como la exhibición de material pornográfico del art. 186 CP. Por su parte, en los subtipos agravados en los que la mayor pena se fundamenta en el hecho de que la víctima es menor sucede lo mismo, pues en el caso de este el motivo de la agravación (asimetría en edad o experiencia sexual, abuso de poder, abuso de superioridad, etc.) no está presente[22].

2015. Tirant lo Blanch, 2015, p. 589; FEIJOO SÁNCHEZ, B. "Título preliminar (art. 1)" ... p. 88.; VILLACAMPA ESTIARTE, C. *El delito de online child grooming o propuesta sexual telemática a menores*. Tirant lo Blanch, 2015, pp. 196 y ss.; TAMARIT SUMALLA, J.M. "Principios político-criminales y dogmáticos del sistema penal de menores", VV.AA. (GONZÁLEZ CUSSAC, J.L. coord.). *Justicia penal de menores y jóvenes: (análisis procesal y sustantivo de la nueva regulación)*, Tirant lo Blanch, 2002, p.35. Por su parte, la doctrina anglosajona también ha considerado un error aplicar algunos delitos pensados para adultos a menores de edad y ha criticado con dureza que los Estatutos antipornografía infantil pensados para predadores sexuales adultos acaben siendo aplicados a adolescentes. Todo ello con la consecuencia añadida de que acaban siendo registrados en bases de datos para delincuentes sexuales. Vid. BARRY, J.L. "The Child as Victim and Perpetrator..." cit.; CROFTS, T. y LEE, M. "«Sexting», Children and Child Pornography", *Sidney Law review*, vol. 35 (1), 2013, pp. 85-106.

21 En el mismo sentido respecto al *online child grooming* VILLACAMPA ESTIARTE, C. *El delito de online child grooming o propuesta sexual telemática a menores*, Tirant lo Blanch, Valencia, 2015, p. 184.

22 En estos casos el autor propone no tener en cuenta dicha agravación a efectos de determinar el máximo de sanción a imponer al menor. FEIJOO SÁNCHEZ, B. "Título preliminar (art. 1)" ... pp. 88 y 89.

La propia FGE, órgano estrella del proceso penal de menores, se ha pronunciado sobre esta cuestión, centrando su propuesta en los delitos de abuso sexual, *online child grooming*, exhibicionismo, exhibición de pornografía a menores y pornografía infantil. Así, la Circular 9/2011, de 16 de noviembre, sobre criterios para la unidad de actuación especializada del Ministerio Fiscal en materia de reforma de menores apunta que "A diferencia de lo que ocurre en otros ordenamientos jurídicos, en España no existen reglas específicas sobre el requisito de asimetría de edades en la tipificación de los delitos contra la indemnidad sexual" y , por eso, advierte que "el contacto sexual entre menores de la misma o similar edad, sin la concurrencia de otros signos de abuso o intrusión, no afectaría a la indemnidad sexual y por ello no debería ser penalmente sancionable".

Además, aunque este organismo también recomienda tener en cuenta las diferencias entre sujetos en los tipos penales previamente mencionados, se pronuncia expresamente sobre los delitos de pornografía infantil. De este modo, establece que "la comisión de este delito puede presentar unos perfiles singulares que aboguen por una mayor flexibilidad a la hora de articular respuestas sancionadora-educativas (...)". De hecho, insiste en que "cuando no hay asimetría de edad entre el menor poseedor de pornografía y los menores representados en el material, no puede decirse que exista una lesión al bien jurídico protegido, ni propiamente, una conducta pedófila". Por tanto, "antes de formular alegaciones contra un menor por delito de pornografía infantil deben sopesarse con extremo cuidado las consecuencias y los potenciales beneficios, huyendo de automatismos y teniendo presente que los efectos estigmatizadores pueden ser devastadores.". En los delitos de abuso sexual, la FGE propone que los operadores jurídicos estén atentos a la diversidad de supuestos para tratarlos de forma adecuada.

En este mismo sentido se manifiesta la doctrina, que considera que, aunque la propia evidencia empírica apunte a la escasa gravedad o peligrosidad que entrañan las conductas de posesión de pornografía infantil como antesala de conductas sexuales más lesivas, incluso para los adultos, esta no es equivalente a cuando la lleva a cabo un menor[23]. Cuando el que posee o difunde pornografía infantil es adulto todavía puede tener mayor aceptación la idea de que este acude a dicho material para satisfacer sus necesidades pedófilas, lo que podría incentivar los abusos sexuales infantiles reales[24]. Sin embargo, dada la fase de experimentación en la que se encuentra el adolescente, es más probable que la consulta de este material obedezca al impulso de satisfacer su curiosidad o a problemas de orientación o de desarrollo sexual, tal y como apunta la evidencia empírica, que a una conducta pedófila que requiera ser prevenida o sancionada[25]. El mismo razonamiento es extrapolable a otros delitos como los actuales comportamientos ubicados en los arts. 182 y 186 CP en los que el autor difícilmente "corromperá" a la víctima o esta será su intención si no hay una diferencia de al menos cinco años entre autor y víctima[26]. Incluso

---

23 AEBI, M. *et al.* "Criminal History..."cit. Los que pasan a la acción tienen un historial de consumo de drogas y de delitos sexuales más amplio, así como un mayor diagnóstico en pedofilia. McCARTHY, J.A. "Internet sexual activity: A comparison between contact and non-contact child pornography offenders", *Journal of Sexual Aggression*, nº 16 (2), 2010, pp. 181-195.

24 Definida como la apetencia preferente o exclusiva por menores en lo sexual o amoroso. Vid. TAMARIT SUMALLA, J.M. *La protección penal de menor...*cit. pp. 23-25. Esta idea preconcebida del legislador no encuentra apoyo empírico. Vid. Nota a pie anterior.

25 AEBI, M. et al. "Criminal History..."cit. Aunque estos autores apuntan a que la pedofilia se empieza a desarrollar en la adolescencia.

26 Respecto al delito de exhibición pornográfica hay que señalar que hay autores que apuntan que incluso sancionar este comportamiento en adultos puede ser problemático por no entrañar en algunos casos perjuicio alguno para el menor que ya tiene experiencia sexual. Como apuntan ORTS BERENGUER y ROIG TORRES, la gravedad de este comportamiento dependerá de si el niño tiene pocos años o si es un joven de dieciséis o diecisiete años que mantiene relaciones sexuales con su pareja. Por eso, ambos proponen reservar el art. 186 CP para los casos en que es claro el daño causado al menor, acompañado

existiendo esta intención, habrá que estar atentos a cuestiones relativas a la culpabilidad porque, si la conducta responde al carácter exhibicionista del menor, de pura experimentación o a una menor madurez, podremos eximir de pena al autor en el ámbito de la culpabilidad para evitar que estos preceptos sean aplicados [27].

2.2.2. La ausencia del fundamento del tipo penal o de la agravante cuando el sujeto activo es menor de edad

En realidad, la premisa de que un precepto penal varía en su injusto si el autor es un adulto o un menor de similar edad a la víctima dependerá de cuál consideremos que es el fundamento de dicha tipificación. Si este reside en la mayor vulnerabilidad de la víctima *per se*, tanto por su mayor indefensión, como por su menor capacidad para valorar y entender la conducta de la que es víctima o su menor capacidad para reaccionar frente a la misma, independientemente de quién sea el agresor, la agravación se debe aplicar tanto si el autor del hecho es un adulto como un menor de edad[28]. Ahora bien, probablemente,

---

de una intencionalidad sexual subyacente. "Capítulo 5. Concepto de material pornográfico en el ámbito penal", VV.AA. (LAMEIRAS FERNÁNDEZ, M. y ORTS BERENGUER, E. coords.). *Delitos sexuales contra menores. Abordaje psicológico, jurídico y policial,* Tirant lo Blanch, 2014, pp. 120 y 121.

27 No se pueden aplicar delitos y agravantes concebidos para sancionar el abuso y la explotación por parte de adultos a comportamientos llevados a cabo por menores que responden a las características propias de la experimentación sexual normal en la adolescencia. CROFTS, T. Y LEE, M. "«Sexting», Children…"cit.

28 Lo vincula a la falta de madurez subjetiva y desarrollo físico y psíquico. PÉREZ MACHÍO, A. I., "La protección penal del/de la menor víctima de delitos…"cit., pp. 296-297. También en una línea similar MOYA GUILLEM y DURÁN SILVA, para las que los menores merecen más protección por su propia indefensión, por ser "víctimas ideales". MOYA GUILLEM, C. y DURÁN SILVA, C. "La inconsistente

esta explicación tenga sentido en los casos en que la víctima es bastante menor como, por ejemplo, cuando es menor de cuatro años, pero difícilmente lo tendrá cuando es mayor de una determinada edad. Por el contrario, si el fundamento reside en esa mayor vulnerabilidad, pero en relación con el agresor (desigualdad que se suele definir como situación de asimetría, de abuso de poder, abuso de superioridad, prevalimiento por edad o grado de madurez, abuso de situación de vulnerabilidad, etc.), no se deberá apreciar cuando esta no esté presente[29].

Esta segunda postura es la mayoritaria en la doctrina. De hecho, la asimetría de edad y el abuso de poder son dos aspectos que, según la Criminología, definen el abuso sexual a menores[30]. En cuanto a la asimetría, suele exigirse una diferencia

---

presunción de fragilidad de las víctimas menores en el Derecho penal (sustantivo y procesal). A propósito de la Ley Orgánica 8/2021", *Indret*, nº1, 2022, pp. 1-38.

29 En la revisión bibliográfica que sobre esta cuestión hace BLANCO CORDERO llega a la conclusión de que la mayor parte de la doctrina se encuentra en este sector. BLANCO CORDERO, I. "La menor edad como fundamento de la agravación de la pena: estudio crítico de los tipos agravados por razón de la menor edad y la especial vulnerabilidad". VV.AA. (MOYA GUILLEM, C. dir.). *La protección de las víctimas especialmente vulnerables. Aspectos penales, procesales y político criminales*, Tirant lo Blanch, 2023, pp. 145-146. Entre estos autores GONZÁLEZ RUS, J.J. Capítulo cuatro…"p. 118. Con lo acabado de apuntar no quiero decir que todos los términos sean sinónimos. Por ejemplo, MUÑOZ CONDE distingue el concepto de abuso de superioridad y abuso de una situación de vulnerabilidad, afirmando que en el abuso de superioridad hay una relación previa entre autor y víctima que no tiene que haber en la segunda. MUÑOZ CONDE, F. *Derecho penal. Parte especial.* Tirant lo Blanch, 2022, pp. 236-238.

30 TAMARIT SUMALLA, J.M. *La protección penal del menor…* cit. p. 20. Aluden también al requisito de la asimetría FINKELHOR, D. y HOTALING, G.T. "Sexual abuse in the national incidence study of child abuse neglect: an appraisal", vol. 8, 1984, pp. 23-32. Como afirman REDONDO, S. y GARRIDO, V. la exigencia de una diferencia de edad

de al menos cinco años de edad y que uno de los sujetos en la relación sea adulto y otro menor[31]. Aunque, hay quien incluso va más allá y considera que esta debe ser de cinco años cuando el menor tiene menos de doce y de diez años si éste tiene entre trece y dieciséis[32]. Como apunta LÓPEZ SÁNCHEZ "La asimetría de edad impide verdadera libertad de decisión y hace imposible una actividad sexual común, ya que los participantes tienen experiencias, grado de madurez biológica y expectativas muy diferentes. Esta asimetría supone en sí misma un poder que vicia toda posibilidad de relación igualitaria"[33].

En este sentido, si la cláusula del art. 183 *quáter* CP, actualmente ubicada en el art. 183 bis, exime de pena en los casos en que no hay dicha asimetría de edad y madurez es por el hecho

---

es propuesta por el *National Center of Child Abuse and Neglect* en 1978. *Principios de Criminología*...cit. p. 516.

31 TAMARIT SUMALLA, J.M. *La protección penal del menor*...cit. p. 103.

32 PEREDA BELTRÁN, N. "El espectro del abuso sexual en la infancia: definición y tipología". Entrada de blog en INFOCOP (Consejo general de la Piscología de España), 31 de enero de 2011. Disponible en línea en: https://www.infocop.es/el-espectro-del-abuso-sexual-en-la-infancia-definicion-y-tipologia/?cn-reloaded=1. En el mismo sentido TAMARIT SUMALLA "la diferencia de edad, que es un aspecto fundamental, a menudo se exige que sea superior a diez años cuando los menores superen los doce años". *La protección del menor*... cit. p. 21.

33 LÓPEZ SÁNCHEZ, F. "Agresores y agredidos: los abusos sexuales de adolescentes", *Revista de Estudios de Juventud*, nº 42, 1998, pp. 27-33. Afirma TAMARIT SUMALLA, la asimetría "entendida como desigualdad madurativa que impide el ejercicio de una libre decisión por parte del menor y una actividad sexual compartida, dada la diferencia en las experiencias, madurez y expectativas sobre la relación sexual. TAMARTI SUMALLA, J.M. "Capítulo II Bis..."cit p. 352. Por su parte, afirma RAMOS TAPIA, "La asimetría de edad priva al menor de las condiciones necesarias para el ejercicio de su libertad, en cuanto que las diferencias cognitivas y emocionales, y las diferentes necesidades afectivas crean inevitablemente un abuso de poder por parte del sujeto activo sobre la víctima menor de edad". RAMOS TAPIA, I. "La tipificación de los abusos sexuales a menores..."cit. p. 128.

de que el propio legislador viene a apoyar la idea de que en los delitos sexuales no se trata de evitar que estos mantengan relaciones sexuales entre sí, es decir, de tutelar la intangibilidad sexual del menor, aunque a veces lo parezca[34], sino de prevenir que ciertas relaciones puedan ser abusivas para estos de forma que el consentimiento quede viciado y, por tanto, el bien jurídico (libertad o indemnidad sexual) quede menoscabado. Como apunta TAMARIT SUMALLA, la edad no es sino la fuente principal de una serie de asimetrías que concurren en la relación, como la asimetría anatómica, fisiológica, en el desarrollo en la orientación sexual[35].

El otro aspecto definitorio del abuso sexual es el abuso de poder. Este autor lo define como el impulso a usar el poder en beneficio propio. "Aunque sea de un modo instrumental (...), el poder es siempre un elemento necesario del abuso. En los supuestos a que nos referimos, el poder deriva normalmente del ejercicio de un rol dominante en el ámbito social" [36]. En cualquier caso, como reconoce este mismo autor, asimetría de edad y abuso de poder están relacionados, pues la "asimetría de edad impide la verdadera libertad de decisión y hace imposible una actividad sexual común, ya que los participantes tienen experiencias, grado de madurez biológica y expectativas muy diferentes"[37].

Esta misma idea de desigualdad, asimetría, abuso de poder, etc. entre el menor y el adulto es extrapolable al fundamento de las agravantes por minoría de edad en los delitos sexuales[38]. La mayoría de la doctrina considera que este reside en el plus de antijuridicidad de las conductas basado en la menor posibi-

---

34 Así, CUERDA ARNAU, M.L. "Irracionalidad..."cit.

35 TAMARIT SUMALLA, J.M. *La protección penal del menor*...cit. p. 20 nota a pie nº 10.

36 TAMARIT SUMALLA, J.M. *La protección penal del menor*...cit. p. 21.

37 TAMARIT SUMALLA, J.M. *La protección penal del menor*...p. 21.

38 Vid. BLANCO CORDERO, I. "La menor edad como fundamento de la agravación de la pena..."cit. p.145.

lidad de defensa de las víctimas dada la superioridad del sujeto activo y, por consiguiente, la mayor peligrosidad para el bien jurídico al que se refieren[39]. Por tanto, no debería apreciarse cuando no se da dicha superioridad. Interesante en este sentido es la opinión de GONZÁLEZ RUS, que considera que el menor se encuentra precisamente en una posición de inferioridad por los mismos motivos que fundamentan la propia existencia del sistema de responsabilidad penal de menores, por su menor capacidad para valorar el comportamiento delictivo del que es víctima y decidir la respuesta frente al mismo[40]. Por tanto, no tendrá sentido aplicar una agravante cuando ambos menores, autor y víctima, se encuentran en esa situación de menor capacidad. Por ejemplo, la doctrina ha considerado que la agravante de las agresiones sexuales del art. 180.1. 3ª CP que hace referencia a "Cuando los hechos se cometan contra una persona que se halle en una situación de especial vulnerabilidad por razón de su edad, enfermedad, discapacidad o por cualquier otra circunstancia, salvo lo dispuesto en el artículo"

---

39 Así la STS 1111/2009, de 20 de noviembre señala que "la ratio de este precepto legal consiste, pues, en la mayor facilitación de la comisión delictiva, sobre la base de la menor defensa o resistencia de la víctima, a causa de su edad, enfermedad o situación...". También la STS 695/2005, de 1 de junio que basa la vulnerabilidad de la víctima por razón de edad o enfermedad en "una disminución e importante merma en la posibilidad de ejercer una defensa eficaz frente a la acción violenta o intimidatoria de que es objeto la víctima". Esta sentencia viene a decir que es "una redefinición de la agravante genérica de abuso de superioridad". Vid la revisión bibliográfica que sobre esta cuestión hace BLANCO CORDERO, I. "La menor edad como fundamento de la agravación de la pena..."cit. pp. 145-146.

40 GONZÁLEZ RUS, J.L. "El menor como responsable penal y como sujeto pasivo especialmente protegido. Congruencias e incongruencias", VV.AA. (MORILLAS CUEVAS, L.; SUÁREZ LÓPEZ J.M.; BARQUÍN SANZ, J. dirs.) *El menor como víctima y victimario de la violencia social (estudios jurídicos)*, Dykinson, 2010, pp. 128-131.

"constituye una concreción de la genérica agravante del abuso de superioridad"[41].

La realidad empírica también apoya el hecho de que no tiene sentido sancionar los atentados que comete un menor contra otro de similar edad del mismo modo que cuando lo hace el adulto. Lo lógico, desde el punto de vista criminológico, es que los menores victimicen a sus iguales o a otros menores. Hay que tener en cuenta que la adolescencia es un periodo de gran actividad delictiva pero también de gran victimización. Como apuntan LOEBER, FARRINGTON y REDONDO "Dado que la mayor parte de la violencia delictiva suele dirigirse a víctimas de edad semejante a la del agresor, no es de extrañar que el periodo de 16 a 24 años sea también una etapa de mayor riesgo de victimización violenta"[42]. Y esta situación, que es pura normalidad criminológica, no incrementa en nada el injusto.

Por eso, ante esta situación, como apuntan algunos autores, no sería descabellado plantear la necesidad de despenalizar determinados delitos o no aplicar determinados tipos agravados por la imposibilidad objetiva de que un menor los cometa como autor debido a la falta de un elemento del tipo como es el abuso de superioridad o de una mayor indefensión de la víctima por razón de la edad, al menos en los casos en que las edades entre autor y víctima sea próxima[43]. Y todo ello, con independencia del papel que juegue el consentimiento. Es decir, la asimetría o diferencia

---

41 MORALES PRATS, F. y GARCÍA ALBERO, R. "Título VIII…"cit. p. 320. En este sentido también MONGE FERNÁNDEZ, que considera que el fundamento de la agravación no está en la falta o limitación del consentimiento de la persona ofendida, sino en la reducción o eliminación de su mecanismo de autodefensa frente al ataque sexual. *"Las manadas" y su incidencia…* cit. p. 204.

42 LOEBER, R. FARRINGTON, D. y REDONDO, S. "La transición…" cit.

43 CRUZ MÁRQUEZ, B. "Presupuestos…" cit.; FEIJOÓ SÁNCHEZ, B. "Título preliminar (art. 1)"…cit, p. 88-89; CUGAT MAURI, M. "Delitos contra la libertad…"cit, p. 229.

de posiciones de poder no sólo es un requisito que nos sirve para afirmar que no hay consentimiento, sino un elemento que está presente en otros tipos o agravantes en el que este no juega ningún papel. En cualquier caso, en los próximos epígrafes se volverá sobre esta cuestión.

En definitiva, para respetar el principio de culpabilidad del menor, en su acepción de que el sujeto sólo debe ser sancionado en la medida del injusto causado, no basta sólo con aplicarle al adolescente las disposiciones propias del Derecho penal de menores, sino que se deben introducir mecanismos para evitar o paliar los efectos de aplicar determinados tipos penales o agravantes concebidos para los adultos. Aplicar injustos con víctima menor de edad a estos de forma acrítica es injusto, por un lado, porque no se tienen en cuenta las diferencias psicosociales entre individuos según la edad, más acentuadas aún en los delitos sexuales (diferente culpabilidad entre menores y adultos), pero, sobre todo, porque en estos casos está ausente (o menos presente,) un elemento de lo injusto asociado al abuso de poder, a la asimetría, a la idea de corromper al menor o al riesgo de pederastia que sí está cuando el autor es adulto. Por ello, en las siguientes líneas se propondrán soluciones al respecto.

3. POSIBLES SOLUCIONES AL PROBLEMA

Al primero de los problemas apuntados, es decir, a las agravaciones directas en la LORPM, la única solución posible es que este se percate de su error, de las nefastas consecuencias que conlleva y cambie de dirección político-criminal, devolviendo la LORPM a su a redacción original, o al menos a la versión anterior a 2022, que es en la que más se ha agravado la respuesta a los delitos sexuales. Para el segundo de ellos, el endurecimiento indirecto, hay diversas soluciones tanto legislativas como interpretativas, algunas de las cuales proceden de la doctrina extranjera, pero también de la española e incluso de la propia FGE.

3.1. Solución 1: la cláusula de Romeo y Julieta (art. 183 bis) en su redacción actual o ampliada

3.1.1. La cláusula 183 bis actual o ampliada

Como se ha expuesto en el capítulo anterior, una de las modificaciones recientes en el ordenamiento español ha sido la elevación de la edad de consentimiento sexual de los trece a los dieciséis años tras la reforma penal de 2015. Fijar esta a una en la que la realidad demuestra que las relaciones sexuales son habituales vino acompañada de una cláusula bastante habitual en el mundo anglosajón conocida como cláusula Romeo y Julieta (incorporada originalmente en el art. 183 *quáter*)[44], para evitar que se acabe penalizando a sujetos que, por su proximidad en edad y madurez, mantienen relaciones sexuales consentidas. Con la reformulación de los delitos sexuales que se ha producido en 2022, esta se traslada al actual art. 183 bis CP, quedando redactada de la siguiente forma "Salvo en los casos en que concurra alguna de las circunstancias previstas en el apartado segundo del artículo 178, el libre consentimiento del menor de dieciséis años excluirá la responsabilidad penal por los delitos previstos en este capítulo cuando el autor sea una persona próxima al menor por edad y grado de desarrollo o madurez física y psicológica".

Su incorporación en nuestro ordenamiento en dichos términos hizo surgir numerosas cuestiones interpretativas[45]. Sin

---

[44] Como apunta RAMOS TAPIA "a mayor edad para el consentimiento sexual, más importancia reviste establecer algún mecanismo que excluya de la intervención penal las relaciones consentidas del menor con personas próximas por edad y madurez." "La tipificación de los abusos sexuales a menores..."cit. p. 127.

[45] Desde si estamos ante una cláusula de exclusión de la tipicidad o una causa de justificación, etc. Se pronuncia prácticamente sobre todas las cuestiones interpretativas relevantes RAMOS VÁZQUEZ, J.A. "La cláusula Romeo y Julieta...."cit. Considera que estamos ante una

embargo, dado el objeto de este trabajo, sólo nos interesa centrarnos sobre dos de ellas: qué edad debe tener la víctima y qué diferencia entre esta y el autor se exige para que el consentimiento pueda ser considerado válido y a qué delitos es aplicable. La primera encierra, en realidad, una doble pregunta: la edad que debe tener el menor para que la cláusula pueda entrar en juego y qué diferencia etaria entre sujetos se acepta. La redacción del precepto nos hace dudar si se puede aceptar como válido el consentimiento de cualquier menor de dieciséis años o si, por el contrario, se exige que este sea mayor de una determinada edad. Hay opiniones en ambos sentidos, por su parte a GARCÍA ÁLVAREZ le parece "excesivo que se deje abierta la puerta a la relevancia del consentimiento de todo menor de dieciséis años". Para esta autora "el legislador debería haber blindado a los menores de determinadas edades y que su consentimiento no pudiera entenderse como válido en supuesto alguno, por ejemplo, hasta los trece años"[46]. Por el contrario, la mayor parte de la doctrina sostiene que de la letra del precepto no se infiere un tope inferior y que se puede aplicar a cualquiera siempre que se cumplan el resto de requisitos de la cláusula[47].

Aunque estoy de acuerdo con este último sector doctrinal, lo cierto es que la lógica nos debe llevar a pensar que el menor deberá ser al menos púber. Como la propia Circular de la

---

causa de exclusión de la tipicidad la STS 700/2020, 16 de diciembre (TOL8.249.563),

46 GARCÍA ÁLVAREZ, P. "La nueva regulación de los delitos contra la libertad e indemnidad sexual tras la reforma operada en el Código penal por la LO 1/2015 de 30 de marzo", *Cuadernos penales José María Lidón*, nº 12, 2016, p. 283.

47 En este sentido GONZÁLEZ AGUDELO, G. "Consecuencias jurídicas y político-criminales de la elevación de la edad del consentimiento sexual en los derechos sexuales y de salud y reproductiva del menor de edad". *Revista electrónica de Ciencia Penal y Criminología*, nº 18-15, 2016, pp. 1-31. También en este sentido RAMOS VÁZQUEZ, J.A. "La cláusula Romeo y Julieta..."cit.

Fiscalía 1/2017, sobre la interpretación del art. 183 *quater* del Código penal, reconoce respecto a los impúberes, "en estos sujetos aún no se ha producido el proceso de cambios físicos en el cual el cuerpo del niño o niña adquiere la capacidad de reproducción sexual" y, aunque "no puede establecerse una edad fija para delimitar la infancia de la pubertad pues el inicio del proceso de cambios varía de una persona a otra, dependiendo de diversos factores, entre ellos el sexo" en este caso "se trata propiamente de niños y niñas y no de adolescentes y respecto de ellos su protección debe ser absoluta". Así, a priori, la propia Circular no descarta la aplicación de la cláusula a menores de trece años siempre que en estos se de dicha condición.

La segunda cuestión es cuál es la diferencia de edad aceptable para dejar que el comportamiento pueda ser considerado atípico. En contra de lo que sucede en los ordenamientos anglosajones, que suelen establecer tramos de edad concretos según el tipo de delito, en España se ha dejado esta cuestión al arbitrio del juzgador. El precepto de forma genérica apunta a que el autor sea una persona "próxima al menor por edad y grado de desarrollo o madurez física y psicológica" sin concretar dicha proximidad. Hay quien ha considerado que esta indefinición es positiva, pues permite a los tribunales adaptarse al caso concreto sin limitar su labor interpretativa, mientras que hay otros que opinan que este debería haber sido más preciso en esta materia para dotar de mayor seguridad jurídica la aplicación de la cláusula[48]. A mi juicio, la primera de las dos posiciones es la más adecuada, pues se adapta mejor a nuestra tradición jurídica de no recelar del operador jurídico. En este caso, resulta adecuado sacrificar mayores cotas de seguridad jurídica por una mayor capacidad del juez de adaptación al caso concreto[49]. Además, como apunta RAMOS VÁZQUEZ, es difícil

48 Vid. RAMOS VÁZQUEZ, J.A. "La cláusula Romeo y Julieta…"cit.

49 Por el contrario, crítico con el grado de "ambigüedad" de la cláusula GÓMEZ TOMILLO, para quien el legislador "opta por una cláusula muy abierta, difícilmente compatible con la seguridad jurídica y que

encontrar argumentos empíricos que permitan establecer una diferencia de edad como indicio de una relación abusiva y que a su vez no sea demasiado amplia[50].

Mientras que en los países anglosajones se han establecido diferencias de edad más estrechas[51], en España tanto la FGE, como la doctrina y la jurisprudencia han optado por fijar márgenes orientativos más amplios. Por su parte, la FGE en su Circular 1/2017 considera, a mi juicio correctamente, que los márgenes de edad deben depender de la edad del menor. De este modo, entre la pubertad y hasta los 13 años el sujeto mayor no debe ir más allá de los 18. Es decir, acepta una diferencia de aproximadamente cinco años, mientras que, si el menor es algo mayor, tiene 14 o 15, la FGE permite abarcar hasta individuos de 20 o incluso 24, aceptándose diferencias de hasta 10 años. La opinión de la FGE probablemente es la más progresista, pues acepta tramos de edad más generosos. La explicación puede ser que los Fiscales mantienen una postura dual, por un lado, como parte fundamental del sistema de protección a la infancia y, por otro, como sujetos que impulsan el procedimiento penal cuando un menor comete un delito[52].

Por el contrario, tanto la doctrina como la jurisprudencia han optado por diferencias más estrechas. Hay algunos autores que han apuntado a los cinco años, cifra que vendría a coincidir con la asimetría de edad que define el abuso sexual a un menor por

---

va a permitir pronunciamientos judiciales muy diversos…", "Delitos contra la libertad…"cit. p. 535. También critica "la indeterminación de la fórmula exoneratoria" la STS 626/2022 de 23 de junio (TOL 9.100.152). Según esta sentencia "Contribuye también a la ambigüedad -y sigue intacta pese a la reciente reforma de 2021- la utilización de expresiones como proximidad, desarrollo y madurez, que hacen previsible la dispersión interpretativa"

50 RAMOS VÁZQUEZ, J.A. "La cláusula Romeo y Julieta…"cit.

51 Vid. GUERRA MARTÍNEZ, A. "Edad sexual y exclusión de la responsabilidad penal…"cit.

52 RAMOS VÁZQUEZ, J.A. "La cláusula Romeo y Julieta…"cit.

parte de la Criminología[53]. Por su parte, la práctica jurisprudencial ha sido recogida por RAMOS VÁZQUEZ, cuyo trabajo extrae dos conclusiones importantes. La primera es que las audiencias provinciales aceptan como "próxima" una diferencia de edad de hasta seis años y no menos de cuatro[54]. La segunda es que en caso de diferencias más holgadas ya no hay una respuesta unánime por parte de los jueces. Aunque la regla general es considerar que no son próximas entre sí diferencias superiores a seis años, lo cierto es que a veces estos han aceptado desigualdades incluso de hasta diez años. Ello se debe, aunque el autor no lo diga expresamente, probablemente al hecho de que la edad de la víctima menor ha jugado un papel importante, admitiendo intervalos más abultados en los casos en que esta tiene igual o más de catorce años[55]. Se debe considerar como muy positivo el hecho de que los tribunales no estén aplicando de forma restrictiva esta cláusula, intentando compensar aplicativamente la gravedad de la legislación penal.

La segunda de las cuestiones es en qué delitos sexuales puede emplearse. En su regulación original esta cláusula se encontraba en el art. 183 *quáter* y sólo era aplicable, según la letra del precepto, a los delitos previstos en el Capítulo II Bis en el que se encontraban las agresiones y abusos sexuales contra menores de

---

[53] Vid. nota a pie nº 30. También apunta a la diferencia de 5 años MORILLAS FERNÁNDEZ, D. L. "Los delitos contra la libertad e indemnidad sexuales", VV.AA. (MORILLAS CUEVA, L., dir.,) *Estudios sobre el Código penal reformado* (Leyes orgánicas 1/2015 y 2/2015), Dykinson, p. 462.

[54] No encontrar en la jurisprudencia diferencias inferiores a cuatro años, según RAMOS VÁZQUEZ, obedece probablemente al hecho de que estas no hayan llegado tan lejos en el procedimiento, no siendo estas judicializadas o habiendo sido archivadas en momentos previos. "La cláusula Romeo y Julieta…"cit.

[55] RAMOS VÁZQUEZ, J.A. "La cláusula Romeo y Julieta…"cit. Por ejemplo, la STS 626/2022 de 23 junio (TOL9.100.152), acepta una diferencia de 7 años por la razón de que la madurez entre víctima y autor es similar y a que a la víctima "le restaban diez meses para la edad de consentimiento sexual".

dieciséis, los delitos de *online child grooming* y embaucamiento[56]. Aunque por ubicación sería posible apreciarla en todos ellos, la doctrina llega a la conclusión de que no es posible hacerlo en modalidades delictivas incompatibles con el consentimiento[57]. Por ejemplo, en el delito de *online child grooming* (art. 183 ter. 1) se debe descartar cuando se dan las modalidades agravadas que conllevan coacción, intimidación o engaño. Tampoco sería apreciable en el art. 183 ter. 2, por ser el verbo "embaucar" incompatible con este o en la agresión sexual por ser incompatible con la intimidación o la violencia[58].

Además, aunque podría resultar lógico y adecuado, el legislador no ha querido que sea aplicable tipos ubicados fuera del Capítulo II Bis como los de exhibición obscena (art. 185 CP), exhibición de material pornográfico (art. 186 CP) o los relativos a la pornografía infantil (art. 189 CP), lo que suscitó la crítica de cierto sector de la doctrina[59]. A pesar de que en 2022 la cláusula ha cambiado de precepto y de redacción, estas limitaciones

---

56 Cuya redacción era la siguiente "El consentimiento libre del menor de dieciséis años excluirá la responsabilidad penal por los delitos previstos en este Capítulo, cuando el autor sea una persona próxima al menor por edad y grado de desarrollo o madurez."

57 Circular de la Fiscalía 1/2017, de 6 de junio, sobre la interpretación del art. 183 quater del Código Penal.(FIS-C-2017-00001)

58 RAMOS VÁZQUEZ, J.A. "Grooming y sexting..." cit. p. 624. Tampoco es compatible "embaucar" con el libre consentimiento para MUÑOZ CONDE, F. *Derecho penal. Parte especial.* Tirant lo Blanch, 2021, p. 244. Aunque, a mi juicio, tampoco el verbo "embaucar" es compatible con que el sujeto activo sea un menor de edad, al menos de similar edad respecto a la víctima. La STS 694/2021, de 15 de septiembre (TOL8.594.613) descarta la aplicación de la cláusula cuando hay violencia.

59 RAMOS VÁZQUEZ, J.A. "El consentimiento del menor..."cit. pp. 601-602.; ORTS BERENGUER, E. "Lección XII. Delitos contra la libertad e indemnidad sexuales (II): Abusos sexuales. Abusos y agresiones sexuales a menores de dieciséis años. Acoso sexual", VVAA. (GONZÁLEZ CUSSAC, J.L. coord.). *Derecho penal, Parte Especial.* Tirant lo Blanch. 2019, p. 237.

siguen subsistiendo. Esta no se puede aplicar a los delitos que por definición son incompatibles con el consentimiento libre, lo diga expresamente el art. 183 bis como hace con los comportamientos recogidos en el art. 178 CP, o no, y tampoco a los delitos que no están previstos en el mismo Capítulo.

Dicho esto, la pregunta que cabe plantearse es si ampliar el alcance de este precepto a otros delitos es la solución total o parcial al problema de la existencia de delitos que no conllevan el mismo injusto cuando el autor es un menor. La idea de extender la cláusula Romeo y Julieta más allá del delito para el que fue concebido, el delito de *statutory rape* (delito sexual con acceso carnal, pero sin violencia o intimidación), ha sido la solución propuesta por parte de la doctrina anglosajona para evitar sancionar a través de los Estatutos anti pornografía infantil (difusión, posesión, etc.), inicialmente previstos para los adultos, a los menores de edad por conductas de *sexting* consentido. Asimismo, también hay quien ha apuntado que es el remedio que se debería dar en España si no queremos correr el riesgo de que nos pase como en este país[60]. Esta posibilidad, que nuestro legislador no ha incorporado, la concibe incluso el propio Convenio del Consejo de Europa para la protección de los niños contra la explotación y el abuso sexual, hecho en Lanzarote el 25 de octubre de 2007[61]. En su artículo 20.3 sobre los delitos de pornografía infantil establece que "Cada Parte se reserva el derecho de no aplicar, en todo o en parte, el apartado 1.a a la producción y a la posesión de material pornográfico: (...) en el que participen niños que hayan alcanzado la edad fijada en aplicación del apartado 2 del artículo 18, cuando dichas imágenes hayan sido producidas por ellos y estén en su poder, con su consentimiento y únicamente para su uso particular.". En las siguientes líneas

---

60 VILLACAMPA ESTIARTE, C. *El delito de online child grooming*...cit. p. 184.

61 Instrumento de ratificación disponible en el B.O.E nº 274, de 12 de diciembre de 2010, pp. 94858 a 94879. Disponible en línea en: https://www.boe.es/eli/es/ai/2007/10/25/(1).

procedo a exponer las ventajas y desventajas de dicha cláusula como solución al problema.

3.1.2. Ventajas e inconvenientes

Cuando se importa una institución de otro sistema jurídico hay que saber cuál es el rol que esta ejerce en el ordenamiento de origen y cuál va desempeñar en el de destino para evitar incorporar cuerpos extraños que tengan difícil encaje y compliquen la tarea de interpretación, más aún cuando esta procede de una tradición jurídica totalmente diferente a la del receptor. Dicho esto, hay que tener claro que la cláusula Romeo y Julieta surge en Estados Unidos para ser aplicada a adolescentes o jóvenes adultos con el objetivo de evitar los embarazos y enfermedades de transmisión sexual en este colectivo[62]. Surge en el contexto del delito de *statutory rape*, un comportamiento que equivaldría en nuestro ordenamiento a un abuso sexual sin violencia o intimidación con acceso carnal, que se caracteriza por ser un delito de *strcit liability* o responsabilidad objetiva[63]. Para reducir el impacto de un delito de estas características en menores y adolescentes se incorpora dicha cláusula, evitando que acaben cumpliendo penas privativas de libertad o incluso siendo incorporados a registros de delincuentes sexuales individuos que han mantenido relaciones consentidas.

En España su origen es distinto por varios motivos. Aunque ha sido avalada por el Tribunal Supremo de Estados Unidos e incluso por el TEDH[64], en nuestro ordenamiento la responsabilidad objetiva está expresamente proscrita, pues nuestro CP exige que el comportamiento sancionado sea doloso o impru-

---

62 Vid. GUERRA MARTÍNEZ, A. "Edad sexual y exclusión de la responsabilidad..."cit.

63 GUERRA MARTÍNEZ, A. "Edad sexual y exclusión de la responsabilidad penal..."cit.

64 Vid. MARTÍNEZ GUERRA, A. "Edad sexual y exclusión de la responsabilidad..."cit.

dente[65]. Por tanto, el papel que debe cumplir la cláusula en nuestro contexto no es el de evitar los riesgos de incurrir en esta. Además, en Estados Unidos está pensada para aplicarse a situaciones de relaciones sexuales entre menores de edad sexual y menores de edad legal o menores de edad sexual y mayores de edad legal pero muy próximos en edad[66]. Sin embargo, en España, un país probablemente menos puritano frente al sexo de los menores, la doctrina considera que la elevación de la edad de consentimiento sexual y, por consiguiente, la cláusula Romeo y Julieta, debe servir para escrutar las relaciones sexuales entre menores y adultos y no aquellas que tienen lugar entre los propios menores[67]. Asimismo, la práctica sancionadora demuestra que en nuestro ordenamiento se han aceptado diferencias mayores de edad de las que se aceptan en los países anglosajones, a ello contribuye, probablemente, como se ha apuntado, el hecho de que la cláusula establecida en nuestro ordenamiento no restrinja las relaciones legítimas a una diferencia de edad concreta[68]. En definitiva, el papel que cumple

---

65 Vid arts. 5 y 10 del CP.

66 Así lo apunta MARTÍNEZ GUERRA, A. "Edad sexual y exclusión de la responsabilidad…"cit.

67 Como dice RAMOS VÁZQUEZ "el objetivo, evidentemente, es el de no penalizar a los menores que mantienen relaciones sexuales entre sí, al ser una de las ideas rectoras del establecimiento de una edad de consentimiento la de la exclusión de los adultos de la esfera sexual de los adolescentes y no la de prohibir a éstos que tengan una vida sexual activa (o, al menos, no lo es en teoría)". "El consentimiento del menor…"cit. p. 600. En el mismo sentido TAMARIT SUMALLA, que apunta que "la presunción de irrelevancia del consentimiento sexual hace referencia al contacto sexual del menor con un adulto en el que exista asimetría de edad, no a las relaciones sexuales entre menores de edad similar", TAMARIT SUMALLA, J.M. "¿Caza de brujas o protección de menores?..."cit. p. 91.

68 En Estados Unidos se castigan los actos sexuales con menores de dieciséis años y mayores de doce siempre que este sea al menos cuatro años más joven que el autor. Vid MARTÍNEZ GUERRA, A. "Edad sexual y exclusión de la responsabilidad…"cit.".

en nuestro ordenamiento no coincide exactamente con que juega en los ordenamientos anglosajones. De hecho, incluso en el nuestro cabe plantearse si su inclusión era absolutamente necesaria, como ha apuntado un sector de la doctrina, o no.

Aunque tras el considerable incremento de la edad de consentimiento sexual en España hay quien apuntó a que la incorporación de dicha cláusula era absolutamente necesaria[69], lo cierto es que antes de la reforma penal de 2015 también había jóvenes adultos o menores que mantenían relaciones sexuales con menores de trece años (que era la edad de consentimiento sexual en ese momento) que no llegaban a ser calificadas como abuso sexual por aceptar como válido el consentimiento de la víctima en determinadas circunstancias. Estos supuestos se archivaban o se absolvían, acudiendo de forma directa o indirecta al argumento del bien jurídico como guía de interpretación de los tipos penales pues, en casos de relaciones sexuales entre sujetos próximos en edad, no se lesiona ni la libertad ni la indemnidad sexual del menor de edad[70]. Como afirma RAMOS TAPIA, "Si la indemnidad del menor supone un estado libre

---

69 Así RAMOS VÁZQUEZ, J.A. "La cláusula Romeo y Julieta..."cit. ; PÉREZ MACHÍO, A. I., "La protección penal del/de la menor víctima de delitos. Hacia un derecho penal basado en el paradigma de la victimología evolutiva y la vulnerabilidad del/la menor de edad", *Revista de Derecho Penal y Criminología,* nº 25, 2012, p. 294. Hay quien considera que quizás no era necesaria pero sí que, a más edad de consentimiento sexual, más necesidad de establecer un mecanismo que excluya la intervención penal de las relaciones consentidas de menores próximos en edad y madurez. RAMOS TAPIA, I. "La tipificación de los abusos sexuales a menores..."cit p. 127. Para MORILLAS FERNÁNDEZ, "La introducción de la cláusula exoneradora de responsabilidad era completa y absolutamente necesaria desde el instante en que se fija el nuevo límite en los dieciséis años", MORILLAS FERNÁNDEZ, D.L. "Capítulo decimocuarto. Los delitos contra la libertad e indemnidad sexuales"... cit. p. 441.

70 CUGAT MAURI, M. "Delitos contra la libertad e indemnidad sexuales", *Comentarios a la reforma penal de 2010,* Tirant lo Blanch, 2010, p. 226; CANCIO MELIÁ, M. "Una nueva reforma..."cit.

de daño o perjuicio a su desarrollo sexual, puede interpretarse que no se produce daño o perjuicio a dicho desarrollo si se trata de conductas voluntarias realizadas entre menores como parte del proceso de iniciación en la sexualidad"[71].

Ahora bien, aunque según la opinión aquí mantenida, la cláusula no era imprescindible, pues ya se habían realizado absoluciones antes de que existiera, su inclusión debe valorarse positivamente en la medida que ofrece un criterio relacionado con el objeto de tutela, que aporta seguridad al operador jurídico en la aplicación de los tipos penales en los que es aplicable cuando se dan sus circunstancias[72]. Por tanto, en nuestro ordenamiento no se puede ver la cláusula como desconectada bien jurídico, sino precisamente como un criterio de materialización de este, una ayuda para su concreción ofrecida al juzgador.

Ahora bien, considerando que se trata de un criterio, aunque no el único, de materialización del bien jurídico y que su finalidad es la de constatar el consentimiento allá donde la asimetría de edad entre sujetos haga surgir dudas sobre su validez, se debe concluir que la cláusula recogida en el art. 183 bis CP tiene un alcance limitado. Esta no viene a resolver todos los

---

71 RAMOS TAPIA, I. "La tipificación de los abusos sexuales a menores... "cit p. 127.

72 Aunque más seguridad jurídica aportan las cláusulas anglosajonas, cuya particularidad reside en que el tipo penal establece numéricamente la diferencia de edad admisible entre las partes vid. MARTÍNEZ GUERRA, A. "Edad sexual y exclusión de la responsabilidad... "cit. Por el contrario, la nuestra ha sido tachada de ambigua. Así MUÑOZ CONDE afirma que "La ambigüedad del texto, incluso con las precisiones de la última reforma, deja un gran margen al juez que tenga que decidir este tema, que puede dejarse llevar por prejuicios morales o culturales no coincidentes con los protagonistas del acto sexual". *Derecho penal. Parte especial*...cit. p. 239. También la considera ambigua respecto a la existente en otros países, aunque acertada por evitar limitar demasiado la cláusula. MORILLAS FERNÁNDEZ, D.L. "Capítulo decimocuarto..."cit. p. 462.

problemas en torno a la aplicación de los delitos sexuales con víctima menor de edad, ni siquiera, aunque esta se amplíe de *lege ferenda* a los preceptos que propone la doctrina[73]. Aunque la extensión a otros tipos se percibiría como positiva, su ámbito de aplicación se limita únicamente a los comportamientos en los que el consentimiento puede jugar algún papel, quedando fuera aquellos tipos básicos o agravados en los que este no lo hace por la propia definición del comportamiento típico. Como ya se ha apuntado, tanto en los delitos en los que el consentimiento puede jugar un papel como aquellos en los que no, aplicar el mismo tipo penal o la misma agravante que para el adulto es totalmente injusto, pues no se dan las circunstancias de asimetría, abuso de poder, intención de corromper al menor, etc. que fundamentan su existencia, así como tampoco el menor se encuentra en la misma etapa vital desde el punto de vista psicosociológico que este. Por tanto, esta no puede ser la única solución al problema.

3.2. Solución 2: la opción procesal

3.2.1. La solución procesal en derecho comparado y en España (FGE)

La doctrina y los ordenamientos anglosajones que llevan enfrentándose a este problema desde hace más tiempo han establecido ingeniosas soluciones[74]. Una de ellas ha sido aplicar restricciones procesales para dificultar la persecución de delitos con víctima menor de edad a los menores infractores.

---

73 Tiene dudas sobre que esta cláusula resuelva todos los problemas DE LA MATA, N.J. "Tratamiento legal..."cit.

74 Por ejemplo, la primera vez que se plantea este problema en el Parlamento Australiano es en 2010, mucho antes de que fuera realmente un problema en España. CROFTS, T. y LEE, M. "«sexting», Children..."cit.

Como ya se ha apuntado, la mayor parte de propuestas ha ido dirigida a evitar sancionar a adolescentes por conductas de *sexting* a través de los Estatutos antipornografía infantil pensados para los adultos. Una forma de hacerlo ha sido designar una figura para que sea la que admita a trámite el procedimiento. Se trata de un requisito de procedibilidad habitual en países como Reino Unido, Irlanda o Australia en el que se requiere que una autoridad estatal otorgue su permiso para que un menor de dieciocho sea procesado bajo las leyes de pornografía infantil, otorgándose únicamente cuando su comportamiento sea malicioso o abusivo[75]. En Australia, por ejemplo, esa figura es la del Abogado General[76], mientras que en Reino Unido o Irlanda es un representante del Ministerio público (*Director of Public Prosecutions*)[77]. También en el caso australiano la propia policía usa sus facultades discrecionales para no perseguir estos delitos cuando no hay "maliciosidad"[78].

Otra de las propuestas formuladas es la de promover la desjudicialización. Recordamos que la desjudicialización implica la previsión de mecanismos para limitar la intervención del sistema penal, o al menos las consecuencias más graves de este, a los supuestos en que esta es más necesaria. De este modo, se da cumplimiento a la propuesta formulada desde diversos sectores sociales, profesionales y doctrinales de que la comisión de un hecho delictivo debe ser consecuencia necesaria pero no suficiente para la intervención de la justicia de menores y menos aún para la adopción de una medida[79]. Así, en algunos estados de Estados Unidos como Nueva jersey se permite acu-

---

75 MARTÍNEZ GUERRA, A. "Edad sexual y exclusión de la responsabilidad penal. Fundamentos del Derecho anglosajón", *Revista de Derecho penal y Criminología*, pp. 67-106.

76 CROFTS, T. y LEE, M. "«Sexting», Children…"cit.

77 MARTÍNEZ GUERRA, A. "Edad sexual y exclusión de la responsabilidad penal…"cit.

78 CROFTS, T. Y LEE, M. "«Sexting», Children…"cit.

79 TAMARIT SUMALLA, J.M. "Principios político criminales…"cit. p. 37.

dir a programas desjudicializadores a aquellos menores que no han cometido previamente delitos sexuales, no eran conscientes de que sus acciones constituían delito, se les perjudicaría demasiado si se les aplicara un delito como si fueran adultos y se sienten ya intimidados sin tener que acudir a este[80]. De este modo evitan la pena prevista, que sería la misma que para el adulto, y la inscripción en el registro de delincuentes sexuales, pero deben acudir a un programa educativo para aprender las consecuencias de su acción[81]. También se prevén programas desjudicializadores en estados como Vermont para delincuentes primarios, lo que también les evita ser inscritos en el registro de delincuentes sexuales[82].

En nuestro ordenamiento esta propuesta la realiza la propia FGE en su Circular 9/2011 para los delitos de pornografía infantil principalmente. Sobre estos afirma que "antes de formular alegaciones contra un menor por delito de pornografía infantil deben sopesarse con extremo cuidado las consecuencias y los potenciales beneficios, huyendo de automatismos y teniendo presente que los efectos estigmatizadores pueden ser devastadores. No debe, pues, descartarse la utilización de las posibilidades desjudicializadoras previstas en los arts. 18, 19 y 27.4 LORPM y, en casos extremos, el archivo conforme al art. 16 LORPM, solución ésta que puede extenderse a los demás supuestos tratados en este apartado.". Posteriormente, después de dar indicaciones sobre criterios que pueden hacernos saber cuándo el comportamiento es lesivo, afirma que "Estas pautas también son extensibles al nuevo delito de captación de niños y niñas por medio de internet con fines sexuales (*grooming*) (art. 183 bis CP) al exhibicionismo (art. 185 CP) y a la exhibición de pornografía a menores (art. 186 CP)." Por lo tanto, se entiende que las propuestas desjudicializadoras también se extienden a estos.

---

80 BARRY, J.L. "The Child as victim and perpetrator..." cit.

81 BARRY, J.L. "The Child as victim and perpetrator..." cit.

82 BARRY, J.L. "The Child as victim and perpetrator..." cit.

3.2.2. Ventajas e inconvenientes

La ventaja de esta solución es clara: evitar las graves consecuencias de aplicar el CP de adultos, como catálogo de delitos, a menores de edad. En el caso de los países anglosajones las ventajas son mayores porque ello significa eludir la misma pena que se le impondría al adulto y la inscripción en el registro de delincuentes sexuales[83]. Sin embargo, en el ordenamiento español no se puede imponer la misma pena que al adulto, pues la sanción es la prevista en la LORPM que, como sabemos, tiene su sistema de sanciones propio. No obstante, en nuestro contexto no deja de ser positivo que se acuda a medidas desjudicializadoras que permiten acabar con el proceso penal antes de la imposición de una condena.

El problema de la solución procesal es que, a mi juicio, supone reconocer que la aplicación a menores de agravantes y tipos concebidos para adultos es injusta y, por consiguiente, debe eludirse a toda costa, pero sin tener muy claro el fundamento de por qué. De este modo, se propone evitar que el proceso avance sin ofrecer un argumento material que esté vinculado al fondo del asunto. Acudir a la desjudicialización, que tiene su justificación en el principio de subsidiariedad (de carácter utilitario), no sólo es importante para evitar las graves consecuencias penológicas a las que se pueden enfrentar los menores cuando no se establecen otros mecanismos para mitigar la aplicación de tipos penales o agravantes concebidos para los adultos, sino que exigiría tener claro cuál es el motivo de fondo que lleva a proponerla. Al fin y al cabo, la desjudicialización no deja de ser una respuesta con un componente aflictivo al delito cometido por el menor, aunque a veces este sea mínimo. Por eso, si se llega a la conclusión de que el comportamiento no es lesivo por no afectar a ningún objeto de tutela, no se deberá desjudicializar el asunto a través del art. 18 LORPM (desistimiento del expediente) o del

---

83 MARTÍNEZ GUERRA, A. "Edad sexual y exclusión de la responsabilidad..."cit.

art. 19 LORPM (mediación), sino que lo que corresponde es declarar la conducta atípica y, por consiguiente, el archivo de la causa (art. 16 LORPM).

Antes de acudir a esta, incluso a la que tiene lugar muy al principio del proceso, es importante que el juez lleve a cabo unas mínimas diligencias para comprobar que efectivamente se han cometido hechos con carácter de delito, que el menor es culpable, que su comportamiento menoscaba o pone en peligro el bien jurídico, etc., pues puede ser muy perjudicial para este comenzar con medidas desjudicializadoras (programas educativos, mediación etc.) cuando es inocente o no hay razones de fondo claras que recomienden continuar con el procedimiento. En este caso, si no se menoscaba el bien jurídico no habría motivos para proponer medidas alternativas al proceso penal, pues, al fin y al cabo, estas no dejan de ser una respuesta, menos severa y formal, pero respuesta, al fin y al cabo, por la comisión de un hecho delictivo.

3.3. Solución 3: el bien jurídico protegido como guía interpretativa de los tipos penales

3.3.1. Introducción

Para los países de tradición continental, el bien jurídico es la piedra angular de la teoría jurídica del delito y un instrumento que cumple importantes funciones dogmáticas y político-criminales. Las función político-criminal de crítica al legislador lleva años siendo cuestionada por la doctrina. El argumento empleado por los denominados "detractores del bien jurídico" se basa en que éste no está funcionando como verdadero límite al fenómeno de expansión penal[84]. Sin embargo, como apunté

---

[84] VV. AA (HEFENDEHL, R. ed.), *La teoría del bien jurídico. ¿Fundamento de legitimación del Derecho penal o juego de abalorios dogmático?*, Barcelona-

en su momento, esta crisis obedece principalmente a concepciones erróneas del mismo que le impiden cumplir dicha misión[85]. Por el contrario, las funciones dogmáticas, de interpretación y sistematización, gozan de un gran consenso. Estas son enumeradas con mayor o menor detalle, pero raramente son cuestionadas[86].

El bien jurídico se erige en la herramienta fundamental a la que acude la doctrina y los operadores jurídicos para precisar el alcance de la conducta prohibida[87], resolviendo el problema de qué comportamientos deben quedar sancionados y cuáles quedar al margen de la aplicación del precepto. Es un recurso fundamental para la sistematización e interpretación de los tipos penales del que carecen, o se encuentra menos desarrollado, en los países anglosajones, pero que puede resolver muchos de los problemas que se han planteado hasta ahora. Así, este ha permitido descartar que una intervención quirúrgica, aunque incisiva, integre el tipo de lesiones por no constituir un menoscabo de la integridad física[88]. No obstante, uno de los ámbitos donde más éxito ha cosechado ha sido a la hora de fijar los límites entre lo prohibido y lo permitido en el delito de tráfico de drogas (art.

Madrid, Marcial Pons, 2007.

85 FERNÁNDEZ CABRERA, M. "A vueltas con la función político-criminal del bien jurídico", *Foro: revista de ciencias jurídicas y sociales*, nº 48, 2016, pp. 173-202.

86 Detalla las funciones dogmáticas que ejerce este elemento AMELUNG, K., «El concepto "bien jurídico" en la teoría de la protección penal de bienes jurídicos», en VV. AA (HEFENDEHL, R. ed.), *La teoría del bien jurídico. ¿Fundamento de legitimación del Derecho penal o juego de abalorios dogmático?*, Barcelona-Madrid, Marcial Pons, 2007, pp. 228- 233. Sobre la relevancia del bien jurídico en su función interpretativa pero también político-criminal. Vid. FERNÁNDEZ CABRERA, M. "A vueltas con la función político-criminal…"…cit.

87 LAURENZO COPELLO, P. y MAQUEDA ABREU, M.L. *El Derecho penal en* casos. *Parte general.* Tirant lo Blanch, 2022, p. 33.

88 Ejemplo de MIR PUIG, S. *Derecho penal. Parte general.* Repettor, 2015, p. 175.

368 CP)[89]. En los supuestos de compra y consumo compartido, invitación socialmente adecuada y donación compasiva, existe un gran consenso jurisprudencial en considerar dichos comportamientos atípicos debido a que no suponen un riesgo para el bien jurídico protegido "salud pública" (o no un riesgo mínimamente relevante)[90].

La propia Fiscalía en su Circular 9/2011 ha apuntado que este es un buen mecanismo para restringir la aplicación de determinados tipos penales o agravantes a menores de edad. Así considera que "Conviene también recordar que no todo hecho subsumible formalmente en un tipo es de manera automática penalmente relevante. Se requiere que la acción sea peligrosa para el bien jurídico protegido y comprendida dentro del ámbito de prohibición de la norma. En este punto es particularmente ilustrativo el Informe del Consejo Fiscal al Anteproyecto de reforma del Código Penal de 2008, informe fechado en 4 de febrero de 2009, que considera que el contacto sexual entre menores de la misma o similar edad, sin la concurrencia de otros signos de abuso o intrusión, no afectaría a la indemnidad sexual y por ello no debería ser penalmente sancionable". También la propia doctrina se ha pronunciado en este mismo sentido[91].

---

89 Así lo consideran LAURENZO COPELLO, P. Y MAQUEDA ABREU, M.L. *El Derecho penal*...cit. p. 33.

90 Sobre esta cuestión vid. DOPICO GÓMEZ-ALLER, J. *Transmisiones atípicas de drogas. Crítica a la jurisprudencia de la excepcionalidad.* Tirant lo Blanch, 2013, pp. 14-15.

91 CUGAT MAURI, M. "Delitos contra la libertad e indemnidad sexuales", *Comentarios a la reforma penal de 2010,* Tirant lo Blanch, 2010, p. 226; CANCIO MELIÁ, M. "Una nueva reforma..."cit.; RAMOS TAPIA, I. "La tipificación de los abusos sexuales a menores..."cit p. 127. Como también considera GONZÁLEZ TASCÓN, antes de que existiera la cláusula del 183 *quáter* (actual 183 bis) se podía defender que hay relaciones sexuales que había relaciones sexuales con menores de 13 de años que no tienen relevancia penal por ausencia de lesividad para el bien jurídico. GONZÁLEZ TASCÓN, M.M. "El consentimiento de las personas menores de edad y de las personas con discapacidad intelectual a la

Asimismo, alude a este elemento para los delitos de pornografía infantil afirmando que "cuando no hay asimetría de edad entre el menor poseedor de pornografía y los menores representados en el material, no puede decirse que exista una lesión al bien jurídico protegido, ni propiamente, una conducta pedófila.". De hecho, aunque no lo diga expresamente, la propia Circular recurre a criterios relacionados con el bien jurídico para distinguir cuándo corresponde sancionar a un menor por las conductas de pornografía infantil (tenencia, difusión, etc.) y cuándo cabría absolverlo por no menoscabar el comportamiento el objeto tutelado. Así, habrá que tener presente "si se trata de actos de mera posesión (art. 189.2 CP) o de difusión intencionada (art. 189.1 b CP); la cantidad de material aprehendido (la valoración debe ser muy distinta ante supuestos de menores que incurren en el patrón del «coleccionista», estudiado por la criminología norteamericana, propio de personas que aplican abundante tiempo y esfuerzo a conseguir material; y supuestos de posesión de archivos aislados que deben poner sobre aviso ante una eventual concurrencia de error o ante una conducta sin connotaciones sexuales); la edad del menor encartado y la de los menores representados en el material (poseer material de menores adolescentes puede tener un significado muy distinto al de poseer material de menores prepubescentes o de bebés); el tipo de acto sexual representado en el material (concurrencia de violencia, notas degradantes o vejatorias...), etc.".

Identificado adecuadamente, el bien jurídico constituye una herramienta útil. Otra cuestión es que la interpretación a la que este conduce a los tribunales esté rodeada de resoluciones contradictorias que generan "inseguridad jurídica, indefensión y trato discriminatorio"[92]. Evitar que se puedan dar dichas con-

---

realización de actos sexuales con terceros". VV.AA. (GONZÁLEZ TASCÓN, M.M. coord.). *Delitos sexuales y personas menores de edad o con discapacidad intelectual. Reflexiones jurídicas y psicoeducativas sobre sus derechos y su protección.* Tirant lo Blanch, 2022, p. 135.

92 PÉREZ ALONSO, E. "Concepto de abuso sexual..."cit.

tradicciones a la hora de emplear el bien jurídico será una de las propuestas que se hagan en el epígrafe correspondiente. No obstante, antes de eso, procederé a dar algunas pinceladas sobre los intereses tutelados en los delitos sexuales más problemáticos.

3.3.2. Los bienes jurídicos de los delitos sexuales

A) Libertad vs. indemnidad sexual

El bien jurídico de la mayoría de los delitos sexuales con víctima menor de edad ha sido altamente discutido. La doctrina se halla dividida entre quienes consideran que es el mismo que para los adultos: la libertad sexual y quienes apuntan a que es la indemnidad sexual. Sin entrar en profundidad en esta polémica, lo cual excedería por completo del contenido de este trabajo, DÍEZ RIPOLLÉS es un ejemplo de la primera corriente doctrinal. Como afirma este autor "la libertad sexual se ha consolidado como el objeto de protección que justifica las intervenciones jurídico-penales en las prácticas sexuales de los ciudadanos. Con su tutela no se aspira simplemente a garantizar a toda aquella persona que posea la capacidad de autodeterminación sexual su efectivo ejercicio, sino que el objetivo es más ambicioso: Se quiere asegurar que los comportamientos sexuales en nuestra sociedad tengan siempre lugar en condiciones de libertad individual de los partícipes o, más brevemente, se interviene con la pretensión de que toda persona ejerza la actividad sexual en libertad. Ello explica que no haya obstáculo en hablar de que el Derecho penal tutela también la libertad sexual de aquellos individuos que no están transitoriamente en condiciones de ejercerla, por la vía de interdecir los contactos sexuales con ellos. En suma, pasan a ser objeto de atención del derecho penal todas aquellas conductas que involucren a otras personas en acciones sexuales sin su voluntad"[93].

---

[93] DÍEZ RIPOLLÉS, J.L. "El objeto de protección del nuevo Derecho penal sexual", *Revista de Derecho penal y Criminología*, nº 6, 2000, pp.

La segunda corriente, probablemente mayoritaria, es la que apuesta por la indemnidad sexual como bien jurídico de los delitos sexuales contra menores de edad[94]. El problema es que este concepto ha estado rodeado de cierta imprecisión e incluso se ha intercambiado con otros como el de intangibilidad o integridad sexual, cuyos efectos negativos apuntaremos en las siguientes líneas[95]. Hay quien considera que no es la libertad lo que se tutela en la medida que hay sujetos, menores e incapaces, que no pueden ejercerla efectivamente debido a que carecen de presupuestos cognitivos o volitivos para ello de forma provisional (menores) o definitiva (incapaces)[96]. Afirma MONGE FERNÁNDEZ que, "difícilmente se puede proteger algo de lo que se carece"[97]. Por tanto, no es la libertad sino "la indemnidad sexual de los menores de edad ante posibles interferencias por parte de personas adultas en la normal evolución y desarrollo de su personalidad hasta decidir con la libertad su conducta

69-101. Siguiendo a DÍEZ RIPOLLÉS, aunque con matices, (dado que mezcla el concepto de dignidad humana, CABRERA MARTÍN, M. La victimización sexual de menores en el Código penal español y en la política criminal internacional. Dykinson, 2019, pp. 51 y ss.

94 MUÑOZ CONDE, F. *Derecho penal. Parte especial.* Tirant lo Blanch, 2022, p. 225; CUERDA ARNAU, M.L. "Irracionalidad..."cit.; RAMÓN RIBAS, E. Minoría de Edad, Sexo y Derecho Penal. Thomson Reuters Aranzadi. 2013, pp. 18-19.

95 Alude a la imprecisión de la indemnidad. DÍEZ RIPOLLÉS, J.L. "El objeto de protección..."cit. El propio legislador confunde integridad e indemnidad sexual en la EM de la LO 11/1999, de 30 de abril afirmando que consideraba indispensable la reforma "para garantizar una auténtica protección de la integridad y libertad sexual de los menores e incapaces". Crítica con la confusión de ambos conceptos CUERDA ARNAU, M.L. "Irracionalidad..."cit. Por el contrario, los considera sinónimos MONGE FERNÁNDEZ A. *"Las manadas" y su incidencia*...cit. p. 58.

96 MUÑOZ CONDE, F. *Derecho penal. Parte especial.* Tirant lo Blanch, 2022, p. 225.

97 MONGE FERNÁNDEZ, A. *"Las manadas" y su incidencia*... cit. p. 57.

sexual"[98]. Así, la indemnidad se ha definido como "el derecho a no verse involucrado en un contexto sexual sin su consentimiento válidamente prestado" o se vincula a la idea de la interacción sexual con adultos pueda "afectar a la evolución y desarrollo de su personalidad y producir en ella alteraciones importantes que incidan en su vida o su equilibrio psíquico en el futuro o, dicho de otro modo, se trata de evitar que el menor se vea afectado en su desarrollo para que cuando esté en condiciones para ello pueda ejercer su libertad sexual[99]". En cuanto a las personas con discapacidad, se considera que estas experiencias sexuales podrían tener una repercusión negativa en su normal proceso de socialización, dada su incapacidad para controlar los instintos, pudiendo ser utilizados como meros objetos sexuales[100].

A lo largo de los años se ha producido una ampliación sucesiva de los sujetos "indemnes" y que, por tanto, carecen de libertad sexual, en especial en el caso de los menores de edad, de manera que inicialmente el Código penal situaba en los 12 años el límite a partir del cual no había abuso sexual si se mantenía una relación sexual consentida. Tras la reforma penal de 1998 dicha edad se elevó a 13 años y en la actualidad, desde el año 2015, son los menores de 16 años los que no tienen capacidad para consentir en este ámbito. En el caso de delitos como la corrupción de menores, la determinación a la prostitución y la producción de pornografía infantil, sin embargo, el límite se encuentra en los 18 años. En cualquier caso, siguen existiendo alusiones a la libertad sexual de los menores de edad y personas con discapacidad que desdibujan la configuración del bien jurídico "indem-

---

98 MUÑOZ CONDE, F. *Derecho penal. Parte especial.* Tirant lo Blanch, 2021, p. 238.

99 RAMOS TAPIA, I. "La tipificación de los abusos sexuales a menores... "cit. Como afirma RAMÓN RIBAS "Se interfiere en el proceso de formación y desarrollo de la personalidad y sexualidad del menor, poniendo en peligro que futuras decisiones en este ámbito se adopten con plena libertad. *Minoría de edad...*.cit. p. 19.

100 DÍEZ RIPOLLÉS, J.L. "El objeto..."cit.

nidad sexual" (por ejemplo, en la cláusula Romeo y Julieta entre los sujetos cuando "hay consentimiento", entre otros).

No obstante, como algún autor ha apuntado, probablemente se esté dando más importancia a esta discusión de la que tiene a efectos prácticos[101]. Como afirma CANCIO MELIÁ, "Aún a riesgo de simplificar en demasía, parece poder afirmarse que la relevancia de esta polémica puede resultar bastante limitada. En última instancia, no puede negarse que no todas las infracciones en este contexto se refieren a la libertad sexual en un sentido estricto (autodeterminación de un adulto), ni que todo este sector de regulación depende en su interpretación del tratamiento social de la sexualidad y de la definición de quiénes deben quedar al margen, *indemnes*, de determinados contactos sexuales. Pero tampoco puede negarse que en la actualidad todo el contexto sexual, tanto en el plano jurídico como en el de la práxis social, tiene como punto de referencia esencial la noción de libertad sexual, en el sentido de que la protección de la indemnidad de hoy- en el caso de los menores- se lleva a cabo para poder construir la libertad de mañana"[102]. Como continúa este autor "no hay indicios de que ésta sea una cuestión decisiva en el plano político-criminal. La discusión debe interesarse, sobre todo, por cuál es el ámbito de incriminación efectivo, es decir, qué conductas son susceptibles de ser incluidas de modo legítimo en el ámbito penal. Y para ello no necesariamente la adopción de un modelo diferenciado o unitario de bien jurídico es el elemento decisivo. Es decir, que no necesariamente la opción por un concepto fragmentado de bien jurídico implica una decisión por un ámbito de criminalización más extenso (ni a la inversa)"[103].

---

101 CANCIO MELIÁ, M. "Una nueva reforma..."cit. En un sentido similar para lo realmente importante CUERDA ARNAU, M.L. "Irracionalidad..."cit. nota a pie nº 2.

102 CANCIO MELIÁ, M. "Una nueva reforma..."cit.

103 CANCIO MELIÁ, M. "Una nueva reforma..."cit. En un sentido similar vienen a decir lo mismo en la interpretación del delito de exhibi-

Coincido con este autor en que no tiene tal relevancia la disputa, pues si el bien jurídico discurre entre la indemnidad y la libertad sexual es positivo, dado que ambos conservan su capacidad crítica a la legislación penal y, bien empleados, son capaces de discriminar las conductas que deben quedar sancionadas de aquellas que deben quedar al margen del castigo penal por ser meramente inmorales o carentes de ofensividad. Ambos, además, se contraponen a un bien jurídico cada vez más aceptado en el marco de estos delitos: la intangibilidad o la integridad sexual de los menores[104], que parece aludir a una determinada moral sexual: la negación de la sexualidad infantil, la de mantener al menor lo más alejado del sexo posible o que los menores son sexualmente intocables, debiendo permanecer al margen de experiencias sexuales[105]. Como afirma TAMARIT SUMALLA, "la prohibición, en ciertas condiciones, de los contactos sexuales entre adultos y menores no debe ser entendida como la confirmación de determinados prejuicios, como el de la negación de la sexualidad infantil, sino como una prohibición de la intromisión de los adultos en el mundo

---

cionismo (art. 185 CP) MORALES PRATS, F. y GARCÍA ALBERO, R. "la justificación material de la existencia del precepto reproduce la discutida cuestión sobre el bien jurídico protegido, aunque, a decir verdad, poca virtualidad tiene el debate a los efectos de acotar teleológicamente el ámbito típico del delito. Sea la indemnidad sexual de determinados sujetos, sea la tutela de los presupuestos de los que dependerá un ejercicio futuro de la libertad sexual por parte de sujetos en etapa de maduración, la interpretación del tipo no se ve esencialmente alterada por una u otra concepción". "Título VIII. Delitos contra la libertad e indemnidad sexuales", VV.AA. (QUINTERO OLIVARES, G. dir.). *Comentarios al Código penal español.* Thomson Reuters Aranzadi, 2016, p. 363.

104 Ya la EM de la LO 11/1999, de 30 de abril, consideraba necesaria la reforma de los delitos sexuales para "garantizar una auténtica protección de la integridad y libertad sexual de los menores e incapaces, específicamente mediante la reforma de los tipos delictivos de abuso sexual"

105 DÍEZ RIPOLLES, J.L. "El objeto..."cit. En el mismo sentido CUERDA ARNAU, M.L. "Irracionalidad..."cit.

de los menores en condiciones en que quepa reputar lesivas para el desarrollo de la personalidad del menor"[106]. De hecho, continua este autor, "la ley penal no viene a prohibir de modo absoluto la sexualidad de los menores, sino que se limita a reprimir ciertos comportamientos de intrusión de un adulto en la sexualidad de un menor con la exigencia implícita de una cierta asimetría de edad o una asimetría de poder legalmente prefijada"[107]. Por eso, este autor niega toda sustantividad a "la intangibilidad" o "la integridad sexual" como bien jurídico afirmando que carece de legitimidad en el Derecho penal de una sociedad pluralista y democrática que no debe poner el aparato represivo del Estado al servicio de concepciones exclusivamente morales o al servicio de una determinada moral[108].

En definitiva, identificado el bien jurídico, sea uno u otro, si no se produce un menoscabo de este o se puede excluir toda posibilidad de que se produzca, rechazando incluso de antemano el peligro abstracto en aquellos delitos que se configuren como tal, habrá que descartar la aplicación del tipo de que se trate[109]. Así, por ejemplo, si un menor contacta con otro a través de medios telemáticos para proponerle un encuentro sexual y, de antemano, se puede descartar la posibilidad de que afecte de forma negativa a su evolución y desarrollo de su personalidad o a su libertad

---

106 TAMARIT SUMALLA, J.M. "La protección penal…."cit. p. 59.

107 TAMARIT SUMALLA, J.M. "La protección penal…"cit. p. 61.

108 TAMARIT SUMALLA, J.M. "La protección penal…"cit. p. 59. Como afirma este autor, "debe renunciarse a la tentación de utilizar los tipos sexuales protectores de los menores de edad como «caballo de Troya» de una moralización del Derecho penal sexual".

109 Aunque se refiere a autores adultos, PÉREZ ALONSO recoge una serie de actos como exploraciones, tratamientos médicos, actos habituales en el ejercicio de actividades deportivas, juegos y bromas, tocamientos fugaces y subrepticios en zonas genitales que, si bien pueden ser considerados típicos, no siempre tienen la naturaleza sexual o la gravedad necesaria para afectar al bien jurídico. PÉREZ ALONSO, E. "Concepto de abuso sexual: contenido y límite mínimo del delito de abusos sexuales", *Indret*, 2019, nº3, pp. 1-44.

sexual habrá que negar la aplicación del delito de *grooming*. Así sucederá en el de exhibición de pornografía a menores si se excluye la peligrosidad de la acción por consentir el menor con este comportamiento o, incluso sin consentimiento, cuando este tenga tal experiencia sexual que no quepa un posible daño futuro en el ámbito de la sexualidad[110].

B) El bien jurídico en el delito de posesión de pornografía infantil

El bien jurídico de los delitos de pornografía infantil ha sido muy discutido por la doctrina desde que se incorporaron al Código penal. Todavía más desde que las reformas que se han llevado a cabo en el art. 189 CP han ido destinadas a sancionar comportamientos que dificultan su labor identificación, haciendo que buena parte de la doctrina llegue a la conclusión de que hay algunas de ellas que no deberían serlo por no tutelar ningún bien jurídico[111]. Uno de los comportamientos problemáticos es

---

110 Descarta la aplicación de este tipo cuando el menor tiene experiencia sexual ORTS BERENGUER "Capítulo 5. Concepto de material pornográfico en el ámbito penal", VV.AA. (LAMEIRAS FERNÁNDEZ, M. y ORTS BERENGUER, E. coords.). *Delitos sexuales contra menores. Abordaje psicológico, jurídico y policial*, Tirant lo Blanch, 2014, p.120.; ORTS BERENGUER, E. "Lección XII..."cit. , p. 237. Respecto al delito de abusos sexuales, la STS 699/2020, de 16 de diciembre (TOL8.249.506) exime de pena al acusado y permite aplicar el 183 quáter debido a que "es cierto que se da por probado que la menor no tenía capacidad para consentir relaciones sexuales y que la que nos ocupa fue su primera, pero también se dice que *no se ha objetivado daño psíquico en ella, ni se han derivado secuelas de estos hechos, y esto no se debe aislar de ese contexto de afectividad en que tienen lugar la relación*."

111 Se congratulaban de que en España no se sancionara el consumo de pornografía infantil TAMARIT SUMALLA, J. M. *La protección penal del menor*... pp. 110-111, 158 y 159; DÍEZ RIPOLLÉS, J.L. "El objeto..."cit.; GARCÍA ALBERO, R. "Capítulo VIII..."cit. p. 284; RAMOS VÁZQUEZ, J.A. "Mythos y Logos en la política criminal de los delitos sexuales con víctima menor de edad: el caso de la posesión para propio uso de por-

la posesión destinada al consumo propio, que es el comportamiento más aplicado tanto en menores como a adultos. Como ya se apuntó en el capítulo anterior, este viene sufriendo un aumento en las estadísticas oficiales desde hace años, incremento compartido con el resto de países occidentales[112]. La explicación viene de la mano de la generalización del uso de la tecnología, que ha permitido un mayor acceso a este tipo de material. Por eso, resulta fundamental realizar una interpretación restrictiva del precepto conforme al objeto protegido.

Siempre se ha considerado que el delito de pornografía infantil tutela el mismo bien jurídico que el resto de delitos sexuales contra menores de edad: la libertad o indemnidad sexual, dependiendo de cuál se considere. Sin embargo, cuando la Ley Orgánica 15/2003, de 25 de noviembre, introdujo la posesión para consumo propio (no destinada al tráfico) como comportamiento típico, esta cuestión se tornó controvertida[113]. Su inclusión fue

---

nografía infantil", VV.AA. (DÍAZ CORTÉS, L.M. y PÉREZ ÁLVAREZ,F. coords.) *Moderno discurso penal y nuevas tecnologías: memorias del III Congreso internacional de Jóvenes investigadores en Ciencias penales, 17,18 y 19 de junio de 2013*, 2014, p.148.

112 Como todo parece apuntar, en Europa hay un incremento de los delitos de posesión de pornografía infantil. Así, AEBI, M. *et al.* "Criminal History…"cit.; MOYA FUENTES, M.M. "El «sexting» entre menores y el delito de pornografía infantil en Italia", *Cuadernos de política criminal*, nº 120 (2018), pp. 281-308.

113 Como afirma GARCÍA ALBERO el modelo que se incorpora con la reforma penal de 2015 se aparta definitivamente de lo que ha sido la idea central de la represión de la pornografía infantil en sus orígenes: su comprobada conexión con el abuso sexual, la prostitución de menores e incluso la trata de personas. "Capítulo VIII…"cit. p. 284. Este alejamiento de la idea central de la represión político-criminal de la pornografía infantil, que antes aparecía vinculada al abuso sexual, la prostitución de menores e incluso la trata de personas, se sigue consolidando reforma tras reforma, especialmente tras la de 2015 en la que se incluye la represión de la pornografía virtual. Así, MORALES PRATS, F. y GARCÍA ALBERO, R. "Título VIII…"cit. p. 392. Como apuntan estos autores "Se consuma así la definitiva consagración de un modelo de

criticada por la doctrina y hay quien considera que el consumo de pornografía supone un comportamiento demasiado alejado de la lesión de la indemnidad de los menores aparecidos en esta, pues "resulta desconcertante afirmar que quien contempla de modo privado fotografías del menor, tratándose de un acto definitivamente alejado en el tiempo, espacio y en la línea de acción de aquel episodio de abuso sexual que haya dado origen al material pornográfico"[114]. Por eso, quizás no es este, sino que son otros los intereses que se ponen en peligro o quedan menoscabados con dicha posesión.

Hay quien apunta a que el verdadero motivo por el que se sanciona este comportamiento es que la posesión para el consumo de pornografía infantil entraña el riesgo de que al excitarse sexualmente el sujeto que consulta dicho material pueda sentirse empujado a pasar a la acción y llevar a cabo comportamientos de abuso o maltrato[115]. En realidad, esta corriente acepta la idea preconcebida de que todos los sujetos que consumen este tipo de material se encuentran afectados por el trastorno sexual de pedofilia y que están en mayor predisposición de llevar a la práctica las conductas visionadas[116]. Por tanto, si es esta la *ratio*

---

tutela carente de fundamento material vinculado a la protección real del menor, a su indemnidad sexual, sustituido ahora por otro de muy discutible anclaje valorativo desde la perspectiva del principio de exclusiva protección de bienes jurídicos". "Título VIII..."cit. p. 394.

114 ESQUIVEL VALVERDE, P. "El tipo de mera posesión de pornografía infantil en el Código penal español (art. 189.2): razones para su destipificación", *Revista de Derecho penal y Criminología*, nº 18, 2006, pp. 171-228. En igual sentido RAMOS VÁZQUEZ, J.A. "*Myhtos* y *logos*..."cit. p. 145.

115 Así lo apuntan MORALES PRATS, F. y GARCÍA ALBERO, R. "Capítulo VIII..."cit. p.395; CABRERA MARTÍN, M. *La victimización*...cit. p. 72.

116 La evidencia empírica ya ha demostrado que raramente el consumidor de pornografía infantil, adulto o menor, pasa a la acción. Así, AEBI, M. *et al.* "Criminal History..."cit. Además, como apunta RAMOS VÁZQUEZ, para ser un pedófilo, el sujeto debe excitarse con menores prepúberes y no siempre los menores que aparecen en la pornografía lo son. Vid. RAMOS VÁZQUEZ, J.A. "*Mythos* y *Logos*..."cit. p. 148. Apunta a la idea de que "la tenencia de pornografía infantil es peligrosa para

legis de la tipificación de este comportamiento, la posesión de este tipo de pornografía infantil para consumo propio se prohibiría por constituir un peligro abstracto contra el bien jurídico indemnidad o libertad sexual del menor[117]. De lo que se trataría es de evitar contribuir a satisfacer los deseos de sujetos aquejados de este trastorno para evitar que estos sientan el impulso de llevarlos a cabo en la realidad. Aunque este fundamento de tipificación carece de soporte empírico, pues como ya se ha apuntado reiteradamente, está demostrado científicamente la escasa conexión entre la consulta de dicho material y la realización de delitos sexuales, además de suponer un adelantamiento excesivo de las barreras de protección, se podría descartar la aplicación del tipo si no existe de antemano peligro de que el sujeto pase a la acción (o el peligro es mínimo).

Otro de los motivos para sancionar este comportamiento, tanto en la doctrina española como en la extranjera[118], es que con el consumo de pornografía se trata de tutelar la protección del menor frente a actuaciones de abuso o maltrato sexual por parte de adultos. Por ello, como afirma ESQUIVEL VALVERDE, "ha de entenderse que se castiga aquí también por una conexión, aunque sólo sea muy lejana, con el fundamento general de todo el precepto, que es el de evitar la posibilidad de que los menores sean convertidos en «protagonistas» de tales representacio-

---

el bien jurídico en la medida en que se estimula, mediante su adquisición, posteriores conductas lesivas para la libertad e indemnidad sexual de menores o incapaces" la STS 916/2021, de 24 de noviembre (TOL8.675.052)

117 CABRERA MARTÍN, M. La victimización…p. 71. En el mismo sentido MORALES PRATS, F. y GARCÍA ALBERO, R. "Libro II: Titulo VIII…"cit. p. 395. Como apuntan estos autores "Se trata en definitiva de gestionar riesgos potenciales, difusos e indeterminados". Quienes pretendan una justificación en clave de indemnidad sexual del menor no tienen sino que apelar a una suerte de peligro presunto-«iuris et de iure»- de abuso sexual".

118 En la extranjera vid. MOYA FUENTES, M.M. "El «sexting» entre menores…"cit.

nes pornográficas; y tal propósito se intenta perseguir por medio de una indirecta erradicación del mercado de pornografía infantil"[119]. A mi juicio, esta idea de la erradicación del mercado de la pornografía no puede constituir el objeto tutelado, aunque aceptásemos que castigando la mera posesión se consigue una disminución de la industria, seguimos hablando de una "afectación indirecta y lejana" a los bienes jurídicos de los menores[120]. Además, esta idea podría extenderse a otros mercados ilícitos, como el tráfico de drogas. La intención de erradicar un tipo de mercado en nada alude a la razón material por la que es necesario hacerlo desaparecer y, por consiguiente, a porqué es necesario tutelar de dicho bien jurídico. Por eso, cuando los autores aluden a la necesidad de hacer desaparecer el negocio, en realidad, no están identificando un nuevo objeto de tutela, sino que es el mismo: la indemnidad o libertad sexual del menor de edad, la única diferencia es que adelantan las barreras de protección al consumo de pornografía porque consideran que estas conductas son peligrosas en general para producir abusos sexuales a menores[121]. Como se ha apuntado antes, con independencia de que lo consideremos como un bien jurídico ilegítimo, si este se puede descartar de antemano (o el peligro es mínimo), se justifica la no aplicación del tipo penal.

Ahora bien, sin entrar en la cuestión sobre la legitimidad de sancionar el consumo de pornografía, y dejando a un lado al gran sector doctrinal que ha considerado que este comportamiento, incluso llevado a cabo por adultos, no debería haber

---

119 ESQUIVEL VALVERDE, P. "El tipo de mera posesión…"cit. Afirma que esta es la opinión de buena parte de la doctrina alemana.

120 RAMOS VÁZQUEZ, J.A. "*Mythos* y *Logos*…"cit. p. 146.

121 Considera que estamos ante un delito de "peligro abstracto remoto". ORTS BERENGUER, E. "Lección XIII. Delitos contra la libertad e indemnidad sexuales (y III): Exhibicionismo y provocación sexual. Prostitución, explotación sexual y corrupción de menores", VVAA. (GONZÁLEZ CUSSAC, J.L. coord.). *Derecho penal, Parte Especial.* Tirant lo Blanch. 2019, p. 268.

sido tipificado[122], hay ciertos argumentos que pueden emplearse para impedir su aplicación cuando este es llevado a cabo por menores. Cuando el material se haya obtenido con consentimiento (sobre todo si el menor ha alcanzado la edad de consentimiento sexual), se emplee para uso privado exclusivamente de las personas involucradas y este no se haya obtenido mediante abuso, debe considerarse carente de lesividad[123]. No hay que olvidar que el consentimiento es una causa de atipicidad reconocida por la doctrina y por la jurisprudencia para delitos que tutelan bienes jurídicos disponibles[124] con independencia de que pueda se pueda aplicar a este tipo la cláusula del art. 183 bis CP. Así, si se presta en condiciones en las que cabe descartar que esté viciado, podrá tener total validez[125]. Como apuntan MORALES PRATS y GARCÍA ALBERO "sin auténtico abuso -como por ejemplo, el *selfie* que dos menores de edad de 17 años hayan podido hacerse practicando cualquier clase de relación sexual- no puede

---

122 Vid. ESQUINAS VALVERDE, P. "El tipo de mera posesión"...cit.

123 La propia Directiva 2011/93/UE deja en su artículo 8.3 a discreción de los Estados la posibilidad de sancionar o no a menores de edad que hayan alcanzado la edad de consentimiento sexual por los delitos de posesión, producción o adquisición de pornografía infantil cuando ese material se haya realizado con consentimiento, se emplee para uso privado exclusivamente de las personas involucradas y no se hayan obtenido mediante abuso. Esto significa que el legislador europeo no considera que en estos casos haya motivos para sancionar o, dicho de otro modo, no hay una lesión del bien jurídico que justifique la pena.

124 Para algunos autores es causa de atipicidad, para otros es causa de restricción de la imputación objetiva. Vid. LAURENZO COPELLO, P. y MAQUEDA ABREU, M.L. *El Derecho penal en*...cit., p. 147. Sin embargo, la STS 916/2021 de 24 noviembre (TOL8.675.052) considera que hay una presunción iuris et de iure sobre la ausencia de consentimiento de un menor de 16 años.

125 "Se exige que el consentimiento exprese la voluntad de quien lo otorga sin que esta se haya visto afectada". GONZÁLEZ TASCÓN, M.M. "El consentimiento de las personas menores de edad..."cit. p. 127. Sobre el papel dogmático del consentimiento como causa de justificación o atipicidad vid. GONZÁLEZ TASCÓN, M.M. "El consentimiento de las personas menores de edad..."cit. pp. 122-123.

entenderse la lesividad de la conducta en clave de indemnidad sexual, siempre dejando a salvo la posible relevancia penal de la conducta por otras vías (derecho a la propia imagen, privacidad, etc.)"[126].

Además, en algunos casos, este material difícilmente pasará a un mercado que satisface las necesidades pedófilas de determinados sujetos desde el punto de vista objetivo y, si lo hace, probablemente el menor no sea consciente de ello (punto de vista subjetivo), por lo que se podría aceptar un error de tipo vencible o invencible. Por eso, si se produce una difusión no autorizada de dichas imágenes este comportamiento debería ser sancionado exclusivamente como una lesión a la intimidad y a la propia imagen del menor afectado y no como un delito de pornografía infantil[127]. A ello se puede añadir, como se apuntó *supra*, que dada la fase de experimentación en la que se encuentra el adolescente, cabe descartar en este un trastorno de pedofilia que le haga más proclive "pasar a la acción", pues es más probable que la consulta de dicho material obedezca a la necesidad de satisfacer su curiosidad o a problemas de orientación o desarrollo sexual[128].

Al margen de los argumentos propios relacionados con el bien jurídico, y otros en el ámbito de la tipicidad, en el caso de haber lesión de este habrá que seguir avanzando en la teoría jurídica del delito, analizando si decae la antijuridicidad de la conducta al actuar el menor bajo el amparo de una causa de justificación o si lo hace la culpabilidad porque concurre alguna de las causas de exclusión de esta. En este sentido, hay autores que han insistido precisamente en el ámbito de la culpabilidad. Como apunta CRUZ MÁRQUEZ "la asunción de la culpabilidad

---

126 MORALES PRATS, F. y GARCÍA ALBERO, R. "Libro II: Título VIII... "cit. p. 394.

127 En el mismo sentido ESQUIVEL VALVERDE, P. "El tipo de mera posesión..."cit; TAMARIT SUMALLA, J.M. *La protección penal del menor...*cit., pp.158 y 159.

128 AEBI, M. *et al.* "Criminal History..."cit.

disminuida del menor en comparación con la persona adulta, no refleja en su totalidad la magnitud de las implicaciones de los cambios experimentados a lo largo de la fase adolescente, que conllevan diferencias cualitativas, no sólo cuantitativas, tanto en la percepción de la norma infringida y sus consecuencias, como en la vivencia de la intervención penal"[129]. Según esta autora hay que tener en cuenta circunstancias psicosociales del menor y las particularidades de su proceso evolutivo adaptándolas al tipo de delito cometido. Estas podrán tener efectos en la imputabilidad, el conocimiento de la antijuridicidad y la exigibilidad.

3.3.3. Ventajas e inconvenientes

Aunque son muchas las ventajas que ofrece el bien jurídico como criterio de interpretación de los tipos penales, y que ya han sido recogidas al principio del epígrafe, su principal problema es que este instrumento viene rodeado de una cierta inseguridad jurídica. No siempre la función teleológica de este instrumento lleva a los operadores jurídicos a adoptar las mismas soluciones. Así, por ejemplo, lo ha puesto de manifiesto la doctrina con el principio de adecuación social o el principio de insignificancia, dos criterios íntimamente relacionados con el objeto de protección que precisamente se han visto rodeados de cierta polémica por la disparidad de soluciones que llevan aparejadas[130]. Además, la práctica jurisprudencial y la realidad empírica demuestran que dejar que sea el operador jurídico el

---

129 CRUZ MÁRQUEZ, B. "Presupuestos de la responsabilidad penal del menor..." cit.

130 Así lo he apuntado previamente en FERNÁNDEZ CABRERA, M. "La intervención mínima como argumento para absolver de la comisión de delitos de corrupción: crítica dogmática y político-criminal", *InDret*, 2019, pp. 1-44. También GÓMEZ RIVERO, M. "«Derecho penal y corrupción: acerca de los límites de lo injusto y lo permitido», *Estudios penales y criminológicos*, 37, 2017, pp. 249-306. Recientemente sobre esta cuestión vid. FERNÁNDEZ PACHECO-ESTRADA, C. "¿De minimis non curat praetor? La aplicación del principio de intervención mínima en

que interprete restrictivamente los tipos penales no está funcionando todo lo bien que debería. La sobrecarga de los tribunales, el desconocimiento o la ausencia de criterios que ayuden a materializarlo hacen que este no esté cumpliendo la función dogmática que tiene encomendada, al menos no en todo su potencial. Es por ese motivo que el bien jurídico por sí sólo no constituye un instrumento suficientemente concreto y eficaz como para reducir los efectos indeseados de aplicar a menores de edad delitos o agravantes que estaban concebidos para adultos. De hecho, aunque la propia FGE en su circular 9/2011 ha aludido a él como posible solución al problema, nada indica que efectivamente se haya producido un incremento en su uso por parte de fiscales y jueces.

Para que el bien jurídico constituya un criterio valioso en la aplicación de los delitos sexuales a menores de edad resulta útil que venga acompañado de criterios de concreción que ayuden a los tribunales en su aplicación. Un buen ejemplo de cómo estos criterios de concreción han resultado exitosos viene de la mano del delito de tráfico de drogas. (art. 368 CP). El bien jurídico ha sido la base sobre la que se ha creado la doctrina del consumo compartido, que permite considerar atípicas, por no ponerlo en peligro (ni si quiera abstracto), casos en los que se realiza un consumo compartido de droga en los que no hay riesgo de dispersión de esta[131]. Si precisamente la doctrina del consumo compartido ha tenido tanto éxito para establecer los límites del delito es por el hecho de que se han establecido indicios fácilmente identificables por los tribunales que les han servido para absolver o para condenar por la comisión de

la jurisprudencia ante supuestos de menor entidad". *InDret*, nº 1 (2024), pp. 349-387.

131 Las alusiones al bien jurídico en las sentencias que consolidan la doctrina del consumo compartido son continuas. Sobre esta cuestión vid. MARAVER GÓMEZ, M. "La doctrina del consumo compartido en el delito de tráfico de drogas. Análisis crítico de la jurisprudencia del Tribunal Supremo", *InDret*, nº 2, 2019, pp. 1.59.

este tipo penal. A estos efectos, el Tribunal Supremo establece una serie de requisitos a modo de indicios relacionados con la condición de adictos de los consumidores, el lugar en el que se consume la droga, la cantidad de droga consumida, el número de personas implicadas o la forma en la que se produce el consumo.

Por ello, para evitar que a los menores infractores se les aplique automáticamente delitos que estaban pensados para adultos, en las siguientes líneas, se realizará una propuesta íntimamente relacionada con el objeto de tutela como criterio de interpretación penal al que se añade un criterio de concreción que va a facilitar la aplicación de la ley penal al operador jurídico.

4. PROPUESTA DE SOLUCIÓN: CLÁUSULA DE INAPLICACIÓN O REQUISITO DE ASIMETRÍA DE EDAD

Aunque el bien jurídico por sí sólo no esté funcionando como elemento claramente discriminador de conductas que deben ser sancionadas o agravadas de aquellas que no deberían serlo, tal y como se ha puesto de manifiesto a lo largo de este capítulo, la solución al problema en nuestro sistema no puede formularse al margen de este. Para impulsar su aplicación, y que este venga acompañado de mayores cotas de seguridad jurídica, se necesitan indicios que ayuden al operador jurídico a saber cuándo el comportamiento del menor no es lesivo (o lo es mínimamente) o no es equivalente en injusto a cuando es cometido por un adulto.

En este sentido hay quien ha propuesto reivindicar el viejo lema despenalizador clásico, reduciendo el ámbito objetivo del sistema de responsabilidad penal de menores. De este modo, hay quien apunta a que se podría elaborar un catálogo de delitos que únicamente puedan cometer los menores de edad, dejando fuera aquellos que resulta aconsejable dejar sin respuesta cuando sus autores sean menores. Sin embargo, esto podría resultar "casuístico y farragoso"[132]. Por eso, en la otra cara de la misma moneda encuentra la propuesta que desde aquí se formula: establecer en la LORPM una cláusula de inaplicación de aquellos delitos sexuales o agravantes que fueron concebidos para autores adultos. Como ya se ha apuntado, esta iniciativa no resulta descabellada en la medida que goza de soporte empírico, pues incluso en casos de asimetría de edad entre autor y víctima ya se ha apuntado que la comisión de ciertos tipos no es equivalente a cuando lo hace un adulto. Esta cláusula debería incluir los delitos de agresión sexual a menor de dieciséis años (art. 181 CP), lo que significa que para estos el tipo penal de referencia sería el tipo básico (art. 178 y art. 179 CP) pero también el de hacer presenciar al menor actos de carácter sexual o actos que constituyen abuso sexual (art. 182 CP), el delito de *online child grooming* (art. 183.1 CP) y embaucamiento de menores (art. 183.2 CP), los de exhibición obscena (art. 185 CP), difundir material pornográfico a menores de edad (art. 186 CP) y los delitos de posesión y difusión de pornografía infantil (art. 189.5 CP).

En caso de que el legislador no acepte la propuesta despenalizadora, como sucedió en Australia cuando se planteó la posibilidad de incorporar una eximente (*defence*) para menores de edad que en comportamientos de *sexting* son sancionados a través de los delitos de pornografía infantil, también se plantea una solución intermedia[133]. La propuesta consistiría en establecer una cláusula de asimetría de edad genérica para los distintos tipos penales que, a diferencia de la cláusula Romeo y Julieta, no estaría limitada únicamente a aquellos comportamientos en los que el consentimiento puede ser relevante. Como ya se apuntó, incluso aunque sea un supuesto en el que no hay consentimiento de la víctima, el injusto del menor no es equiparable al del adulto si

---

132 TAMARIT SUMALLA, J.M. "Principios político-criminales y dogmáticos..."cit. p. 35

133 Se rechazó para evitar dejar desprotegidos a los menores. CROFTS, T. y LEE, M. "«sexting», Children, etc..."cit.

no está presente dicha asimetría, intención de corromper al menor, abuso de poder, etc. Por tanto, determinadas agravantes o tipos penales sólo se aplicarán al menor infractor cuando exista cierta desigualdad entre autor y víctima, hasta el punto que esta deje patente que la lesión del bien jurídico o el injusto producido es casi equivalente en términos cuantitativos al del adulto.

La fijación de edades o, en nuestro caso, de una diferencia de edad es una cuestión que debe tener una base científica pero que indudablemente está sometida a discusión[134]. No obstante, la ventaja, y es por ello que en nuestro legislador ha optado por la fijación de edades para exigir responsabilidad penal, es el hecho de que aporta mucha seguridad jurídica. En el caso que nos atañe, para poder afirmar que se da la situación de asimetría, abuso de poder, etc. entre menores habría que establecer al menos una diferencia de cinco años, que es la que desde la Criminología se ha considerado definitorio del abuso sexual a un menor de edad. No obstante, como también se ha hecho desde esta rama de conocimiento, no es ilógico desde el punto de vista madurativo, como ya se ha apuntado, plantear dos grupos etarios, dependiendo de si el menor es o no púber. En este sentido, una propuesta legislativa que combine la seguridad jurídica con un criterio científico íntimamente relacionado con este sería lo idóneo. Por eso, la proposición sería que, si el menor es menor de trece años, la diferencia para sancionar debería ser de al menos cinco años y que si el menor es mayor de trece años, se podría aceptar un margen de hasta ocho.

Así, la cláusula, que podría quedar incluida en el articulado de la LORPM, quedaría redactada de *lege ferenda* de la siguiente manera:

---

134 No hay más que ver el amplio debate que suscitó la edad mínima de responsabilidad penal de menores en el Congreso de los diputados, que estuvo oscilando entre los doce y los catorce, optándose por esta última siguiendo el modelo alemán. Vid. TAMARIT SUMALLA, J.M. "Principios político-criminales…."cit. p. 28 y ss.

> *"Aquellos delitos sexuales cuyo fundamento es que la víctima es menor de una determinada edad o se encuentran agravados por dicha circunstancia como: la agresión sexual a menor de dieciséis años (art. 181 CP), hacer presenciar al menor actos de carácter sexual o actos que constituyen abuso sexual (art. 182 CP), el delito de online child grooming (art. 183.1 CP), el embaucamiento de menores (art. 183.2 CP), los de exhibición obscena (art. 185 CP), difundir material pornográfico a menores de edad (art. 186 CP) y los delitos de posesión y difusión de pornografía infantil (art. 189.5 CP) no serán de aplicación a menores de edad sometidos a responsabilidad penal a menos que exista una diferencia entre autor y víctima de al menos cinco años de edad, cuando esta sea menor de trece años, o de ocho si esta es mayor de dicha edad".*

Capítulo III:

La inscripción de menores en el registro de delincuentes sexuales y su adecuación a los principios básicos del Derecho Penal

1. INTRODUCCIÓN

Para lograr el objetivo político-criminal de ofrecer una respuesta más severa a los menores y a los adultos que cometen delitos sexuales, el legislador no sólo se ha centrado en realizar modificaciones en el CP o en la LORPM, sino que ha ampliado sus miras a otros sectores del ordenamiento. Un ejemplo paradigmático de esta problemática lo encontramos precisamente en una normativa de cuestionada naturaleza jurídica que introduce un sistema de medidas accesorias aplicables a los condenados por la comisión de delitos sexuales. Me refiero al paquete de medidas dirigidas a incorporar en el ordenamiento el Registro Central de Delincuentes Sexuales (RCDS) y la exigencia por parte de los empleadores de un certificado de antecedentes por delitos sexuales (CDNS) que declare la inexistencia de estos para poder acceder a puestos de trabajo que impliquen contacto habitual con menores. Estas instituciones se consolidan tras la entrada en vigor del RD 1110/2015, de 11 de diciembre, por el que se regula el Registro Central de Delincuentes Sexuales cuya incorporación al ordenamiento español ha venido motivada por la ratificación de España del Convenio de Lanzarote y de la Directiva 2011/92/UE[1].

---

1 Esta regulación debe ser completada con la reciente Ley Orgánica 8/2021, de 4 de junio, de protección integral a la infancia y la adoles-

La doctrina ha sido especialmente dura en críticas con la regulación del RCDS[2]. Se ha afirmado que ha ido más allá de lo que los instrumentos internacionales en los que se dice basar exigían; que los periodos establecidos para la cancelación de antecedentes son totalmente desproporcionados; que determinadas alusiones que se hacen en los preceptos son ambiguas; que la técnica legislativa empleada a través de real decreto es inconstitucional; que no se respeta el principio de jerarquía normativa, ni el principio de irretroactividad; etc. Ahora bien, todo el reproche se ha llevado a cabo teniendo en cuenta que el destinatario de la norma es un adulto. No obstante, uno de los aspectos más preocupantes, pero que su vez ha pasado más desapercibido, es su aplicación a sujetos provenientes del sistema de responsabilidad penal de menores. Aunque algunos autores han apuntado su incompatibilidad con los fines educativos y preventivo-especiales a los que la LORPM se orienta, los problemas que surgen de su aplicación a estos han pasado a un segundo plano[3]. La explicación, probablemente, se deba

---

cencia frente a la violencia. En el Título V, capítulo II (artículos 57,58, 59 y 60) entre otras cuestiones aclara qué significa ejercer profesiones con menores o introduce sanciones para el incumplimiento de las obligaciones relativas al registro.

2 Vid. FERNÁNDEZ CABRERA, M. "La naturaleza jurídica de la normativa relativa al registro de delincuentes sexuales y crítica a toda la regulación", *Estudios penales y criminológicos*, nº42, 2022, pp. 1-33.

3 Han apuntado los problemas de esta normativa para los menores de edad: TORRES ROSELL, N. y SANCHO CONDE, T. "Medidas accesorias…"cit.; GARCÍA PÉREZ, O. que afirma que "estamos en presencia de una medida que afecta gravemente a los fines perseguidos por la LORPM, la educación y la inserción social, puesto que no podrían realizar ninguna actividad que tuviera relación con los menores por la realización de un hecho que en la mayor parte de las ocasiones es algo puramente episódico y que es debido a que todavía no se han terminado de completar los procesos socializadores.", "La contribución de la jurisprudencia al endurecimiento de la respuesta a los menores infractores". *Revista Electrónica de Ciencia Penal y Criminología*, nº 21, 2019, pp.-1-44. Disponible en línea en: http://criminet.ugr.es/

a que la de menores se ha considerado tradicionalmente como una jurisdicción secundaria. Sin embargo, si ahondamos sobre la cuestión podemos comprobar que se están vulnerando principios básicos del Derecho penal, incluso de rango constitucional[4].

En las siguientes líneas se abordará la cuestión de cómo la normativa contradice las bases del sistema de responsabilidad penal de menores y, concretamente, los fines educativos que la LORPM persigue, el principio del superior interés del menor, así como el principio de proporcionalidad, tal y como se concibe en este sector del ordenamiento penal. A lo largo del presente trabajo se expondrán las bases teóricas de cada uno de esos principios para a continuación explicar por qué la normativa relativa al registro lo vulnera. Además, también se analizará esta medida a la luz del principio de proporcionalidad o de prohibición de exceso en general, pues, aunque esta investigación ya se ha realizado para otra publicación, se hizo desde la perspectiva de que el receptor es

---

recpc/21/recpc21-25.pdf.; LARRAURI, E. y ROVIRA, M. "Publicidad, certificados y cancelación de los antecedentes penales ¿La cultura del control se consolida en España desde las nuevas leyes de 2015?", *Indret,* nº3, 2020, pp.1-34; SALAT PAISAL. M. "El registro de delincuentes sexuales español: su regulación jurídica y su efecto en la prohibición para desempeñar profesiones que impliquen contacto habitual con menores", *Revista General de Derecho Penal,* nº 25, 2016, pp.1-15. Hay quien también se ha percatado de los peligros que esta supone para los jóvenes adultos tras la elevación de la edad de consentimiento sexual, como GUERRA MARTÍNEZ, A. "Modelos de registros de delincuentes sexuales. Excesiva distribución del riesgo y nuevos límites constitucionales". *Estudios penales y Criminológicos,* nº 41, 2021, pp. 1077-1143.

4 Como afirma LLEDÓ BENITO, los problemas constitucionales que se han planteado en el modelo anglosajón, se empiezan a atisbar en el español. LLEDÓ BENITO, I. "Capítulo V. El Registro Central de delincuentes sexuales y trata de seres humanos. La experiencia comparativa con el modelo de delincuentes sexuales en EEUU", en VV.AA. (MONGE FERNÁNDEZ A. dir). *La protección jurídica del menor.* Tirant lo Blanch, 2024, p.169.

un adulto[5]. El hecho de que el destinatario sea un menor añade nuevos argumentos a considerar de cara a la aplicación de dicho principio. No obstante, con carácter previo se llevará a cabo una introducción sobre aspectos generales de la normativa, y en concreto, sobre cómo surge en nuestro ordenamiento, cómo su aplicación a menores constituye un exceso respecto a la normativa europea en la que se dice basar y cuáles son los principios y derechos recogidos en el CEDH que esta vulnera tanto para adultos como para menores.

2. SURGIMIENTO DE LA NORMATIVA RELATIVA AL RCDS Y SU APLICACIÓN A MENORES DE EDAD COMO EXCESO RESPECTO A LA NORMATIVA EUROPEA

2.1. Surgimiento y argumentos para incorporarla al ordenamiento español

La Ley 26/2015, de 28 de julio, de modificación del sistema de protección a la infancia y la adolescencia, que modifica la Ley Orgánica 1/1996, de 15 de enero, de Protección Jurídica del Menor, de modificación parcial del Código Civil y de la Ley de Enjuiciamiento Civil, es la que primero introduce en el ordenamiento español la normativa relativa al registro. Esta, por un lado, recoge la necesidad de exigir un CDNS[6] y, por otro, establece las bases

---

5 Para ver un análisis completo sobre la naturaleza jurídica de la normativa relativa al registro y la crítica a esta institución cuando el destinatario es adulto. Vid. FERNÁNDEZ CABRERA, M. "La naturaleza jurídica de la normativa..."cit.

6 Así, la Exposición de motivos de la Ley 26/2015 respecto a la exigencia de un CDNS recoge que "Se establece, además, como requisito para poder acceder y ejercer una profesión o actividad que implique contacto habitual con menores, no haber sido condenado por delitos contra la

para el surgimiento de un registro de delincuentes sexuales[7]. Para materializar su creación y su régimen de funcionamiento, inscripción y cancelación de datos, etc., la propia Ley 26/2015 en su Disposición final decimoséptima insta al gobierno en un plazo de seis meses a dictar las disposiciones reglamentarias oportunas a tal efecto, mandato que se consolida en el Real Decreto 1110/2015, de 11 de diciembre, por el que se regula el Registro Central de Delincuentes Sexuales[8].

Tanto los mandatos de armonización europea como su generalidad en el derecho comparado fueron las razones que esgrimió el legislador español para incorporar ambas instituciones (registro y certificado) al ordenamiento. Sin embargo, como ya ha apuntado la doctrina en reiteradas ocasiones las dos son falsas[9]. Aunque las normas internacionales sí que exigían la incorporación de una inhabilitación para el ejercicio de profesiones con menores de edad a quienes hayan cometido

---

libertad e indemnidad sexual, trata de seres humanos o explotación de menores, dando con ello cumplimiento a los compromisos asumidos por España al ratificar el Convenio relativo a la Protección de los Niños contra la explotación y abuso sexual, de 25 de octubre de 2007, y a la Directiva del Parlamento Europeo y del Consejo 2011/93/UE, de 13 de diciembre de 2011, relativa a la lucha contra los abusos sexuales y la explotación sexual de los menores y la pornografía infantil y por la que se sustituye la Decisión marco 2004/68/JAI del Consejo"

7 En la EM esto se refleja cuando afirma "relacionado con lo anterior y a los efectos de prevención, se crea, dentro del sistema de registros administrativos de apoyo a la Administración de Justicia, el Registro Central de Delincuentes Sexuales que contendrá la identidad de los condenados por delitos contra la libertad e indemnidad sexual, trata de seres humanos, o explotación de menores, e información sobre su perfil genético de ADN".

8 Actualmente denominado "Registro Central de Delincuentes Sexuales y de Trata de Seres Humanos" tras la entrada en vigor de la Ley Orgánica 8/2021, de 4 de junio, de protección integral a la infancia y la adolescencia frente a la violencia.

9 SALAT PAISAL. M. "El registro de delincuentes sexuales..." cit.; FERNÁNDEZ CABRERA, M. "La naturaleza jurídica de la normativa..." cit.

delitos sexuales o trata contra estos, nada se decía sobre crear un registro de antecedentes específico ni en el Convenio de Lanzarote, ni en la Directiva 2011/92/UE.

Tampoco es cierto que la introducción del registro de delincuentes sexuales obedezca a la necesidad de equipararnos a países de nuestro entorno, pues, aunque cada vez proliferan más bases de datos de este tipo, la mayoría no tiene incorporada una institución jurídica equivalente[10]. Además, ya que el legislador español se empeña en incorporar a su conveniencia el argumento del derecho comparado, es necesario señalar que las obligaciones que se derivan de la inscripción en nuestro país difieren considerablemente de las que se derivan de la inscripción en otros. Esto se debe a que el surgimiento de esta institución en nuestro ordenamiento no tiene nada que ver con cómo lo ha hecho en otros Estados. En España no se crea como una base de datos de carácter policial para conocer el domicilio de los condenados por delitos sexuales y así apoyar su investigación y persecución, sino que nace para poder facilitar la expedición del CDNS y restringir el acceso a profesiones con menores a determinados sujetos[11]. Así,

---

10 Bases de datos similares están previstas únicamente en países como Estados Unidos, Francia, Reino Unido o Irlanda y algunos estados alemanes. Hace un repaso de algunos de ellos. THOMAS, T. "European Developments in Sex Offender Registration and Monitoring", *European Journal of Crime, Criminal Law and Criminal Justice,* nº18, 2010, pp. 403-415. Realizan un estudio sobre cómo funciona el registro en Estados Unidos EVANS, M.K; LYTE, R; SAMPLE L.L. "Chapter 7. Sex Offender Registration and Community Notification", *Sex Offenders Laws,* Springer, 2015, pp.142 y ss. Realizan un estudio empírico sobre la eficacia de los registros implementados en los estados alemanes. SCHIEMANN, A.; REMKE, C.; BÜCHLER, K. *HEAD, KURS & Co. Evaluation der Überwachungskonzepte für besonders rückfallgefährdete Sexualstrafttäter.* 2019. Nomos. Por el contrario, hace unos años, tal y como apuntaba ROBLES PLANAS, en el ámbito europeo continental eran inexistentes. ROBLES PLANAS, R. "«*Sexual predators*». Estrategias y límites del Derecho penal de la peligrosidad", *Indret,* nº4, 2007, pp. 1-25.

11 La EM del RD 1110/2015 lo deja claro cuando alude a que "el principio inspirador al que responde el Registro Central de Delincuentes Sexua-

mientras que las obligaciones que se derivan de registros como el francés son únicamente informar del domicilio del condenado o excondenado[12], en el caso español el inscrito debe soportar una inhabilitación para el ejercicio de profesiones con menores que puede llegar hasta treinta años de duración.

2.2. La aplicación de la inhabilitación a menores de edad como exceso respecto de la normativa europea y excepción en el derecho comparado

Como suele ser cada vez más habitual en la política criminal española, en la regulación del registro de delincuentes sexuales hay varios excesos respecto de la normativa europea en la que se dice basar[13]. Uno de ellos es su aplicación a menores de edad. Ni el Convenio de Lanzarote ni la Directiva 2011/92/UE exigían su aplicación a estos sujetos. Como se acaba de apuntar, por lo

---

les se estructura sobre la base del derecho fundamental del menor a que su interés superior sea prioritario". Buen ejemplo de que no es un registro al uso, sino que se crea como vehículo para implementar la inhabilitación es que, a diferencia de lo que se observa en otros registros de delincuentes sexuales, el español no ha previsto que el inscrito deba notificar su domicilio o cambios de este. Por el contrario, la normativa del registro francés exige justificar una vez al año la dirección y declarar los cambios de dirección en un plazo de hasta un máximo de 15 días a contar desde que estos tengan lugar (art. 706-53-5 del *Code de procédure penale*).

12 Obligaciones parecidas también se derivan del registro británico, que exige que los datos que figuran en este sean nombre, fecha de nacimiento, número de la seguridad social, dirección, y que se notifique si hay un cambio en dicha información. Esto fue reformado en 2012 y se añade que el inscrito deba notificar cualquier viaje al extranjero, traslado a una segunda residencia, cuentas bancarias, tarjeta de crédito, datos del pasaporte, etc. Vid. *Sexual Offences Act 2003*, disponible en https://www.legislation.gov.uk/ukpga/2003/42/contents.

13 Vid. FERNÁNDEZ CABRERA, M. "La naturaleza jurídica de la normativa..."cit.

que se refiere a la creación del Registro, en realidad, no podemos decir que el legislador español haya ido más allá, pues, su propia incorporación (tanto para adultos como para menores) es de por sí un exceso respecto a la normativa europea. Lo que sí supone un verdadero alejamiento de esta es la aplicación de la inhabilitación para el ejercicio de profesiones con menores a adolescentes. Es cierto, que la Directiva en su artículo 10 no alude exclusivamente a un individuo adulto, sino que habla de persona física[14] pero en ningún lugar se recoge que los menores deban quedar incluidos en esta[15].

Su incorporación en nuestro ordenamiento no ha sido un descuido o una consecuencia no querida, sino un efecto totalmente pretendido por el legislador, pues la Disposición final decimoséptima de la Ley 26/2015, que instaba al gobierno en un plazo de seis meses a dictar las disposiciones reglamentarias oportunas para regular el RCDS, alude expresamente a que este registro se nutrirá de información del Registro Central de Penados en el caso de los adultos y del Registro Central de Sentencias de responsabilidad Penal de los Menores[16]. De hecho, así se recoge en el propio

---

14 "a fin de evitar el riesgo de reincidencia en los delitos, los Estados miembros adoptarán las medidas necesarias para garantizar que una persona física que haya sido condenada por una infracción contemplada en los artículos 3 a 7 pueda ser inhabilitada, con carácter temporal o permanente, para el ejercicio de actividades, al menos profesionales, que impliquen contactos directos y regulares con menores."

15 La campaña del Consejo de Europa de 26 de noviembre de 2010 para fomentar la ratificación e implementación del Convenio de Lanzarote llamada *One of five* (uno de cada cinco) en ningún momento alude en ninguno de sus documentos a que el objetivo de esta sea que las medidas legislativas se apliquen a los menores de edad. (vid. https://www.coe.int/t/dg3/children/News/Sexual%20violence/Campaignlaunching_en.asp). Si es cierto que en algún momento se alude a la existencia de delincuentes sexuales menores de edad, pero afirmando que si estos son tratados es difícil que vuelvan a reincidir y que a menudo estos han sido víctimas de abuso o negligencia.

16 "El Gobierno, a propuesta del Ministerio de Justicia, oído el Consejo General del Poder Judicial y la Agencia de Protección de Datos,

artículo 5.1 del RD 1110/2015, de 11 de diciembre y en el artículo 6 que confirma la remisión automática de los registros generales al registro central[17].

Aunque la española no es la única base de datos que almacena información sobre delitos sexuales cometidos por menores, las existentes en derecho comparado no suelen llevar aparejados efectos tan desocializadores como una inhabilitación para

---

dictará en el plazo de seis meses desde la publicación de esta Ley, las disposiciones reglamentarias oportunas relativas a la organización del Registro Central de delincuentes sexuales en el Registro Central de Penados y en el Registro Central de Sentencias de Responsabilidad Penal de los Menores, integrándose en el sistema de registros de apoyo a la Administración de Justicia, así como el régimen de inscripción y cancelación de sus asientos y el acceso a la información contenida en aquél, asegurando en todo caso su confidencialidad. Se formará, al menos, con los datos relativos a la identidad y perfil genético (ADN) de las personas condenadas por los delitos contra la libertad e indemnidad sexuales, en los que incluyen la agresión y abuso sexual, acoso sexual, exhibicionismo y provocación sexual, prostitución y explotación sexual y corrupción de menores. La Administración General del Estado colaborará con las autoridades competentes de los Estados miembros de la Unión Europea para facilitar el intercambio de información en este ámbito".

17 El artículo 5 recoge que "El Registro Central de Delincuentes Sexuales contendrá toda la información penal que conste tanto en el Registro Central de Penados como en el Registro Central de Sentencias de Responsabilidad Penal de los Menores respecto de quienes hubieran sido condenados en sentencia firme por cualquier delito contra la libertad e indemnidad..." y el artículo 6.1 afirma que " El Registro Central de Penados y el Registro Central de Sentencias de Responsabilidad Penal de los Menores remitirán de forma automática al Registro Central de Delincuentes Sexuales, la información relativa a penas y medidas de seguridad impuestas en sentencia firme por alguno de los delitos a que se refiere el artículo anterior, en el mismo momento en que proceda su inscripción en los respectivos registros, así como cualquier modificación que se produzca con posterioridad, incluida la cancelación del antecedente penal"

el ejercicio de determinadas profesiones[18]. Además, en el caso de Reino Unido, Francia y algunos estados de Estados Unidos el registro no es automático, sino potestativo o a menudo depende de la gravedad del delito[19]. Por ejemplo, en la regulación francesa es facultativo por parte de la autoridad judicial, tras valorar las circunstancias personales y del hecho, salvo en supuestos de extrema gravedad en que la inscripción es obligatoria[20]. Esto difiere de la severa y automática regulación española, tal y como se apuntará a lo largo de este capítulo.

3. LA INSCRIPCIÓN EN EL REGISTRO A LA LUZ DE LA DOCTRINA DEL TEDH (PRINCIPIO DE LEGALIDAD Y DERECHO A LA VIDA PRIVADA Y FAMILIAR)

Una de las cuestiones más controvertidas sobre toda la normativa es su naturaleza jurídica. El legislador español no ha calificado ni la inscripción en el registro, ni la aplicación de la inhabilitación que esta lleva aparejada, como una sanción. De hecho, se puede decir que se ha esforzado para evitar darle este carácter hasta el punto de que ha regulado toda la normativa

---

18 Opinan que la opción escogida por el legislador español se aparta de otras regulaciones en derecho comparado TORRES ROSELL, N. y SANCHO CONDE, T. "Medidas accesorias…". cit.

19 Así lo afirman para Estados Unidos PITTMAN, N. y NGUYEN, Q. "A Snapshot of juvenile sex offender registration and notification laws. A survey of the United States" National juvenile network. Disponible en línea en: https://www.njjn.org/uploads/digital-library/SNAPSHOT_web10-28.pdf; CARPENTER, C. "On emotion, juvenile sex offenders, and mandatory registration", *Journal of Race, Gender, & Poverty*, nº 29, 2012, p.31.

20 Vid. art. 706-53-2 *Code de procédure pénale.* La regulación francesa se encuentra en el *Code de procédure pénale. Chapitre II: Du fichier judiciaire national automatisé des auteurs d'infractions sexuelles ou violentes* (*Articles* 706-53-1 à 706-53-12).

a través de real decreto y ha previsto su aplicación retroactiva[21]. Ni la inscripción en el registro, ni la inhabilitación para el ejercicio de profesiones con menores ha sido considerada una pena. El argumento principal, sobre todo respecto a la primera cuestión, es que el TEDH se ha pronunciado sobre otras bases de datos similares, y ha llegado a la conclusión de que la inscripción en un registro de estas características no es una pena en el sentido del CEDH y que, por tanto, no debe estar dotada de las garantías del art. 7 CEDH relativas al principio de legalidad. Por el contrario, en un artículo recientemente publicado afirmé el carácter sancionador de esta a pesar de los intentos del legislador por camuflarlo y de la jurisprudencia española por negárselo[22].

Sin entrar mucho en los motivos que me llevaron a alcanzar tal conclusión, y argumentando siempre desde la perspectiva de lo establecido en reiteradas ocasiones por el Tribunal de Estrasburgo (tan aludido por el legislador, el CGPJ y la jurisprudencia), la respuesta al caso *Gardel c. Francia* (17.12.2009) y otros no es extrapolable al registro español porque las consecuencias de la inscripción no son las mismas. Por lo que respecta a no calificarlo como una medida sancionadora de cara a aplicarle todas las garantías del art. 7 CEDH en el caso francés

---

21 De hecho, en el RD 1110/2015 que regula todo el RCDS cuando en su artículo 3 se pronuncia sobre la "naturaleza y finalidad" del registro, no alude en ningún momento a una naturaleza penal. Este recoge "El Registro Central de Delincuentes Sexuales constituye un sistema de información, de carácter no público y gratuito, relativo a la identidad, perfil genético, penas y medidas de seguridad impuestas a aquellas personas condenadas en sentencia firme por cualquier delito contra la libertad e indemnidad sexuales o por trata de seres humanos con fines de explotación sexual, incluyendo la pornografía, regulados en el Ley Orgánica 10/1995, de 23 de noviembre, del Código Penal, con independencia de la edad de la víctima.".

22 Sobre la naturaleza jurídica de la medida y la vulneración de los derechos del CEDH que esta produce vid. FERNÁNDEZ CABRERA, M. "La naturaleza jurídica de la normativa...". cit.

tiene lógica. Si el Tribunal llega a esta solución es precisamente porque la inscripción sólo lleva aparejadas obligaciones relativas a informar sobre el domicilio. Esta medida estatal no se percibe como suficientemente coactiva, disuasoria o punitiva para ser considerada como sanción. Sin embargo, la inscripción en el registro de delincuentes sexuales español no solo sirve a efectos policiales de "facilitar la investigación e identificación de los autores de los delitos contra la libertad e indemnidad sexuales...", como sucede en los países europeos[23], sino que su finalidad principal es la de aplicar una inhabilitación para el ejercicio de profesiones con menores a sujetos condenados por delitos sexuales. La aplicación de dicha inhabilitación como consecuencia de la comisión de un delito, que puede durar hasta treinta años sin posibilidad de acortar o modificar su duración, gozando de una carga aflictiva considerable-a pesar de perseguir fines preventivo-especiales-, y que tiene un contenido idéntico al de una pena prevista en el Código penal no es otra cosa que una sanción penal y, por tanto, no puede ser aplicada de forma retroactiva. Por tanto, a diferencia de lo establecido para el caso francés, la regulación española vulnera el CEDH en su artículo 7 CEDH (principio de legalidad), dado que tanto el legislador como los tribunales españoles han permitido su aplicación retroactiva.

Además de plantearse si la inscripción en el registro es una sanción de cara a apreciar la vulneración del artículo 7 del CEDH, en el caso *Gardel* y en otros relativos al almacenamiento de datos en registros, el TEDH evalúa si también el almacenamiento de datos personales del condenado vulnera su derecho

---

23 Tienen una finalidad principalmente policial (localizar al delincuente) y de cooperación en la información entre estados que han implementado registros sexuales en Alemania. El primero de ellos en hacerlo fue Bavaria en 2006 (*HEADS*) y después lo han hecho muchos otros. Vid. SCHIEMANN, A.; REMKE, C.; BÜCHLER, K. *HEAD, KURS & Co*...cit. p. 14.

a la vida privada y familiar del (artículo 8 CEDH)[24]. Como ya puse de manifiesto en otro lugar, son numerosas las medidas estatales que pueden afectar este derecho del condenado[25] y el almacenamiento de su información en una base de datos para delincuentes es uno de ellos. Por ello, la ley nacional debe asegurar que la información que se incorpora sea "relevante y no excesiva" con relación a los propósitos del registro y que "permitan la identificación de los sujetos por no más tiempo del propósito por el que los datos se recolectaron"[26]. Así, de esta y otras sentencias se deduce que se vulnera dicho derecho, por ejemplo, cuando la información recabada sea excesivas e innecesaria para el propósito del registro, cuando la duración sea desproporcionada y no se prevean mecanismos de cancelación de antecedentes a instancia de parte, cuando el acceso a esta pueda ser consultado por cualquiera, cuando la decisión que deniegue la cancelación no pueda ser recurrida ante la autoridad judicial, etc.[27].

---

24 Vid. caso *Gardel c. Francia* o recientemente *Aycaguer c. Francia* (22 septiembre de 2017); *Catt c. Reino Unido* (24.1.2019); *Gaughran c. Reino Unido* (13.2.2020); *Trajkovski* y *Chipovski c. Macedonia del norte* (13.2.2020).

25 Así, el derecho del artículo 8 CEDH puede verse afectado por las condiciones de la detención o reclusión. De este modo, si durante la detención y posterior interrogatorio no se permite al sujeto contactar con la familia, si se establece un régimen penitenciario que restrinja las visitas familiares u otros mecanismos de contacto del preso con el mundo exterior, si se le prohíbe contraer matrimonio durante el cumplimiento de la condena o el acceso a la inseminación artificial, el derecho al respeto a la vida personal y familiar puede verse menoscabado. Sobre el derecho a la vida privada y familiar de presos alejados de su domicilio Vid. FERNÁNDEZ CABRERA, M. "La política de dispersión de presos de ETA a la luz de la jurisprudencia del TEDH", *Cuadernos de política criminal*, nº 125,2018, pp.107-147.

26 §62 *Gardel c. Francia*. En el mismo sentido el caso *Aycaguer c. Francia* (22 septiembre de 2017) §34.

27 Así sucede en el caso *Aycaguer c. Francia* (22 septiembre 2019) en el que este fue el motivo principal para declarar la incorporación al registro de delincuentes francés a un sujeto que había cometido un delito relativamente leve durante un periodo de cuarenta años.

En el caso *Gardel*, el TEDH descarta dicha vulneración porque, aunque "el plazo de cancelación de antecedentes de treinta años es considerable", estima que los datos se borran automáticamente una vez expirado y que, sobre todo, la ley francesa prevé un proceso de solicitud de cancelación a instancia de parte antes de que concluya el periodo de veinte o treinta años establecido[28]. Además, en caso de denegarse dicha solicitud, esta decisión sería recurrible ante una autoridad judicial[29], brindado "garantías adecuadas y efectivas del derecho a la vida privada y familiar"[30]. Por el contrario, en otros casos similares, como en *Aycaguer c. Francia* (22.9.2017) se ha reconocido este menoscabo por no prever el Estado la posibilidad de revisar los antecedentes a instancia de parte o estar desprovisto de recursos judiciales que aseguren que dicha pretensión pueda tener éxito[31].

Al igual que el registro de delincuentes sexuales francés, el español también ha establecido periodos de vigencia de los antecedentes que pueden llegar hasta los treinta años de duración, pero no ha incorporado mecanismos de cancelación anticipada a instancia de parte (tampoco de oficio) que permitan hacer decaer la medida cuando ya no sea necesaria pasado un tiempo. Además, como es lógico, tampoco ha dispuesto que la autoridad judicial intervenga en la revisión de la decisión en caso de dicha decisión sea rechazada. De este modo, el ordenamiento español carece de una valoración por parte de la autoridad judicial sobre la idoneidad de la medida en el caso

---

28 §68 *Gardel c. Francia.*

29 §68 *Gardel c. Francia.*

30 §69 *Gardel c. Francia.*

31 Se ha afirmado la existencia de una vulneración al derecho previsto en el art. 8 CEDH porque no se preveía la posibilidad de una revisión de los antecedentes a instancia de parte (caso *Aycaguer c. Francia*, §38 y 45) o la existencia de un mecanismo que asegure que efectivamente este pueda acabar siendo exitoso. Vid. casos *Trajkovski y Chipovski c. Macedonia del norte* (13.2.2020) y *Catt c. Reino Unido* (24.1 2019).

concreto[32] y, por consiguiente, vulnera el derecho a la vida privada y familiar (art. 8 CEDH).

En definitiva, con los argumentos expuestos esta normativa se consideró ilegítima, tal y como está configurada, incluso para adultos. A partir de ahora se apuntarán los argumentos de por qué también lo es cuando se aplica a menores de edad.

4. PERIODOS DE CANCELACIÓN DE ANTECEDENTES PARA MENORES DE EDAD

Precisamente en el trabajo que se ha mencionado se puso de manifiesto el desproporcionado periodo de vigencia de los antecedentes y, por tanto, de la inhabilitación para el ejercicio de profesiones con menores aplicable a los adultos, pero no se abordó la cuestión cuando afecta a menores infractores. La doctrina de forma casi unánime ha destacado el llamativo régimen de cancelación de antecedentes que establece el RD 1110/2015. Este atiende a la mayoría o minoría de edad de la víctima y del agresor y, en caso de que ambos sean adultos, a la gravedad del delito cometido[33]. Siguiendo este modelo en el artículo 10.1 del Real Decreto

---

32 Tal y como se exige en el caso *Aycaguer c. Francia* (STEDH de 22 de septiembre de 2017).

33 Ya en la EM del RD se adelanta este sistema "Si la víctima fuera mayor de edad, la cancelación se hace coincidir con la de los antecedentes penales, sin que se extienda la vigencia de la inscripción más allá de los efectos que el Código Penal establece atendiendo a la gravedad del delito cometido. Por el contrario, si la víctima tuviera la condición de menor de edad, se considera conveniente seguir un régimen distinto en relación con los límites temporales establecidos para la cancelación de los antecedentes penales y ampliar la duración de la inscripción hasta 30 años, atendiendo a la especifica función y finalidad de las inscripciones de este registro, que no se constituyen como una pena sino como una medida para la protección de la infancia y adolescencia. Ello no se opone a los principios de proporcionalidad, necesidad o reinserción pues no impide que los antecedentes penales sean cancelados en el

se regula la cancelación de los antecedentes del siguiente modo. Si el condenado es mayor de edad y la víctima menor, según el artículo 10.1 b del RD 110/2015 esta tendrá lugar a los 30 años. Ahora bien, si autor y víctima son mayores de edad o si el condenado lo hubiera sido por hechos cometidos durante su minoría de edad la regulación es diversa y "la cancelación se regirá por lo dispuesto en el capítulo VI del Real Decreto 95/2009, de 6 de febrero, en función de que las inscripciones tengan su origen en el Registro Central de Penados o en el Registro Central de Sentencias de Responsabilidad Penal de los Menores".

Si autor y víctima son mayores de edad, el artículo 19 del RD 95/2009 establece que la cancelación se hace coincidir con la de los antecedentes penales cuya regulación se encuentra fijada en el artículo 136 del Código penal y que recoge los siguientes plazos tras extinguirse la responsabilidad penal: a) Seis meses para las penas leves, b) Dos años para las penas que no excedan de doce meses y las impuestas por delitos imprudentes, c) Tres años para las restantes penas menos graves inferiores a tres años, d) Cinco años para las restantes penas menos graves iguales o superiores a tres años, e) Diez años para las penas graves. Ahora bien, si el condenado es menor de edad, con independencia de la edad de la víctima, el artículo 24 de ese mismo Real Decreto, establece que la cancelación de antecedentes se producirá "Trascurridos diez años, a contar desde que el menor hubiera alcanzado la mayoría de edad y siempre que las medidas judicialmente impuestas hayan sido ejecutadas en su plenitud o hayan prescrito, el Ministerio de Justicia procederá de oficio a la cancelación de cuantas inscripciones de sentencias referentes al mismo consten en el Registro".

---

plazo establecido legalmente, sin que dichas inscripciones sean consideradas a efectos de reincidencia. No obstante, si el condenado fuera menor de edad en el momento de la comisión del delito, no será de aplicación lo anterior, sino que se estará al plazo de cancelación de los antecedentes penales con la finalidad de posibilitar la reinserción de los menores infractores y evitar su estigmatización."

Según el Preámbulo del RD 1110/2015 la razón de esta remisión es "posibilitar la reinserción de los menores infractores y evitar su estigmatización". Sin embargo, este sistema de cancelación lejos de suponer un tratamiento atenuado respecto al adulto consigue el efecto contrario, pues establece un periodo automático bastante largo que no permite ser graduado en atención a las particularidades del caso concreto (gravedad del delito, circunstancias personales, familiares, etc.). Expuestos los periodos de cancelación y otras cuestiones generales de la norma, en las siguientes líneas pondré de manifiesto cuáles son los principios básicos del sistema de responsabilidad penal que toda la normativa menoscaba.

5. INCOMPATIBILIDAD CON EL PRINCIPIO EDUCATIVO

5.1. El principio educativo en la LORPM

El sistema de responsabilidad penal de menores está orientado político-criminalmente a la prevención de delitos e interviene exclusivamente cuando un menor comete una infracción penal. Por tanto, las razones por las que sancionamos a menores no son muy diferentes de las de los adultos cuando realizan comportamientos que menoscaban bienes jurídicos. Lo que sí es diferente es que en el ámbito de menores la estrategia de defensa social por la que ha optado el legislador es la canalizada a través de la educación, perdiendo importancia otros principios con mayor relevancia en el sistema de responsabilidad de adultos[34]. Es tal la importancia de este principio que

---

[34] Afirma FEIJOÓ SÁNCHEZ "No estamos ante algo distinto al Derecho penal, sino ante un Derecho penal distinto al de adultos" FEIJOO SÁNCHEZ, B. "Exposición de motivos", VV.AA. (DÍEZ MAROTO y VILLAREJO, J. dir). *Comentarios a la Ley Reguladora de la Responsabilidad Penal de los Menores*, Thomson-Civitas, 2018, p. 55. En

hay autores que lo han considerado el fundamento del sistema de responsabilidad penal de menores, pues existe el convencimiento de que hay más posibilidades de éxito si se renuncia a la prevención general en beneficio de la prevención especial[35].

Esa idea de que, en el sistema de responsabilidad penal de menores, a diferencia de lo que sucede en adultos, deben predominar los criterios educativos y resocializadores sobre los de una defensa social esencialmente basada en la prevención general, o incluso sobre otros criterios preventivo especiales como la inocuización, queda recogida en distintos pasajes de la EM de la LORPM. Especialmente claro es el legislador cuando afirma que "el principio de que la responsabilidad penal de los menores presenta frente a la de los adultos un carácter primordial

---

este sentido también JERICÓ OJER, que apunta que en este sector del ordenamiento no se abandona el Derecho penal, simplemente a la sanción juvenil se le arrebata como fin primordial el de la prevención general y en su imposición se atiende principalmente a razones de prevención especial positiva. JERICÓ OJER, L. "La relevancia práctica del principio acusatorio (mejor denominado, principio de proporcionalidad), en la LORPM (art. 8 párrafo segundo): ¿aplicación obligatoria de las medidas de internamiento al menor cuando, por idéntica infracción, el CP no prevé pena privativa de libertad para el adulto?", *Revista penal*, nº 31, 2013, pp. 140-160.

35 Así, LUZÓN PEÑA, D, M. *Lecciones de Derecho penal Parte general.* Tirant lo Blanch, 2016, p. 501. También MIR PUIG que considera que el fundamento del Derecho penal de menores es doble: se encuentra en que antes de cierta edad no concurre la imputabilidad pero también en que un tratamiento educativo es mejor desde el punto de vista político-criminal que el propio castigo. MIR PUIG, S. *Derecho penal. Parte general.* Reppertor, 2016, p.612. Para MUÑOZ CONDE es la menor imputabilidad del menor el fundamento del Derecho penal de menores pero reconoce que precisamente por encontrarse este en una etapa en la evolución cronológica de la madurez en el que la imputabilidad es todavía susceptible de modificarse es importante "influir en la socialización del menor que ha cometido un delito (...) a través de medidas educativas y correctoras de sus defectos de socialización". MUÑOZ CONDE, F. *Derecho penal Parte General.* Tirant lo Blanch. 2022, pp. 338.

de intervención educativa (...)"(EM I 4). También este explica que la reacción dirigida al menor debe ser una "intervención de naturaleza educativa" (EM II 7), o que estas "no pueden ser represivas, sino preventivo-especiales, orientadas hacia la efectiva reinserción y el superior interés del menor, valorados con criterios que han de buscarse primordialmente en el ámbito de las ciencias no jurídicas" (EM II 5). Pero se puede destacar el momento en el que el legislador afirma que "la reacción jurídica dirigida al menor infractor una intervención de naturaleza educativa, aunque desde luego de especial intensidad, rechazando expresamente otras finalidades esenciales del Derecho penal de adultos, como la proporcionalidad entre el hecho y la sanción o la intimidación de los destinatarios de la norma" (EM II 7). Con esta alusión, precisamente, destaca la coincidencia en los presupuestos con la responsabilidad penal de adultos (infracción de una norma penal) pero su especificidad por la diferencia en los fines y las estrategias preventivas[36].

El principio educativo es tan relevante que tiene carácter transversal, pues dota a todo el sistema penal juvenil de una serie de rasgos específicos que lo alejan considerablemente del de adultos y que tiene su reflejo en todos los ámbitos del sistema (Derecho penal, procesal y ejecución de la medida)[37]. En el Derecho penal de menores, la imposición de una medida debe perseguir siempre la educación del menor, sin que quepan otros fines. Para satisfacer dicho objetivo, el juez dispone

---

36 Así también lo considera FEIJOO SÁNCHEZ, B. "Exposición de motivos", VV.AA. *Comentarios a la Ley Reguladora de la Responsabilidad Penal de los Menores*, Thomson Civitas, 2018, p.57

37 CRUZ MÁRQUEZ, B. *Educación y prevención general en el derecho penal de menores*. Marcial pons, 2006, p. 23. De ahí que la propia EM exponga que "el principio de que la responsabilidad penal de los menores presenta frente a la de los adultos un carácter primordial de intervención educativa que trasciende a todos los aspectos de su regulación jurídica y que determina considerables diferencias entre el sentido y el procedimiento de las sanciones en uno y otro sector, sin perjuicio de las garantías comunes a todo justiciable" (EM I 4)

de una diversidad de sanciones (la mayor parte de ellas no privativas de libertad) para adaptarse a estas necesidades. Tampoco hay correlación entre infracción y medida, sino que el juez goza de una amplia discrecionalidad para adaptarlas al menor en base al principio de flexibilidad (art. 7.3 LORPM) teniendo en cuenta como límite superior la gravedad del delito, pero también sus circunstancias personales, familiares, sociales, etc. [38]. La ausencia de correlación entre delitos y medidas, y la existencia de un listado de sanciones que el juez escoge en atención a las necesidades educativas del menor, supone una gran diferencia con el Derecho penal de adultos, donde el catálogo de penas es reducido y la discrecionalidad del juez es mínima.

Por su parte, la orientación del proceso penal hacia fines preventivo-especiales también le otorga una configuración particular. De ahí que el legislador español, a diferencia del de otros países, haya optado por mantenerlos en un procedimiento separado de los adultos con independencia de la gravedad del delito cometido[39]. Para ello se ha configurado un proceso específico en el que destaca la variedad de soluciones posibles y la flexibilidad del procedimiento, así como el elevado grado de

---

38 Según el principio de flexibilidad recogido en el artículo 7.3 LORPM "Para la elección de la medida o medidas adecuadas se deberá atender de modo flexible, no sólo a la prueba y valoración jurídica de los hechos, sino especialmente a la edad, las circunstancias familiares y sociales, la personalidad y el interés del menor, puestos de manifiesto los dos últimos en los informes de los equipos técnicos y de las entidades públicas de protección y reforma de menores cuando éstas hubieran tenido conocimiento del menor por haber ejecutado una medida cautelar o definitiva con anterioridad, conforme a lo dispuesto en el artículo 27 de la presente Ley…"

39 Sobre los problemas de trasladar al menor a los tribunales de adultos o del modelo de "trasferencia" vid. AIZPURÚA GONZÁLEZ, E. y FERNANDEZ MOLINA, E. "¿Procedimientos de adultos para delitos mayores? Una aproximación a la opinión pública hacia la transferencia de los menores infractores a tribunales ordinarios." *Revista Electrónica de Ciencia Penal y Criminología*, nº 16, 2014, pp.1-18.

personalización. De este modo, lo que lo caracteriza es el amplio principio de oportunidad como vehículo de la desjudialización. En el ámbito de menores hay amplias medidas desjudializadoras, tanto con intervención alternativa (art. 19 LORPM) como sin intervención alternativa (art. 18 y 27.4 LORRP)[40]. La desjudializacion encuentra su fundamento en que, en muchas ocasiones, de cara a satisfacer el principio resocializador, es mejor no sancionar al menor. Esto se debe a que está demostrado que la delincuencia de menores es un fenómeno normal, estadísticamente hablando[41],consecuencia de la fase del desarrollo en la que se encuentra (necesidad de experimentar, búsqueda de nuevas sensaciones, falta de madurez, rebeldía, desorientación, etc.). De este modo, tras la llegada a la edad adulta decae de forma espontánea, sin intervención del sistema penal, continuando en la carrera delictiva sólo un pequeño porcentaje que varía entre el 5 y el 9%[42]. En esos casos una intervención punitiva puede ser contraproducente y ayudar a iniciar o a consolidar una carrera criminal. Por eso, el paso por el proceso penal debe ser justo el necesario para evitar la estigmatización. De hecho, precisamente para evitar esta, y que el menor asuma la etiqueta de delincuente y se acabe comportando como tal, el proceso penal de menores se caracteriza por que todos los plazos procesales se reducen respecto al ámbito de adultos. El objetivo es que la respuesta sancionadora no pierda su eficacia educativa debido al paso del tiempo.

---

40 La desjudialización sin medida se encuentra principalmente en el art 18 LORPM pero también en el artículo 27.4 LORPM (a propuesta del equipo técnico).

41 Así lo demuestran los estudios de cifra negra. Vid. FERNÁNDEZ MOLINA, E. y BARTOLOMÉ GUTIÉRREZ, E. "Juvenile crime drop: What is happening with youth in Spain and why?" *European Journal of Criminology*, nº17(3), 2020, pp. 306-331.

42 La curva de la delincuencia es bastante universal en todos los países occidentales LOEBER, R; FARRINGTON., D.; REDONDO, S. "La transición desde la delincuencia juvenil a la delincuencia adulta", *Revista española de investigación criminológica*, nº 9, 2011, pp. 1-41.

Otro ejemplo de que el proceso se configura para satisfacer necesidades educativas es el hecho de que los agentes que participan (juez, fiscal, etc.) son sujetos expertos en la materia. La justicia penal de menores está especializada. Destaca la figura del Equipo técnico, un órgano colegiado que no tiene un equivalente en la justicia de adultos, y que está conformado por un grupo de expertos sociales (formado por un trabajador social, un educador y un psicólogo) que sirve de apoyo al Fiscal y al Juez de menores. Entre otras tareas, realiza un informe en el que propone la medida a imponer y la duración más idónea para adaptarse a las necesidades educativas del menor (art. 27 LORPM). También revela la satisfacción de fines preventivo-especiales de este tipo la clara vigencia del principio de celeridad que hace que se reduzcan todos los plazos procesales respecto al proceso de adulto con el objetivo de evitar que transcurra más tiempo del deseable entre la comisión del hecho y la respuesta sancionadora de forma que esta pierda su función pedagógica[43].

Se persiguen fines preventivo-especiales no solo con la imposición de una medida o en el proceso, sino también durante la fase de ejecución. Aquí también encontramos diferencias con el sistema de responsabilidad penal de adultos. Como demuestra la evidencia científica, el menor suele ser muy permeable al tratamiento por lo que su evolución suele ser cambiante. Por eso, la LORPM (arts. 13, 40, 51) prevén mecanismos que permiten dejar sin efecto la medida, modificarla por otra o continuarla, es decir, adaptarse a las circunstancias del menor. De este modo, salvo excepciones, el juez puede darla por terminada antes de su cumplimiento si ya se han satisfecho los fines educativos que motivaron su imposición.

---

[43] Aunque no es un principio recogido expresamente, tiene especial relevancia en el ámbito de menores, pues los plazos procesales se reducen considerablemente respecto a adultos para evitar que la respuesta sancionadora-educativa se pierda con el paso del tiempo.

Se puede decir que es tal la apuesta que hace el legislador por asegurar este principio que no se ha limitado a garantizarlo durante el periodo en que el menor está sometido al sistema penal, sino que ha dispuesto mecanismos para que los logros obtenidos se mantengan, o al menos no se malogren, tras su paso por este. Con la intención de que el menor no sea estigmatizado o sufra una regresión en el tratamiento, el legislador configura la LORPM para evitar que el paso por el sistema de justicia le suponga un perjuicio, impidiendo que los antecedentes penales tengan relevancia una vez adquirida la mayoría de edad[44]. Así, según la Disposición adicional tercera de la LORPM, estos solo tendrán efectos limitados en el sistema de responsabilidad penal de menores y los datos sólo podrán ser utilizados por los Jueces de Menores y por el Ministerio Fiscal.

Que los antecedentes penales adquiridos durante la minoría de edad no sean tenidos en cuenta tras la mayoría de edad es un rasgo de la LORPM que, con alguna excepción, ha suscitado un gran consenso[45]. Como afirma FEIJOÓ SÁNCHEZ, "existe

---

44 De hecho, defiende que en España, a diferencia de lo que sucede en otros países, no tienen efectos los antecedentes penales de delitos cometidos durante la minoría de edad (incluso tras la entrada en vigor del RD 1110/2015. PÉREZ JIMÉNEZ, F. "Capítulo 14. Cesta 9. Sistema de justicia juvenil", VV.AA. (GARCÍA ESPAÑA, E. y CEREZO DOMÍNGUEZ, A.I., editoras), *La exclusión social generada por el sistema penal: su medición internacional por rimes,* Tirant lo Blanch, 2023, p. 380. Según el estudio realizado, Polonia y España serían los únicos países de los investigados en los que los antecedentes penales adquiridos durante la minoría de edad no tienen efectos una vez llegado a la edad adulta. Sin embargo, sí tendrían efectos en California, Nueva York, Alemania, Italia, Inglaterra y Gales.

45 Hasta que en 2019 apareció en prensa que una de las chicas de San Fernando condenada por el asesinato de su amiga Klara estaba trabajando en Reino Unido en una escuela infantil. Vid notica del Diario de Cádiz de 24 de junio de 2019 "La maestra era una asesina"(https://www.diariodecadiz.es/noticias-provincia-cadiz/asesinas-Klara-acabo-clases-Oxford_0_1366963489.html) o del diario El español de 23 de junio de 2019 "Iria, de matar a una amiga en Cádiz para ser famosa a maestra

un amplio acuerdo en que un fallo en la adolescencia no puede marcar a una persona toda la vida y el Derecho penal no debe representar una losa para retomar una «vida normal», aunque por el camino el menor se haya desviado puntualmente en su tránsito a la vida adulta"[46]. Por eso, aunque no estuviese avalado por razones empíricas, no es legítimo prescindir de él para sujetos que no han completado sus procesos de formación. Sin embargo, precisamente los estudios sobre la materia refrendan la orientación del sistema de responsabilidad penal de menores al principio educativo. En primer lugar, porque, como se ha apuntado, la criminalidad a estas edades es un fenómeno normal, ubicuo y pasajero. Son numerosos los menores que cometen delitos. Si su comisión es algo excepcional en el caso de los adultos resulta algo habitual en el desarrollo de la etapa adolescente. Es ubicua porque se presenta con independencia de género, clase social, nacionalidad, etc. y pasajera en la medida que tiende a remitir de forma espontánea una vez llegada la edad adulta, con independencia de la intervención de instancias de control social formal[47]. Esto significa que la mayoría de las veces la me-

---

en Oxford: así ha huido una de las 'brujas' (https://www.elespanol.com/reportajes/20190623/iria-matar-cadiz-famosa-maestra-oxford-brujas/408459465_0.html).

46 FEIJOÓ SÁNCHEZ, B. "Exposición de motivos", VV.AA. *Comentarios a la Ley Reguladora de la Responsabilidad Penal de los Menores,* Thomson-Civitas, 2018, p. 66

47 Muchos jóvenes cometen delitos durante su adolescencia pese a lo cual son muy pocos los que persisten en la actividad delictiva e incrementan la gravedad de sus acciones. Ese pequeño grupo de delincuentes persistentes oscila, según el estudio, entre el 5 y el 8% del total según el estudio. MOFFIT, T.E. "Male antisocial behaviour in adolescence and beyond", *Nature Human Behaviour,* nº 3 (2), 2018, pp.1-11. Que la delincuencia de menores es normal y limitada a la adolescencia se vislumbra en los datos sobre menores. Sobre la curva de la edad del delito y la persistencia delictiva ver la interesante revisión bibliográfica de LOEBER, R; FARRINGTON, D.; REDONDO, S. "La transición desde la delincuencia juvenil a la delincuencia adulta". *Revista española de investigación criminológi-*

jor intervención sancionadora-educativa debería ser mínima o incluso inexistente, pues se ha comprobado que una intervención exclusivamente punitiva es contraproducente[48]. De hecho, está demostrada la vulnerabilidad de los menores ante los efectos negativos de la sanción, de tal modo que una intervención educativa ofrece mayores visos de fomentar su resocialización que una sancionadora-punitiva, que puede tener consecuencias destructivas en estos, pues estigmatiza y promueve la "carrera criminal"[49]. Además, también se ha revelado el escaso efecto

---

ca, nº9 (2011), pp. 1-41. En el ámbito español podemos acudir a los resultados de las encuestas de autoinforme de RECHEA, en la que llega a la conclusión de que un 98,8 % de los menores comete conductas antisociales aunque las más graves tienen un nivel bajo prevalencia. No obstante, hay que destacar que el porcentaje es tan elevado porque incluye comportamientos antisociales no delictivos. RECHEA ALBEROLA, C. *Conductas antisociales y delictivas de los jóvenes de España.* Informe para el Consejo del Poder Judicial, 2008. Disponible en línea en https://ruidera.uclm.es/xmlui/bitstream/handle/10578/21379/17.pdf?sequence=1&isAllowed=y, p. 12.

48 FERNANDEZ MOLINA, E y BERNUZ BENEITEZ, M.J. *Justicia de menores,* Síntesis, 2019, p.20. De hecho, hay estudios que ponen de relieve lo escasamente eficaz en reducir la reincidencia que son determinadas medidas de supervisión intensiva posteriores a la condena (monitorización, análisis de drogas, etc.) BOUCHARD, J. y WONG. J.S."Examining the Effects of Intensive Supervision and Aftercare Programs for At-Risk Youth: A Systematic Review and Meta-Analysis." *International Journal of Offender Therapy and Comparative Criminology,* 62(6), 2018, pp. 1509–1534. También se ha demostrado cómo la imposición de una medida más punitiva como las medidas en medio cerrado arrojan más niveles de reincidencia que aquellas en medio abierto. vid. SAN JUAN, C.; OCÁRIZ, E. y DE LA CUESTA, J.L. "Evaluación de las medidas en medio abierto del Plan de Justicia juvenil de la Comunidad autónoma del País Vasco", *Boletín Criminológico,* nº 96, 2007, pp. 1-4.

49 De hecho, muchos jóvenes que cometen delitos en las edades de entre 18 a 20 años y son dispuestos a disposición de la justicia penal (recibiendo una respuesta menos educativa y de carácter más preventivo-general) probablemente habrían desistido del delito de forma natural en los años sucesivos, convirtiéndose así su paso por el sistema de justicia

intimidatorio que la intervención penal tiene en general en la conducta adolescente[50]. Y finalmente, el argumento educativo tiene su fundamento en que, al encontrarse en una fase de desarrollo de su personalidad, este responde mejor que el adulto al tratamiento[51]. De hecho, los países que tienen incorporados en sus ordenamientos sistemas de transferencia de adolescentes a proceso penal de adultos o a prisiones de adultos arrojan mayores índices de reincidencia. La explicación es que, además del contagio criminógeno que se produce con los adultos, se envía a los menores a un sistema con menor vocación educativa (macrocentros, donde los profesionales desempeñan un rol más policial que educativo, etc.)[52].

---

como un factor que contribuye más a crear una carrera criminal que reducirla o eliminarla. Vid. LOEBER, R. FARRINGTON, D. y REDONDO, S. "La transición…"cit.

50 REDDING, R.E. "Juvenile Transfer Laws: An Effective Deterrent to Delinquency?", *Juvenile justice Bulletin,* june (2010), pp.1-12. Disponible en línea en: https://www.ojp.gov/pdffiles1/ojjdp/220595.pdf.

51 Como afirman FERNÁNDEZ MOLINA y BERNUZ BENEITEZ "La adolescencia posiblemente sea uno de los mejores momentos para intervenir educativamente con los jóvenes, puesto que su capacidad para aprender y rectificar determinados comportamientos y pautas de conducta es mucho mayor." FERNANDEZ MOLINA, E y BERNUZ BENEITEZ, M.J. *Justicia de menores,* p. 20. Sobre lo eficaz que ha sido la terapia cognitiva conductual y la terapia multisistémica en reducir la reincidencia en menores vid. HOOGSTEDER, L. (*et al*)."A meta-analysis of the effectiveness of individually oriented cognitive behavioral treatment (CBT) for severe aggressive behavior in adolescents." *The Journal of Forensic Psychiatry & Psychology,* nº 266(1), 20, pp. 22 -37; TIMMONS-MITCHEL, J. (*et al.*) "An Independent Effectiveness Trial of Multisystemic Therapy With Juvenile Justice Youth." *Journal of Clinical Child and Adolescent Psychology,* nº 35, 2006, pp.227–36.

52 AIZPURÚA GONZÁLEZ, E. y FERNANDEZ MOLINA, E. "¿Procedimientos de adultos…"? cit.

La cuestión es ¿Cómo se debe interpretar el principio educativo? La doctrina considera que se trata de una dinámica educativa que se encuentra circunscrita a la prevención de la reincidencia o, al menos, que tiene como objetivo una vida adulta apartada del delito (prevención de la consolidación de las carreras delictivas), procediendo, por ejemplo, a activar procesos educativos, socializadores o integradores cuando la comisión del delito obedece a deficiencias que hacen que el menor encierre peligrosidad criminal si no se combaten[53]. En su esencia es coincidente con el principio de resocialización de carácter constitucional, pero en el caso de los menores no es apropiado este término pues en estos no ha concluido el proceso de adquisición de las habilidades imprescindibles para vivir en sociedad sin delinquir y, por ello, estos "no pueden recuperarlas ni pueden recuperar una vida en sociedad como personas autónomas"[54]. Ahora bien, como apunta CRUZ MÁRQUEZ, durante la ejecución de la medida debe ser entendido desde la perspectiva del menor y de sus necesidades pedagógicas y no tanto, desde razones e intenciones de política criminal[55]. Así, "a diferencia de la respuesta sancionadora, cuya imposición se centra en el hecho cometido y está dirigida a la defensa social, la intervención educativa debe dirigirse a la consecución de tres objetivos principales:1) fomentar el aprendizaje, 2) ofrecer refuerzos y recursos para poder conseguir los aprendizajes, 3) obtener modificaciones para el cambio. Esto que exige atender a las circunstancias personales y contextuales del menor no sólo al valorar su responsabilidad penal, sino también a la hora

---

53 FEIJOÓ SÁNCHEZ, B. "Exposición de motivos", VV.AA. *Comentarios a la Ley Reguladora de la Responsabilidad Penal de los Menores,* Thomson-Civitas, 2018, pp. 58 y 59. En el mismo sentido también GARCÍA PÉREZ, O. "La posición del menor y el perjudicado en el Derecho Penal de menores", *Estudios jurídicos. Ministerio Fiscal.*, nº 1, 2002, pp. 707-741.

54 CARDENAL MONTRAVETA, S. *La responsabilidad penal de los menores,* Tirant lo Blanch, 2022, p.90.

55 CRUZ MÁRQUEZ, B. *Educación y prevención general...*cit. p. 26.

de decidir y modular la intervención a desarrollar sobre la base del modelo educativo practicado"[56].

Aunque constituya un postulado básico de la justicia juvenil, el alcance del principio educativo ha sido bastante limitado. Por un lado, lo ha acotado el propio el Tribunal Constitucional realizando una interpretación restrictiva de este en su STC 169/2012, de 20 de septiembre (BOE nº 250, 17.10.2012), en la que resuelve la constitucionalidad por la posible vulneración de los artículos 14 y 25.2 CE de los periodos de seguridad que impiden al juez modificar, suspender o sustituir la medida de internamiento en régimen cerrado hasta que no haya transcurrido la mitad de la medida impuesta cuando el menor comete un delito de extrema gravedad y tiene dieciséis o diecisiete años (art. 10.2 b) LORPM). En este caso, la Fiscalía calificó los hechos cometidos por el menor como un delito de incendio en grado de tentativa (arts. 351 y 16 CP) y un delito de tenencia de sustancias inflamables con fines terroristas (art. 577 CP) solicitando una medida de internamiento en régimen cerrado de un año. A lo largo del proceso este cumple tres meses de medida de internamiento cautelar en régimen cerrado, pero una vez dictada sentencia se considera que no es conveniente el reingreso en el centro tal y como obliga el 10.2 b) de la LORPM, pues queda acreditado que el menor "está completamente rehabilitado y socializado", se ha mostrado arrepentido y su comportamiento en el centro ha sido ejemplar.

Aunque el TC tiene en cuenta la importancia del principio resocializador en el proceso de menores y sus diferencias con respecto al de adultos (FJ 3b), llega a la conclusión de que una mayor proporcionalidad entre la gravedad del hecho cometido y la respuesta sancionadora ofrecida es compatible con dicho principio "pues el sistema sigue dejando en manos del juez, en último caso, la valoración y ponderación de ambos principios de modo flexible y en favor de la óptima individualización de

---

56 CRUZ MÁRQUEZ, B. *Educación y prevención general*...cit. p.27.

la respuesta." (FJ 3b). Así el TC insiste en que por más que pueda tener más importancia en el sistema penal de menores, la reinserción social no es el único fin de la pena (FJ 5) y que sólo una norma "que impidiera de modo radical tal posibilidad sí resultaría contraria al art. 25.2 CE" (FJ 5). Esta interpretación restrictiva del principio resocializador, con la que sólo se vulnera si la medida estatal lo impide "de forma radical", ha sido reiterada recientemente por el TC en la sentencia sobre la constitucionalidad de la pena de prisión permanente revisable (169/2021, de 6 de octubre de 2021, BOE Nº 368, 9.11.2021). Sin embargo, coincido con lo que establecen los votos particulares, así como algunos autores, esa interpretación es contraria a la redacción del propio art. 25.2 CE. Como afirman ATIENZA y JUANATEY DORADO para la sentencia sobre la constitucionalidad de la prisión permanente revisable, lo contenido en el 25.2 CE es un mandato de optimización: una obligación de obtener ese fin en la mayor medida posible, por lo tanto, "lo que tendría que haber examinado el Tribunal no es si la reinserción quedaba o no anulada con la regulación de la pena, sino si esa regulación tendía o no a favorecer la reinserción a la que el interno tiene derecho." [57]. En este caso, la respuesta en ambos supuestos debería haber sido la misma. Se tendría que haber declarado la inconstitucionalidad de ambas medidas, más aún si tenemos en cuenta la preeminencia de este en el ámbito de menores.

No obstante, las mayores vulneraciones del principio educativo no proceden de las interpretaciones realizadas por los tribunales a la hora de aplicar la LORPM, sino de decisiones legislativas que se han ido sucediendo desde su promulgación, e incluso desde antes[58]. Hay que destacar especialmente aquellas

---

[57] Críticos con este argumento ATIENZA, M. y JUANATEY DORADO, C. "Comentario a la STC sobre la prisión permanente revisable" *Diario la Ley*, nº 10017, 2022, pp.1-7.

[58] LO 7/2000, de 22 de diciembre;9/2000, de 22 de diciembre; 9/2002, de 10 de diciembre; 15/2003, de 25 de noviembre; 8/2006, de 4 de

llevadas a cabo mediante la LO 7/2000, de 22 de diciembre (durante la *vacatio legis* de la LORPM) y la LO 8/2006, de 4 de diciembre (que entró en vigor el 5 de febrero de 2007)[59]. Estas modificaciones han sido criticadas de forma unánime por la doctrina por aproximar la legislación penal de menores a la de adultos, en la medida que han introducido parámetros preventivo-generales o aseguradores en una legislación en la que originariamente estaban ausentes[60]. Entre los muchos ejemplos que se suelen citar está la introducción de la prohibición de aproximarse a la víctima como medida independiente y ajena a la libertad vigilada; el incremento de la duración del internamiento en régimen cerrado; la ampliación de los supuestos para poder imponer el internamiento en régimen cerrado; el adelanto de los veintitrés a los veintiuno del paso obligatorio al centro penitenciario de adultos de forma general y en ciertos casos a los dieciocho años "si la conducta de la persona internada no responde a los objetivos propuestos por la sentencia"

---

diciembre; y, por último, 8/2012, de 27 de diciembre.

59 FEIJOO SÁNCHEZ, B. "Exposición de motivos"...cit., p.60.

60 Como acertadamente pone de manifiesto GARCÍA MAGNA, todas estas reformas de la LO 5/2000 han ido introduciendo el modelo de seguridad ciudadana en la legislación penal de menores. Vid. GARCÍA MAGNA, D. "Un ejemplo más de política legislativa securitaria: análisis del discurso del legislador español en el ámbito de derecho penal juvenil", *Revista Brasileira de Ciências Criminais,* 2018 (147), pp. 115-140. También críticos con las sucesivas reformas de la LORPM: GARCÍA PÉREZ, O. "La reforma de 2006 del sistema español de justicia penal de menores", *Política Criminal: Revista Electrónica Semestral de Políticas Públicas en Materias Penales,* nº. 5, 2008, pp.1-31; FERNÁNDEZ MOLINA, E. y RECHEA ALBEROLA, C. "¿Un sistema con vocación de reforma?: La Ley de Responsabilidad Penal de los Menores", Revista española de investigación criminológica, 2006, nº4, pp. 1-34; VAELLO ESQUERDO, E. "La incesante aproximación del derecho penal de menores al derecho penal de adultos", *RGDP,* nº 11, 2009, pp. 1-40; CANO PAÑOS, M.A. "¿Supresión, mantenimiento o reformulación del pensamiento educativo el en derecho penal juvenil? Reflexiones tras diez años de aplicación de la Ley Penal del Menor", *Revista española de Ciencia penal y Criminología,* nº 13, 2011, pp.1-55.

(art. 14.1 LORPM); la eliminación de la cláusula que permitía aplicar el sistema de responsabilidad penal de menores a los jóvenes adultos (18-21 años), la aplicación de la medida prescriptiva de internamiento en régimen cerrado, la inclusión de la medida de inhabilitación absoluta[61], el establecimiento de periodos de seguridad en la medida de internamiento en régimen cerrado (art 10.1 b y 10.2 b LORPM) en los que no se pueden ejercer las facultades modificativas o sustitutorias del art 13 y del 51.1 de la LORPM hasta transcurrido un tiempo de duración de la condena, etc.

La doctrina considera que estas modificaciones han dado lugar a que en el sistema penal de menores coexistan dos modelos político-criminales distintos con características diferenciadas, lo que complica la tarea de sistematización e interpretación a los operadores jurídicos[62]. Por un lado, se encuentra el modelo original en el que predominan criterios educativos y resocializadores y que se mantiene para casos de delitos imprudentes y delitos dolosos en los que no concurren los factores a los que hace referencia el art. 9.2 LORPM. Para estos se puede decir que se mantiene como regla general la desjudialización y las medidas de carácter ambulatorio. Y, por otro, se encuentra la respuesta para los hechos delictivos más graves en el que el modelo es más represivo y la discrecionalidad del juez es menor y cuya respuesta principal al delito cometido es el internamiento en régimen cerrado[63].

Como apunta FEIJOÓ SÁNCHEZ, la severidad de las medidas no ha sido el principal motivo por el que las reformas penales en materia de menores han difuminado las diferencias con

---

61 Calificado como una muerte civil por DOMÍNGUEZ IZQUIERDO, E.M. "El interés superior del menor la proporcionalidad en el Derecho penal de menores: contradicciones del sistema", *El Derecho penal de menores a debate. I Congreso Nacional sobre Justicia Penal juvenil*, 2010, p. 98.

62 FEIJJOO SÁNCHEZ, B. "Exposición de motivos"...cit. pp. 60 y 61.

63 FEIJJOO SÁNCHEZ, B. "Exposición de motivos"...cit. pp. 60 y 61.

respecto al Derecho penal de adultos pues, como apunta este autor, estas siempre se pueden dejar sin efecto, reducir o sustituir[64]. El principal problema radica en limitar la flexibilidad en la respuesta, restringiendo las posibilidades de diversificación y desinstitucionalización y abocando de forma rígida a los jueces al internamiento. Como afirma este autor, el artículo 10 de la LORPM con sus "reglas especiales de aplicación y duración de las medidas es el paradigma de este cambio, pues recoge delitos que exigen la aplicación obligatoria de internamiento en régimen cerrado, así como establece un tiempo mínimo de internamiento en régimen cerrado para poder ejercer las facultades de modificación o sustitución de la medida, contradiciendo uno de los pilares del sistema penal de menores que marca la diferencia con respecto al de adulos es el de la flexibilidad en la adopción y ejecución de las medidas aconsejadas por las circunstancias del caso concreto (EM II 6)"[65].

Ahora bien, el hecho de que se desdibujen progresivamente los principios que inspiraron la LORPM, entre ellos el principio educativo, y se incorporen medidas propias del modelo de seguridad ciudadana no es una novedad. Lo que sí supone un cambio es la forma en que estos tienen lugar. Hasta ahora, habían sido consecuencias de las sucesivas reformas operadas en la LORPM propiciadas por los delitos graves cometidos por menores de edad de los que se hizo eco la prensa durante la década de los dos mil y que causaron un gran impacto en la opinión pública. Sin embargo, desde hace tiempo las modificaciones en este sector del ordenamiento se están produciendo principalmente de forma indirecta mediante reformas que tienen como objetivo

64 FEIJOÓ SÁNCHEZ, B. "Capítulo XVI. Bases dogmáticas de la responsabilidad penal de los menores", VV.AA. (ABADÍAS SELMA, A.; CÁMARA ARROYO, S. y SIMÓN CASTELLANO, P. coord.). *Tratado sobre delincuencia juvenil y responsabilidad penal del menor a los 20 años de la Ley Orgánica 5-2000, de 12 de enero, reguladora de la responsabilidad penal de los menores.* Wolter Kluwer, 2021, p.323

65 FEIJOÓ SÁNCHEZ, B. "Capítulo XVI..." cit. p. 323.

principal la legislación de adultos[66], tal y como ha sucedido con las de 2010 y 2015. Tras estas, como ya se ha expuesto a lo largo de este trabajo, se ha reforzado la tutela penal del menor de edad, se han incorporado delitos nuevos habitualmente cometidos por menores, se ha aumentado la edad de consentimiento sexual y las penas de algunos de ellos, lo que ha tenido consecuencias para los adolescentes infractores.

No obstante, también se han promulgado leyes que, aunque su objetivo principal era dirigirse a un destinatario adulto, han aprovechado para modificar la legislación de menores. Así ha sucedido con la reciente Ley Orgánica 10/2022, de 6 de septiembre, de garantía integral de la libertad sexual, en la que el legislador, sin ofrecer argumentos que expliquen dicha decisión, incorporó una disposición final séptima que reformó la LORPM para incluir entre los delitos más graves que exigen la imposición obligatoria del internamiento en régimen cerrado (10.2 LORPM) todos los delitos sexuales[67]. Afortunadamente, esto ha sido parcialmente subsanado por la Ley Orgánica 4/2023, de 27 de abril, para la modificación de la Ley Orgánica 10/1995, de 23 de noviembre, del Código Penal, en los delitos contra la libertad sexual, la Ley de Enjuiciamiento Criminal y la Ley Orgánica

66 La estrecha relación que mantienen la legislación penal de menores y la de adultos, que no se limita a compartir el mismo ámbito objetivo (art 1 LORPM), ha dado lugar a que las continuas modificaciones en el Código penal tengan su impacto en la LORPM. Vid. JERICÓ OJER, L. "El impacto (probablemente no previsto) de la reforma del Código penal operada por la LO 1/2015, de 30 de marzo en el Derecho penal de menores", *Revista electrónica de ciencia penal y criminología*, nº 24, 2018, pp. 1-56.

67 Esto supuso una considerable agravación, pues antes de 2022 los únicos delitos sexuales que se encontraban en este precepto eran las agresiones sexuales cometidas con violencia o intimidación agravadas porque su comisión se realizaba con acceso carnal (anterior 179 CP) o aquellas otras que, sin acceso carnal, se agravan por determinadas circunstancias (180 CP).

5/2000, de 12 de enero, reguladora de la responsabilidad penal de los menores.

5.2. La incompatibilidad de la medida con el principio educativo

Aunque han sido muchas las reformas que han cuestionado los fines preventivo-especiales del sistema de responsabilidad penal de menores, pocas son tan contrarias a estos como la inscripción de adolescentes en un registro de delincuentes sexuales que conlleva la aplicación de una inhabilitación para el ejercicio de profesiones con menores por un periodo de diez años tras adquirir la mayoría de edad. Esto se debe a que con dicha medida se satisface una finalidad principalmente preventivo-especial pero no educativa, pues no es capaz de activar procesos pedagógicos, socializadores o integradores de cara a evitar la reincidencia, combatiendo los factores de riesgo existentes en casos de que la comisión del delito obedezca a un déficit o responsabilizando al menor por el hecho cometido.

Estamos ante una medida preventivo-especial pero de carácter inocuizador, dirigida a evitar la reincidencia mediante el aislamiento social del sujeto[68]. Esto implica que los efectos que se derivan de su imposición no sólo no son educativos, sino todo lo contrario, son sumamente desocializadores y estigmatizadores, pues, en primer lugar, supone identificar al menor

---

68 Aunque también tiene contenido aflictivo o retributivo. Como apunta VALEIJE ÁLVÁREZ, "la carga aflictiva de las inhabilitaciones puede ser incluso mayor que la de una pena de prisión, sobre todo si es corta, porque, aunque la incidencia de las privaciones sobre las libertades fundamentales no es igual en todas ellas no debemos olvidar que estas privan de manera segura e inmediata al condenado de importantes derechos y facultades incluso de forma indefinida". VALEIJE ÁLVAREZ, I. *De las penas accesorias a las penas complementarias La descripción de un proceso legislativo inacabado.* Tirant lo Blanch, 2021, p. 258.

no sólo como delincuente, sino como delincuente sexual[69]. Aunque son más difamatorias aquellas bases de datos que se configuran con un amplio grado de publicidad, permitiendo el acceso a la información e incluso disponiendo de sistemas de notificación a los particulares, tal y como sucede en Estados Unidos[70], estos efectos también son predicables del nuestro[71].

En segundo lugar, es una medida que frustra la reinserción del menor, pues el ejercicio de una profesión es uno de los factores de protección más consolidados empíricamente en la Criminología[72]. Aunque recientemente el legislador haya opta-

---

69 Estudios realizados en Estados Unidos demuestran que los menores inscritos en el registro ponen de manifiesto sufrir de problemas mentales, acoso o trato injusto, problemas escolares, de vivienda, etc. HARRIS, A.J., WALFIELD, S.M., SHIELDS, R.T. y LETORNEAU,E.J. "Collateral consequences of juvenile sex offender registration and notification: results from a survey of treatment providers", *Sexual Abuse: A Journal of Research and Treatment,* 28(8), 2016, pp. 770-790.

70 THOMAS, T. "European Developments in Sex Offender Registration and Monitoring", *European Journal of Crime, Criminal Law and Criminal Justice,* nº18, 2010, pp. 403-415.

71 Como afirma ROBLES PLANAS esta configuración del registro con un gran acceso público "deja en manos de los particulares el procesar el alcance y significado de tales datos, lo que unido al alarmismo inherente de la lógica de la seguridad lleva necesariamente a la estigmatización y exclusión permanente de la vida social de quienes ya han cumplido su condena. Toda una invitación a las llamadas "reacciones informales" que están muy lejos del pretendido ideal de seguridad." ROBLES PLANAS, R. "«*Sexual predators*». Estrategias y límites del Derecho penal de la peligrosidad", *Indret,* nº4, 2007, pp. 1-25.

72 No se ha podido demostrar que el empleo fomente el desistimiento del delito, pero sí que es cierto que el desempleo se asocia con una mayor delincuencia tanto en adultos como en menores. LOEBER, R; FARRINGTON, D.; REDONDO, S. "La transición…".cit. Demuestran empíricamente la importancia del trabajo como vínculo capaz de cortar una carrera criminal LAUB y SAMPSON, que consideran que conseguir una buena situación laboral (junto al vínculo de pareja) es un factor de protección que evita que los menores que han cometido un delito durante la minoría de edad no continúen una carreta delictiva

do por interpretar de forma restrictiva el concepto "profesiones con menores"[73], la medida impide el acceso a un amplio sector del mercado laboral, pues son numerosos los puestos de trabajos que se ejercen con menores[74]. Esta medida dificulta al infractor realizarse profesionalmente en ámbitos laborales tan dispares, y a la vez tan comunes, como la enseñanza, la medicina infantil (pediatría, enfermería, psicología, fisioterapia, terapia visual...), la animación sociocultural, el voluntariado en ONGs que tengan contacto habitual con estos, el transporte escolar y un largo etcétera. Y lo peor es que, a diferencia de lo que sucede con los adultos, tiene efectos casi de por vida, lo que vulnera el derecho al libre desarrollo de su personalidad. Y digo esto porque, aunque la prohibición tiene una duración de diez años, esta comienza a ser efectiva tras el cumplimiento de la mayoría de edad[75] y se mantiene vigente en el periodo vital en el que la persona adopta las decisiones más importantes sobre la dirección de su futuro laboral.

En definitiva, su introducción contradice claramente la opción político-criminal por la que siempre ha optado el legislador en el ámbito de menores: que el paso por el sistema penal

---

durante la edad adulta LAUB, J.H. y SAMPSON, R.J. *Shared beginnings, divergent lives. Delinquent boys to age 70,* Cambridge Harvard University press, 2003, pp. 38-60.

73 La Ley Orgánica 8/2021, de 4 de junio, de protección integral a la infancia y la adolescencia frente a la violencia, en la que el legislador en el apartado 2 del art. 57 ha afirmado que el término actividades se limita únicamente a "todas aquellas, retribuidas o no, que por su propia naturaleza y esencia conllevan el trato repetido, directo y regular y no meramente ocasional con niños, niñas o adolescentes, así como, en todo caso, todas aquellas que tengan como destinatarios principales a personas menores de edad.".Es decir, ha optado por el concepto restrictivo de profesiones con menores por el que ya había optado la Agencia de protección de datos en su informe núm. 0401/2015.

74 FERNÁNDEZ CABRERA, M. "La naturaleza jurídica de la normativa..." cit.

75 Así lo establece el art. 24 del RD 1110/2015

sea inocuo para el infractor una vez cumplida la mayoría de edad, lo que significa que este no despliegue el más mínimo efecto estigmatizador o desocializador que haga peligrar los objetivos alcanzados durante el tratamiento penal, impidiéndole llevar una vida plena. Así, cualquier medida que limite a los condenados menores de edad el acceso al mercado laboral, a ciertas prestaciones sociales o a ciertos derechos políticos, etc. o que de cualquier modo entorpezca o dificulte los avances educativos logrados durante el proceso no podría ser calificada sino como contraria a este principio fundamental de la LORPM.

Estos efectos desocializadores son mayores que los que conllevan otras sanciones incluidas en la LORPM anteriormente mencionadas, pues, por un lado, estamos ante una medida postcondena que deshace los logros alcanzados durante el cumplimiento de la condena impuesta. Y, por otro, al regularse al margen de la jurisdicción de menores, impide, a diferencia del resto de sanciones previstas en el art. 7 de la LORPM, que esta sea interpretada conforme a los principios inspiradores de la LORPM. Así, al contrario que la medida de alejamiento de la víctima del art. 7.1 i) o de la inhabilitación absoluta 7.1 ñ), cuya inclusión en el ordenamiento jurídico también fue duramente criticada por la doctrina por ser satisfacer únicamente fines preventivo-generales, la inhabilitación para el ejercicio de profesiones con menores que conlleva la inscripción en el RCDS no podrá ser suspendida, modificada o sustituida atendiendo a necesidades educativas[76].

---

76 Hasta el alejamiento se ha podido interpretar en clave educativa. Vid. BALSA URÓS, A. L.; SIERRA ROBLES M.C. (*et a.l*) "El alejamiento en la justicia juvenil, una propuesta socioeducativa", *Revista de Educación social*, nº 28, 2019, pp. 1-10.

6. INCOMPATIBILIDAD CON EL PRINCIPIO DEL SUPERIOR INTERÉS DEL MENOR

6.1. El superior interés del menor y su diferencia con el principio educativo

Como en toda la legislación de menores, intervengan instituciones públicas o privadas, el sistema de responsabilidad penal también consagra como lineamiento fundamental el principio del superior interés del menor. Son numerosas las ocasiones en las que la EM de la LORPM hace referencia a este principio rector. Esta recoge que "en el Derecho penal de menores ha de primar, como elemento determinante del procedimiento y de las medidas que se adopten, el superior interés del menor" (EM II 7). Respecto a las medidas afirma que "no pueden ser represivas, sino preventivo-especiales, orientadas hacia la efectiva reinserción y el superior interés del menor, valorados con criterios que han de buscarse primordialmente en el ámbito de las ciencias no jurídicas" (EM I 5). Y sobre dicho interés afirma posteriormente, este "ha de ser valorado con criterios técnicos y no formalistas por equipos de profesionales especializados en el ámbito de las ciencias no jurídicas" (EM II 7).

Aunque el legislador lo menciona en diversas ocasiones, hay quien considera que no es adecuado hablar del superior interés del menor en el ámbito de un sistema de responsabilidad penal, pues "parece reflejar la vieja idea (tutelar) de que la pena no es un mal sino un bien para el delincuente con los riesgos que ello conlleva de cara a las garantías"[77]. Según GARCÍA PÉREZ, en "el Derecho penal juvenil, como en el de los adultos, las medidas no se imponen en interés de los menores sino de la sociedad, que no puede tolerar el daño social que

---

[77] GARCÍA PÉREZ O. "La evolución del sistema de justicia penal juvenil. La Ley de Responsabilidad Penal del Menor de 2000 a la luz de las directrices internacionales", *Actualidad penal*, nº 32, 2000, pp. 686 ss.

representa la comisión de hechos delictivos. Y por ello reacciona aplicando sanciones con las que se pretende satisfacer una necesidad social: la prevención del delito"[78]. Por este motivo PAREDES CASTAÑÓN apunta que en un Estado de Derecho el objetivo principal del Derecho penal no puede ser otro que la prevención de delitos pero que el principio del superior del interés del menor puede configurarse como como un límite al poder sancionatorio estatal[79].

El problema es dotarlo de contenido, pues para muchos es un concepto jurídico indeterminado[80]. De hecho, hay quien considera que debe interpretarse como una acuñación del principio de subsidiariedad[81], pero también hay quien lo ha relacionado con los fines preventivo-especiales que se persiguen en este sector del ordenamiento y con la necesidad de que la respuesta penal sea educativo-responsabilizadora[82]. Por el contrario, estoy de acuerdo con aquellos que consideran que esta-

78 GARCÍA PÉREZ O. "La evolución del sistema de justicia penal juvenil... "cit. pp. 686 y ss.

79 PAREDES CASTAÑON, J.M. "El principio del «interés del menor» en Derecho penal: una visión crítica", *Revista de Derecho penal y Criminología*, nº10, 2013, pp. 155-186.

80 Así DOMÍNGUEZ IZQUIERDO, E.M. "El interés superior del menor... "cit.

81 GARCÍA PÉREZ, O. "La evolución del sistema de justicia penal juvenil...cit.

82 Como afirma JERICÓ OJER La imposición de la pena en el ámbito de menores encuentra su razón de ser en la consecución del interés del menor que no es otra cosa que orientar la pena hacia una finalidad educativa-responsabilizadora. JERICÓ OJER, L. "La relevancia práctica...".cit. En el mismo sentido CARDENAL MONTRAVETA, S. *La responsabilidad penal de los menores,* Tirant lo Blanch, 2022, p. 195; GUTIÉRREZ ALBENTOSA, J.M. "Interés superior del menor y derecho a la educación en la justicia juvenil", *Ipse-ds,* nº 10, 2017, pp. 55-69. También así lo hace el Comité de Derechos del Niño en su observación general 14 cuando afirma que "El Comité subraya que la protección del interés superior del niño significa que los tradicionales objetivos de la justicia penal, a saber, la represión o el castigo, deben ser sustituidos por los de

mos ante un principio propio, con un contenido diferenciado respecto al principio educativo y, aunque ambos puedan estar relacionados, hay diferencias. Como apunta CRUZ MÁRQUEZ "el criterio del superior interés del menor remite directamente al ámbito personal y familiar del menor y obliga a observar circunstancias relativas a su bienestar y desarrollo, lo que lo distingue del criterio educativo y resocializador, de marcado carácter colectivo"[83]. Por su parte, la reeducación se dirige a evitar la comisión de futuros delitos por parte del menor, y con ello proteger a la sociedad frente a éste, la atención del superior interés del menor garantiza su desarrollo autónomo, libre e independiente, permitiendo que sea agente activo de su proceso de afrontamiento y resistencia. Según esta autora, "Distinguir el principio educativo-resocializador y el criterio del interés superior del menor permite observar los resultados de la intervención penal desde una perspectiva multidisciplinar, más rica y flexible que la interpretación sesgada, excesivamente focalizada en la prevención del delito –en último término, en evitar la reincidencia del menor infractor-, a que conduce reducir la función del interés del menor a confirmar la preeminencia del principio educativo"[84].

Mientras que desde la lógica del principio educativo imponer una medida que satisfaga dicha finalidad puede estar justificada, desde el criterio del superior interés del menor puede suceder todo lo contrario, pues está demostrado empíricamente que una intervención temprana del sistema penal de menores puede ser contraproducente y contribuir al inicio de una carrera criminal, de ahí, las numerosas opciones desjudia-

---

rehabilitación y justicia restitutiva cuando se trate de menores delincuentes"

83 CRUZ MÁRQUEZ, B. "Presupuestos de la responsabilidad penal del menor: una necesaria revisión desde la perspectiva adolescente", *Anuario de la Facultad de Derecho de la Universidad Autónoma de Madrid*, nº15, 2011, pp. 241-269.

84 CRUZ MÁRQUEZ, B. "Presupuestos de la responsabilidad penal…"cit.

lizadoras que contempla la LORPM[85]. Por ejemplo, desde una perspectiva puramente educativa a un menor procedente de una familia con graves problemas en su entorno habría que imponerle una medida más intensa, puesto que sus necesidades educativas probablemente serán mayores. Sin embargo, desde un punto de vista del superior interés del menor esa circunstancia hay que tenerla en cuenta para reducir su culpabilidad y, por consiguiente, atenuar la responsabilidad penal[86]. Por eso se debe traer a colación las nefastas consecuencias que provoca la interpretación de las dificultades particulares de desarrollo manifestadas por los menores con problemas familiares y déficit relevante de socialización desde una perspectiva exclusivamente resocializadora, en la medida en que conduce a la reducción de opciones desjudializadoras y a la imposición de medidas más intensas encaminadas a minimizar el riesgo de reincidencia que tales dificultades lleva aparejado, efecto que queda paliado atendiendo al criterio del superior interés del menor[87].

De este modo, el criterio del superior interés del menor se ha identificado con la idea de garantizar la continuidad del desarrollo libre y autónomo del menor como persona, mediante el fomento de sus capacidades e intereses y el ofrecimiento de la asistencia necesaria para que supere o minimice, material o psíquicamente, los obstáculos que pudieran ponerlo en peligro[88]. Hay preferencias del menor que no pueden ser tenidas en consideración como, por ejemplo, su grave adicción al alcohol o la

---

85 CRUZ MÁRQUEZ, B. "Presupuestos de la responsabilidad penal... "cit.

86 Crítica con la respuesta penal más intensa a menores con carencias y problemas familiares PÉREZ JIMÉNEZ, F. *Menores infractores: estudio empírico de la respuesta penal*, Tirant lo Blanch, 2006, pp. 431 y ss.

87 CRUZ MÁRQUEZ, B. "Presupuestos de la responsabilidad..."cit.

88 Así DOMÍNGUEZ IZQUIERDO, E.M. "El interés superior del menor... "cit. p. 85; CRUZ MÁRQUEZ, B. "Presupuestos de la responsabilidad penal..."cit.; PAREDES CASTAÑON, J.M. "El principio del «interés del menor»"...cit.

heroína o su deseo de venderse como esclavo sexual pero sí que deben ponderarse sus intereses legítimos como su orientación sexual, si le interesa el deporte, la poesía, estudiar o trabajar, si tiene buena relación con sus padres o prefiere vivir alejado de ellos, etc. Para determinar el interés del menor es de crucial importancia que este sea oído[89]. La propia Circular de la Fiscalía General del Estado 9/2011, de 16 de noviembre, sobre criterios para la unidad de actuación especializada del Ministerio Fiscal en materia de reforma de menores, aunque lo relaciona con el principio educativo, establece que este se materializa gracias al principio de flexibilidad en la selección de la medida y en su duración, así como en las facultades de modificación, sustitución y reducción de esta en la ejecución y en las posibilidades desjudializadoras que ofrece la ley en el proceso[90].

El principio de flexibilidad, salvo excepciones, permite al juez imponer cualquier sanción del catálogo atendiendo además de a la gravedad y a la naturaleza del hecho a las "circunstancias familiares y sociales, la personalidad y el interés del menor" (art 7.3 LORPM). El encargado, según este propio

---

89 PAREDES CASTAÑON, J.M. "El principio del «interés del menor»"... cit.

90 La Circular de la FGE 9/2011, de 16 de noviembre establece en su introducción que "el principio del superior interés del menor, que tiene como una de sus más importantes derivaciones la de que el sistema no pivota tanto sobre la inexorabilidad de la respuesta sancionadora como sobre la recuperación del menor para la sociedad, con la consiguiente orientación educativa de las medidas y de su ejecución, dirigidas a facilitar a su destinatario el proceso de formación como persona responsable, respetuosa con los bienes jurídicos ajenos y socialmente competente. El principio de flexibilidad en la selección de la medida y en su duración, así como en la ejecución (posibilidad de cancelación, reducción o sustitución de las medidas impuestas atendiendo a la evolución del menor), la desinstitucionalización (privación de libertad como ultima ratio) y la desjudicialización (utilización del principio de oportunidad en sus diversas variantes) son lógicos corolarios de este principio en la jurisdicción de menores."

precepto, de poner en conocimiento del juez dichas circunstancias es el equipo técnico. Se sitúa así al menor en primer plano y no el hecho cometido a diferencia de lo que ocurre en el Derecho penal de adultos[91].

En definitiva, la naturaleza de ambos axiomas es diferente, mientras que el educativo tiene un fundamento político-criminal orientado hacia la idea de evitar que el menor cometa delitos, el principio superior del interés del menor es de carácter garantista "pues no deja de ser manifestación de las peculiaridades de su culpabilidad, en tanto individuo que se encuentra en una fase de desarrollo de la personalidad sumamente delicada y que no dispone aún de los mismos instrumentos que la persona adulta para ajustar su comportamiento conforme a la norma penal"[92]. Una vez aclarado esto, en las siguientes líneas procedo a profundizar sobre su relación con el principio de culpabilidad del menor y la importancia de valorar las circunstancias del caso concreto para satisfacerlo.

6.2. El superior interés del menor y su relación con la culpabilidad del menor

Como ya se apuntó en el capítulo anterior, la ciencia lleva años demostrando las diferencias psicobiológicas de los menores respecto a los adultos, las cuales fundamentan que estos deban ser tratados de forma distinta en lo que a la respuesta por la comisión de un delito se refiere. Desde un punto de vista político-criminal estas se han canalizado en el ámbito de la responsabilidad penal a través de la categoría de la culpabilidad. Se trata de un juicio personal que se agrega al juicio general de la antijuridicidad y que tiene por objeto valorar la capacidad del autor concreto para acceder al mensaje motivacional de la

---

91 DOMÍNGUEZ IZQUIERDO, E.M. "El interés superior del menor..."cit. p. 94-95.

92 CRUZ MÁRQUEZ, B. "Presupuestos de la responsabilidad..."cit.

norma[93]. Para la mayoría de la doctrina es la existencia de una culpabilidad atenuada, pero, sobre todo, diferente, el motivo por el que tenemos un sistema de responsabilidad penal de menores específico[94]. Si se entiende que estamos ante una culpabilidad reducida, hubiera sido suficiente con la atenuación de las sanciones a imponer al menor infractor en comparación con las previstas para el adulto, pero no un sistema de sanciones propias con criterios y principios de determinación completamente ajenos al Derecho penal de adultos[95].

Ahora bien, la utilización de los hallazgos científicos, que justifican la idea de la culpabilidad propia (mayor impulsividad, presión de los pares, debilidad a las recompensas inmediatas, etc.) con el objetivo de atenuar o eliminar la pena de un sujeto en un caso concreto son limitados. Esto se debe, como apunta POZUELO PÉREZ, a dos razones. Por un lado, a que no es posible afirmar la relación causal entre la estructura del

---

93 Defienden la idea de la culpabilidad como motivabilidad y no como poder reprochabilidad LAURENZO COPELLO, P. y MAQUEDA ABREU, M.L. *Derecho penal en casos. Parte general.* Tirant lo Blanch, 2022 p. 285.

94 CRUZ MÁRQUEZ, B. "Presupuestos de la responsabilidad penal..."cit.; JERICO OJER, L. "El impacto…"cit.; FERNANDEZ MOLINA,E. *Entre la educación y el castigo un análisis de la justicia de menores en España.*Tirant lo Blanch, 2008, p.149; Aunque FEIJOO SÁNCHEZ difiere de que este sea el fundamento, es consciente de que este es el principio para la mayoría de los autores. "Título I"…cit. pp. 122 y ss.

95 Si añadimos que la culpabilidad es diferente, tal y como apuntan los estudios sobre psicología evolutiva y las neurociencias, se considerará inevitable la configuración de un sistema propio. CRUZ MÁRQUEZ, B. "Una aproximación a las consecuencias de omitir la valoración de la culpabilidad por el hecho en el sistema penal juvenil", VV.AA. (ABADÍAS SELMA, A; CÁMARA ARROYO, S. y SIMÓN CASTELLANO, P, coords.) *Tratado sobre la delincuencia juvenil y responsabilidad penal del menor. A los 20 años de la Ley Orgánica 5/2000, de 12 de enero, reguladora de la responsabilidad penal de los menores.* Wolter Kluwers, pp.241-269. En igual sentido FEIJOO SÁNCHEZ, B. "Título I", VV. AA. Comentarios a la Ley Reguladora de la responsabilidad penal de los menores, Thomson Reuters, pp. 133.

cerebro y el comportamiento del individuo[96]. La neurociencia "muestra tendencias o pautas relativas al proceso de madurez en la estructura del cerebro de los adolescentes como grupo, como colectivo, pero no de forma individual, no pudiendo por tanto ser determinante a la hora de afirmar o negar la madurez de un sujeto concreto" y, por otro, a que la información neurociéntifica es altamente variable de una persona a otra, "lo que limita la posibilidad de perfilar que se considera un desarrollo «normal»"[97] . Por ello, el ámbito en el que los estudios científicos han sido más fructíferos ha sido en el legislativo, pues las diferencias existentes entre los adolescentes y los adultos son de tal relevancia que justifican la necesidad de un diferente trato por parte del sistema de justicia penal[98].

Aunque a la autora no le falta razón, ello no significa que la capacidad para motivarse por la norma de un sujeto no pueda verse mermada cuando se pueda demostrar que en el caso concreto concurren determinadas circunstancias. Estas pueden ser diferentes también para adultos y para menores o afectar especialmente a estos últimos. Por eso hay quien considera fundamental para satisfacer el superior interés del menor revisar las diferentes categorías delictivas a la luz de las peculiaridades que presente este en materia de culpabilidad[99]. CRUZ MÁRQUEZ propone que sean tenidos en cuenta por el juez aspectos que puedan hacer pensar que el elemento cognitivo o volitivo de la imputabilidad no ha estado presente o la posible presencia de un error de prohibición vencible o una causa de inexigibilidad, así como todo el historial afectivo y familiar del menor que revele evidencias-maltrato, abusos, aislamiento, etc.- que puedan

---

96 POZUELO PÉREZ, L. "Sobre la responsabilidad penal..." cit.

97 POZUELO PÉREZ, L. "Sobre la responsabilidad penal..." cit.

98 POZUELO PÉREZ, L. "Sobre la responsabilidad penal..." cit.

99 CRUZ MÁRQUEZ, B. "Presupuestos de la responsabilidad penal..."cit. Apoya esta necesidad BOLDOVA PASAMAR, M.A. "Minoría de edad..." cit. p. 408

ser valoradas en sede de culpabilidad[100]. Por eso, aunque su valoración y cuantificación se convierta en un proceso más difícil que en el caso del adulto, debido a que la LORPM no prevé un sistema propio y se limita a remitir a los límites infranqueables previstos en el Derecho penal de adultos, los operadores jurídicos deben hacer un esfuerzo en este sentido[101].

Se trata de "observar escrupulosamente, a la hora de determinar y medir su culpabilidad, las implicaciones de las circunstancias personales en el proceso de adquisición del grado de madurez suficiente para comprender el carácter injusto del comportamiento realizado y para ajustarlo conforme a dicha comprensión"[102]. Si se prescinde de esta valoración, se menoscaba el criterio del superior interés del menor, pues satisfacerlo supone atender no sólo al proceso por el que pasan los adolescentes en esta etapa de la vida, sino también a las posibles particularidades que pueden estar dándose en el caso concreto[103]. De hecho, como afirma CRURZ MÁRQUEZ, en los supuestos en que no es tenido en cuenta durante la determinación de la medida "constituyen una verdadera vulneración del principio de culpabilidad y no una ponderación entre intereses preventivo-generales y preventivo-especiales como pretende argumentar el legislador"[104].

---

100 CRUZ MÁRQUEZ, B. "Presupuestos de la responsabilidad penal..."cit.

101 CRUZ MÁRQUEZ, B. "Una aproximación..."cit. En este trabajo, la autora pone precisamente de manifiesto que los jueces no remiten la dureza de la sanción cuando hay consideraciones de la culpabilidad que obligarían a ello.

102 CRUZ MÁRQUEZ, B. "Presupuestos de la responsabilidad penal..."cit.

103 Pone de manifiesto esta necesidad CRUZ MÁRQUEZ, B. "Presupuestos de la responsabilidad penal..." cit.

104 CRUZ MÁRQUEZ, B. "Presupuestos de la responsabilidad penal..." cit.

6.3. Superior interés del menor, culpabilidad y delitos sexuales

Los delitos sexuales constituyen un ejemplo paradigmático de cómo los menores tienen una diferente capacidad para motivarse por la norma, pero también de lo importante que es atender a las particularidades de la culpabilidad del menor que se puedan estar dando en un caso concreto para satisfacer su superior interés. El desarrollo de la sexualidad es un aspecto central de la adolescencia y esta tiene profundas implicaciones emocionales y sociales para el menor. La sexualidad, especialmente en la adolescencia, implica una gran variedad de sentimientos, emociones y sensaciones. Es en este momento del ciclo vital en el que esta se expresa con todo su potencial y aparece el deseo de compartirla, de experimentar todo aquello que se está descubriendo; al tiempo que surgen dudas y miedos ante esa sexualidad que aflora, pero que todavía no se conoce bien. Es por ello que los/as jóvenes necesitan recibir afecto, reconocimiento y apoyo desde su entorno social inmediato en el proceso de desarrollo de su identidad sexual; pero también necesitan adquirir conocimientos específicos, actitudes y habilidades en sexualidad[105].

El sistema penal debe tener en cuenta estas particularidades cuando un menor comete un delito sexual. Como apunta CRUZ MÁRQUEZ, si la conducta cometida reúne las características evolutivas de la experimentación sexual propia de la edad y la menor edad de la víctima carece de significación por concurrir una "relación psicológica equivalente entre ambos" habrá que plantear la posibilidad de aplicar un error de prohibición invencible o, si la conducta se llevó a cabo de forma impulsiva, se puede plantear la falta imputabilidad por el elemento volitivo[106].

---

105 EGEA TRESGALLO, S. "La vivencia de la sexualidad en la adolescencia", *Cuadernos de medicina psicosomática y psiquiatría de enlace*, nº 118, 2016, pp.71-79.

106 CRUZ MÁRQUEZ, B. "Presupuestos de la responsabilidad penal del menor..." cit.

Por otro lado, cuando la conducta sexual del menor se haya producido sin el consentimiento de la víctima habrá que analizar el historial afectivo y familiar del menor, pues a menudo los que cometen delitos sexuales han sido testigos o víctimas de violencia e incluso de violencia sexual[107].

6.4. La incompatibilidad de la medida con el superior interés del menor

La incorporación de un menor al RCDS y la aplicación automática de una inhabilitación para el ejercicio de profesiones con menores por un periodo de diez años no es la primera medida legislativa que atenta contra el principio del interés superior del menor desde que se promulgó la LORPM. Buenos ejemplos son todos los recortes a la discrecionalidad judicial realizados por el legislador en las sucesivas reformas de la LORRP, concretamente, aquellos que obligan a aplicar la medida de internamiento en régimen cerrado para determinados delitos sin poder hacer uso de las facultades de modificación, suspensión o sustitución de la medida hasta pasado un tiempo de cumplimiento (10.1 b y 10.2 b)[108]. Estas medidas menoscaban

---

107 Confirma que un elevado porcentaje de menores que comete delitos sexuales ha sido victimizado sexualmente SIRIA. S; ECHEBURÚA, E; AMOR, P. "Characteristics and risks factors in juvenile sexual offenders", *Psicothema*, 32 (3), 2020, pp. 314-321. En este mismo sentido SÁNCHEZ HERRERO, N. y SIRIA MENDAZA, S. "Agresores sexuales juveniles: ¿Existe un tratamiento eficaz?", *Boletín Criminológico*, nº 126, 2011, pp. 1-4; BENEDICTO, C.; RONCERO, D.; GONZÁLEZ, L. "Agresores sexuales juveniles: tipología y perfil psicosocial en función de la edad de sus víctimas", *Anuario de psicología jurídica*, 2017, pp. 33-42. Este último llega a la conclusión de que el haber sido víctima de abuso sexual aumenta dicha probabilidad en el grupo de delincuentes sexuales que atenta contra menores de edad (más que en el que atenta contra iguales).

108 Afirma CRUZ MÁRQUEZ que "algunas medidas en particular, como el internamiento, especialmente en la modalidad de régimen cerrado,

este principio porque impiden atender a circunstancias personales y sociales del menor y, concretamente a las particularidades de su culpabilidad tanto en la elección de la medida como en su duración.

Otro ejemplo más reciente de menoscabo de este principio en el ámbito de los delitos sexuales cometidos por menores ha sido la ampliación de los delitos que permiten la aplicación del artículo 10.2 de la LORPM. Me refiero concretamente a la situación legislativa resultante tras la promulgación de Ley Orgánica 10/2022, de 6 de septiembre, de garantía integral de la libertad sexual que incluía en el régimen de extrema gravedad todos los delitos sexuales sin distinción. Tras su promulgación se han incluido en este régimen hiperagravado que obliga a la aplicación obligatoria del internamiento en régimen cerrado todos los delitos sexuales sin distinción (del 178 al 183 del Código penal). Esta situación legislativa, como ya se ha apuntado, ha sido parcialmente reparada, aunque el resultado es que se han ampliado los comportamientos objeto de internamiento en régimen cerrado obligatorio respecto a la regulación previa a 2022.

Dicha decisión legislativa, con independencia de que sus graves consecuencias podían ser atemperadas mediante la aplicación del art. 8.2 LORPM, es contraria al interés superior del menor porque, además de cerrar las opciones a las vías desjudializadoras a los delitos sexuales más leves, impedía al juez optar libremente al juez por la medida más idónea para al caso concreto , por supuesto, impidiéndole reducir la pena cuando haya quedado

la prohibición de aproximarse a la víctima y la inhabilitación absoluta, presenten un contenido marcadamente punitivo y difícil de conciliar con las peculiaridades que presenta el menor infractor como consecuencia de la fase evolutiva en que se encuentra y, por ende, con la continuación de un proceso de desarrollo personal en óptimas condiciones", CRUZ MÁRQUEZ, B. *Educación y prevención general*...cit. p. 245. En el mismo sentido BOLDOVA PASAMAR, M.A. "Minoría de edad..." cit. p. 408.

constatado que el menor tuvo unas circunstancias especialmente difíciles para motivarse por la norma. De este modo no se puede modificar la pena a un menor que, por ejemplo, haya cometido el hecho a causa de un impulso sexual repentino e irrefrenable, que haya sufrido una trayectoria de abusos sexuales o de violencia, que sufra una anomalía psíquica, que obre en un error de prohibición vencible, etc.

Al igual que sucede en los casos anteriores, la incorporación al RCDS supone la imposición de una medida que no puede ser modulada, desechada o sustituida atendiendo a las peculiaridades del caso concreto. La rigidez y el automatismo con el que se aplican son contrarios al principio de flexibilidad que rige en la aplicación de las medidas en menores, y que exige que el juez atienda no sólo a la valoración jurídica de los hechos, sino a la edad, las circunstancias familiares y sociales, la personalidad y el interés del menor (art 7.3 LORPM). Entre las particularidades del caso que no van a ser tenidas en cuenta ni para aplicar la medida ni para graduar su duración se encuentran: la existencia de causas que hayan reducido la capacidad del sujeto de motivarse por la norma es decir, especificidades en el ámbito de la culpabilidad; la gravedad del delito cometido (como aspecto que requiere ser valorado no desde el punto de vista de la proporcionalidad de la respuesta sancionadora, sino como revelador del déficit educativo que demuestra el menor); si hay riesgo de reincidencia; si el menor tiene interés en desarrollar su vida profesional con menores o cómo le afectaría la inhabilitación, etc. Para satisfacer el superior interés del menor por lo menos habría que oírlo antes de imponerle una medida como esta, pues satisfacer dicho interés supone ofrecerle herramientas que le permitan conseguir, no una vida alejada del delito, sino desarrollar libremente, según sus propios intereses e inquietudes, su vida laboral, social, familiar, etc. Y esto difícilmente se va a lograr con una medida que precisamente impide el acceso a un amplio mercado laboral que se aplica de forma automática, contradiciendo los logros que se hayan podido alcanzar durante el tratamiento.

Los efectos negativos de esta son mayores que otras medidas incorporadas tras las diferentes reformas de la LORPM. Esto se debe a que cualquier medida que se introduzca en la LORPM no se interpreta de forma aislada, sino de forma sistemática a la luz de los principios básicos que rigen en el sistema de responsabilidad penal de menores. De tal forma que, por ejemplo, la decisión legislativa que obliga a imponer internamiento en régimen cerrado a todos los delitos sexuales comentada anteriormente podrá ser paliada con la aplicación del art. 8.2 LORPM o una medida muy severa podrá serlo con las facultades de sustitución y suspensión (arts. 13 y 51.1 LORPM). Asimismo, dicha interpretación sistemática obliga a dotar de contenido educativo a toda medida sancionadora que se incorpore incluso aunque esta se haya introducido con fines exclusivamente asegurativos. Sin embargo, esa interpretación no será posible si la medida estatal se lleva a cabo al margen de dicho texto legal, como es el caso del RCDS.

En definitiva, si el superior interés del menor hubiera jugado algún papel en la decisión del legislador probablemente no hubiera permitido la inscripción de menores de edad en una base de datos para delincuentes sexuales. Atendiendo a la diferente culpabilidad del menor en general y en los delitos sexuales en particular es sumamente contraproducente e innecesario introducir una medida que no tienen ningún contenido educativo, puramente inocuizadora, que no sólo no va a fomentar el proceso de desarrollo autónomo del menor, sino que va a tener consecuencias para este prácticamente de por vida. En cualquier caso, de incluirla, debería haberse configurado de forma mucho más flexible, permitiendo su aplicación discrecional por parte del juez o regular su duración con arreglo a criterios del caso concreto (gravedad del delito, posibilidades de reincidencia después del paso por el sistema penal, personalidad del menor, circunstancias…) y, por supuesto, escuchando al menor. Como ya se ha puesto de manifiesto, toda decisión legislativa que evite una respuesta sancionadora individualizada en la selección de la sanción, su duración y su ejecución es contraria a dicho principio.

7. INCOMPATIBILIDAD CON EL PRINCIPIO DE PROPORCIONALIDAD EN LA LORPM

7.1. El principio de proporcionalidad en la LORPM

El art. 8.2 de la LORPM dispone que la duración de las medidas privativas de libertad no podrá exceder "del tiempo que hubiera durado la pena privativa de libertad que se le hubiere impuesto por el mismo hecho, si el sujeto, de haber sido mayor de edad, hubiera sido declarado responsable, de acuerdo con el Código penal". La inclusión de este precepto en la LORPM fue motivada por la STC 61/1998, de 17 de marzo (BOE nº 96, 21.4.1998), que otorgó el amparo a un menor al que se le impuso una medida de internamiento en régimen semiabierto por la comisión de una falta, y se ha considerado que introduce una alusión directa al principio de proporcionalidad en el sistema de responsabilidad penal de menores, garantía ineludible dada la naturaleza penal de este ordenamiento[109]. Y todo ello, aunque la propia EM de la LORPM recoja que en este sector se rechazan expresamente "otras finalidades esenciales del Derecho penal de adultos como la proporcionalidad entre el hecho y la sanción o la intimidación de los destinatarios de la norma" (EM II 7). En realidad, como bien ha apuntado algún autor, la EM no incita a excluir el principio de proporcionalidad del sistema de responsabilidad penal de menores, pues lo que se

---

[109] Así, GARCÍA PÉREZ, O. "La contribución de la jurisprudencia..."cit.; JERICÓ OJER, L. "La relevancia práctica...".cit.; FEIJOO SÁNCHEZ,B. "Artículo 8. Principio acusatorio", Comentarios a la Ley reguladora de la responsabilidad penal de los menores, VV.AA. *Comentarios a la Ley Reguladora de la Responsabilidad Penal de los Menores*, Thomson-Civitas, 2018, p. 249; CRUZ MÁRQUEZ, B. "Presupuestos de la responsabilidad penal..."cit.; ABEL SOUTO, M. "La reforma de 25 de noviembre de 2003 en materia de principio acusatorio y la proporcionalidad garantizada por Ley penal del menor", *Estudios penales y criminológicos*, nº 24, 2002, p. 30.

rechaza es la proporcionalidad entendida como retribución en el sentido de que todo hecho delictivo debe recibir una respuesta[110]. concebir el principio de proporcionalidad como la necesidad de dar una respuesta más severa a comportamientos más graves es un error, pues al fin y al cabo el principio de proporcionalidad es una garantía para el ciudadano y no un criterio orientador para el legislador. Por tanto, en este pasaje el legislador está confundiendo el principio de proporcionalidad como límite del *ius puniendi* que impide que ante determinados hechos la respuesta vaya más allá de ciertos términos con un principio de proporcionalidad inverso que exige que ante un comportamiento grave la respuesta del sistema sea severa[111]. La proporcionalidad, entendida como garantía del ciudadano frente al Estado, es un axioma común a todo el derecho sancionador que se debe respetar incluso en sistemas orientados hacia la prevención especial como el de menores, por más que a menudo la doctrina lo haya vinculado con el retribucionismo[112].

La formulación del principio de proporcionalidad que se ha trasladado a la LORPM se concibe como una obligación del juez de comparar la sanción imponible al menor con la que le hubiera correspondido al adulto por la comisión del mismo hecho en las mismas circunstancias. Además de ser un postulado básico

---

110 GARCÍA PÉREZ, O. "La racionalidad de la proporcionalidad..." cit. De hecho, tal y como apunta este autor, además del párrafo segundo del artículo 8, la LORPM recoge la proporcionalidad en otros lugares como, por ejemplo, en la aplicación de las medidas (art 9 LORPM) en la que reserva el internamiento en régimen cerrado para los hechos más graves, no permite aplicarlo para los delitos imprudentes, sólo permite sancionar las faltas con una serie de medidas y en una determinada duración, etc.".

111 Crítica con la "la tendencia cada vez más acentuada a admitir una suerte de principio de proporcionalidad invertido, según el cual, existiría un deber estatal de castigar determinadas conductas y de hacerlo con penas disuasorias" vid. CUERDA ARNAU, M.L. "Irracionalidad..."cit.

112 Así GARCÍA PÉREZ, O. "La racionalidad de la proporcionalidad..." cit.

de este sistema de responsabilidad penal porque es una manifestación del más amplio principio de proporcionalidad, y, por tanto, una exigencia de justicia, hay quien considera que este también tiene una fundamentación empírica. Como apunta JERICÓ OJER, sería antipedagógico si se sancionara por el mismo comportamiento de forma más severa al menor que al adulto, pues podría causar un efecto contraproducente en el infractor que, al saberse sancionado de forma más dura, percibiría la sanción como injusta[113].

Su formulación en la LORPM ha suscitado dudas interpretativas en torno a dos aspectos. La primera es la de cómo debe entenderse la referencia a la duración de la pena que se le hubiera impuesto a un adulto. Esta cuestión se ha resuelto, no sin vaivenes, a favor de realizar la comparación teniendo como referente la pena en concreto, aquella resultante de aplicar grados de ejecución, participación, eximentes incompletas, etc.[114]. Además, la

---

[113] Como afirma JERICÓ OJER "Si la aplicación de la medida debe llevarse a cabo en interés del menor, entendiendo genéricamente que este interés se traduce en la asunción de responsabilidad por el hecho cometido y con ello, en la evitación de la comisión de hechos similares, probablemente nos veamos obligados a asistir a un espectáculo de escapismo de dicho interés, cuando el menor sea consciente de que por la propia comisión de un hecho idéntico, es tratado jurídicamente de forma más gravosa que si hubiera sido adulto. Ello probablemente ocasiones graves disfunciones en la percepción de la gravedad del hecho y en su concepto de «ser tratado con justicia», generando comprensiblemente actitudes de rebelión y hostilidad"; JERICÓ OJER, L. "la relevancia práctica…"cit.

[114] Así recoge el procedimiento la Circular de la Fiscalía 1/2009, de 27 de abril sobre sustitución en el sistema de justicia juvenil de medidas no privativas de libertad por las de internamiento en centro semiabierto, en supuestos de quebrantamiento. p. 8. También en este sentido autores como CARDENAL MONTRAVETA, S. "la responsabilidad penal…" cit. p.181; FEIJOO SÁNCHEZ, B. "Título II (art. 8)", VV.AA. (DÍAZ MAROTO y VILLAREJO, J. dir). *Comentarios a la Ley Reguladora de la Responsabilidad Penal de los Menores,* Thomson-Civitas, 2018, p. 248. Sobre las fluctuaciones de este principio CRUZ MÁRQUEZ, B. "Una aproximación…" cit.

Circular de la Fiscalía 1/2009 de 27 de abril sobre sustitución en el sistema de justicia juvenil de medidas no privativas de libertad por las de internamiento en centro semiabierto, en supuestos de quebrantamiento, lo ha interpretado de forma amplia impidiendo imponer al menor medidas privativas de libertad si en el Código penal no se encuentra contemplada una pena privativa de libertad equivalente[115]. Y ello incluye aquellos supuestos en los que se impone la obligación de aplicar un internamiento en régimen cerrado (por ejemplo, cuando se dan los supuestos de la letra c del art. 9.2 con reincidencia o en los casos del art. 10.2 LORPM).

La segunda de las cuestiones es si esa proporcionalidad es predicable exclusivamente de las medidas privativas de libertad, a las únicas a las que el precepto hace referencia, o también es extensible a las medidas ambulatorias[116]. Como apunta GARCÍA PÉREZ, hay doctrina y jurisprudencia en ambos sentidos[117]. La conclusión a la que llega la mayor parte de esta es

---

115 Dicha circular recoge expresamente que "si la pena prevista para los adultos no es privativa de libertad no puede imponerse la medida de internamiento ni siquiera en su modalidad de semiabierto".

116 En la tramitación parlamentaria en el Senado se modificó la referencia genérica existente en el Proyecto a todas las medidas, limitándola únicamente a las privativas de libertad. Vid. FEIJOO SÁNCHEZ, B. "Título II (art. 8)"...cit. p. 250. Sobre cómo Convención sobre Derechos del niño de Naciones Unidas, las reglas de Beijing o las Directrices de Riad recogen también la idea de la proporcionalidad vid. ABEL SOUTO, M. "La reforma de 25 de noviembre..." cit., p. 31.

117 Sobre este debate vid. GARCÍA PÉREZ, O. "La contribución de la jurisprudencia..." cit.; JERICÓ OJER, L. "La relevancia práctica..." cit. El sector de la doctrina que ha interpretado que el límite establecido en art. 8.2 LORRMP no afecta a las sanciones no privativas de libertad lo ha hecho, principalmente, basándose en las necesidades educativas del menor en las medidas no privativas. Así, por ejemplo, DE LA ROSA CORTINA alude a que "parte el legislador de que las medidas no privativas de libertad, básicamente cimentadas sobre sus contenidos educativos, no son homologables a las penas previstas en el CP". Sin embargo, como han apuntado otros autores, hay argu-

que la imposición de una medida en el ámbito de menores, sea o no privativa de libertad, no puede suponer un tratamiento más agravado para un menor que para un adulto por la comisión del mismo hecho[118]. Ello está en consonancia con lo establecido por nuestro Tribunal Constitucional y por diversos textos internacionales[119].

Dicho esto, de una interpretación estricta del 8.2 de la LORPM en el ámbito de la responsabilidad penal de menores implica que siempre que se trate peor al menor que al adulto estaremos ante una medida desproporcionada. No obstante, GARCÍA PÉREZ va más allá y considera que "siempre que a los menores les demos el mismo tratamiento que a los adultos no significa que estemos ante una respuesta proporcionada"[120]. Es más, aplicar a

---

mentos preventivo-especiales detrás de la proporcionalidad incluso de las medidas ambulatorias, pues una medida desproporcionada es una medida que se percibe como injusta y, por tanto, es antipedagógica. DE LA ROSA CORTINA, J. M. en DE URBANO CASTRILLO, E y DE LA ROSA CORTINA, J.M. *La responsabilidad Penal de los Menores.* Thomson/Aranzadi, 2007, p. 86.

118 Según GARCÍA PÉREZ el principio de proporcionalidad es común a todo el ordenamiento jurídico y ello abarca tanto medidas privativas como no privativas de libertad. GARCÍA PÉREZ, O. "La jurisprudencia..." En el mismo sentido afirma JERICÓ OJER "la aplicación de los límites derivados del principio de proporcionalidad debe ser mantenida en relación con todas las medidas. Dada su importancia como garantía de seguridad jurídica y la preservación del interés general" JERICÓ OJER, L. "La relevancia práctica..." cit. También defienden esta postura: CRUZ MÁRQUEZ, B. "Una aproximación... "cit.; ABEL SOUTO, M. "La reforma de 25 de noviembre..."cit, que afirma que "la aplicación a un joven de cualquier medida más grave que la que le correspondería si fuese mayor de edad está viciada de inconstitucionalidad"; FEIJOO SÁNCHEZ, B. "Título II (art. 8)"... cit. pp. 250-251

119 La STC 36/1991, de 14 de febrero (BOE nº 66, de 18.3.1991) establece "la imposibilidad de establecer medidas más graves o de una duración superior a la que correspondería por los mismos hechos si de un adulto se tratase."; FEIJOO SÁNCHEZ, B. "Título II (art. 8)"...cit. pp. 250-251.

120 GARCÍA PÉREZ, O. "La contribución de la jurisprudencia..." cit.

un menor una medida de la misma naturaleza y duración que la prevista en el Código penal para el adulto debe ser considerado desproporcionado, pues supondría tratar igual a dos sujetos que por su diferente grado de madurez no lo son[121]. De hecho, como afirma el autor, ya la propia LORPM con la intención de ajustar la gravedad de la respuesta sancionadora al grado de discernimiento del menor distingue dos franjas de edad (de catorce a dieciséis y de dieciséis a dieciocho) según su distinta capacidad. Por tanto, es bastante obvio que ninguno de esos dos tramos debe ser tratado como los adultos dadas las diferencias existente entre estos[122].

7.2. La incompatibilidad de la medida con el principio de proporcionalidad tal y como se recoge en la LORPM

Aclarado el significado del principio de proporcionalidad tal y como se concibe en la LORPM, la medida analizada lo menoscaba tanto por su propia imposición como por su duración.

7.2.1. Argumento 1: la medida en sí es desproporcionada

La respuesta al menor de edad es desproporcionada porque ante la comisión de un mismo hecho delictivo, el RD 1110/2015 prevé aplicar la misma medida que al adulto sin tener en cuenta que por sus características y fase del desarrollo en la que se encuentran (y, por consiguiente, por su capacidad para motivarse por la norma) son sujetos diferentes. Si el legislador hubiera tenido intención de respetar dicho principio tenía dos opciones. Por un lado, dejar fuera de la normativa a los menores de edad. De hecho, así lo hacen la mayor parte de los registros de delincuentes sexuales en el derecho comparado, e incluso era la apuesta del legislador europeo, que en

---

121 GARCÍA PÉREZ, O. "La contribución de la jurisprudencia..." cit.

122 GARCÍA PÉREZ, O. "La contribución de la jurisprudencia..." cit.

ninguno de los dos textos legales en los que supuestamente se ha basado español exigía la aplicación de la inhabilitación a adolescentes[123].

Otra opción para atenuar los severos efectos de esta medida y establecer una diferencia con respecto a los adultos era incorporar una regulación distinta y más atenuada para adolescentes, de tal forma que se podría haber previsto que la inscripción y, por tanto, la inhabilitación se impusiera sólo por la comisión de delitos graves o en los que exista riesgo de reincidencia o que hubiese quedado a discrecionalidad del juez de menores. Es cierto que España no es el primer país en el ámbito europeo que incorpora a los menores de edad a una base de datos para delincuentes sexuales, pero sí el único que no ha adaptado la regulación diferenciada para estos en cuanto a condiciones de acceso o de consecuencias jurídicas derivadas de la inscripción[124]. Incluso países que se caracterizan por registrar los delitos sexuales de adolescentes como Francia o Reino Uni-

---

123 Es cierto, que la Directiva en su artículo diez no alude exclusivamente a un adulto, sino que habla de persona física, pero en ningún lugar de la Directiva o del Convenio se recoge expresamente que se deba aplicar esta medida a menores. De hecho, la campaña del Consejo de Europa de 26 de noviembre de 2010 para fomentar la ratificación e implementación del Convenio de Lanzarote llamada *one of five* (uno de cada cinco) en ningún momento alude en ninguno de sus documentos a que el objetivo de ésta sea que las medidas legislativas se apliquen a estos. (vid. https://www.coe.int/t/dg3/children/News/Sexual%20violence/Campaignlaunching_en.asp). Si es cierto que en algún momento se alude a la existencia de autores menores de edad, pero afirmando que si estos son tratados es difícil que vuelvan a reincidir y que a menudo estos han sido víctimas de abuso o negligencia.

124 No obstante, es cierto que hay ordenamientos, como el estadounidense, que permiten un amplio acceso público de los datos registrados incluso para menores de edad. En este sentido TORRES ROSELL, N. y SANCHO CONDE, T. "Medidas accesorias…". cit.

do establecen regulaciones distintas para ambos[125]. Así, en el ordenamiento británico en el que se inscriben únicamente los datos de menores que han cometido delitos graves, los periodos de permanencia son mucho menores que para el adulto[126] o el registro francés, que deja en manos del juez la necesidad de inscribir al menor tras valorar sus circunstancias personales (salvo en supuestos de extrema gravedad en que esta es obligatoria), también establece un periodo de cancelación menor para adolescentes[127]. Por el contrario, la única particularidad en el tratamiento de ambos en el caso español es el periodo de permanencia en el registro, que, como se apuntará en el siguiente epígrafe, ni si quiera resulta favorable a los menores.

7.2.2. Argumento 2: los plazos de cancelación de los antecedentes son desproporcionados

El legislador sí ha establecido una regulación diferenciada en lo que se refiere a la duración de la inscripción. Sin embargo, este no sólo no ha previsto una menor duración de la

---

125 En el caso de Estados Unidos hay estados que permiten al juez la discrecionalidad de decidir sobre si el menor debe ser registrado o no o qué tipo de información debe aparecer en el registro PITTMAN, N. y NGUYEN, Q. "A Snapshot of juvenile sex offender registration and notification laws. A survey of the United States" *National juvenile network.* Disponible en línea en: https://www.njjn.org/uploads/digital-library/SNAPSHOT_web10-28.pdf

126 Vid. *Sexual Offences Act 2003, "Part 2. Notification and orders"* párrafo 131 (*Young offenders: application*), disponible en https://www.legislation.gov.uk/ukpga/2003/42/contents. y *Sexual Offences Act 2003, "Part 2. Notification and orders"* párrafo 82 (notification period), disponible en https://www.legislation.gov.uk/ukpga/2003/42/contents.

127 Vid. art. 706-53-2 Code de procédure pénale. Chapitre II: Du fichier judiciaire national automatisé des auteurs d'infractions sexuelles ou violentes (Articles 706-53-1 à 706-53-12) y art. 706-53-4, que recoge un periodo para los menores de edad de diez años mientras que para los adultos es de veinte o treinta años.

vigencia del antecedente y, por tanto, de la inhabilitación para el ejercicio de profesiones con menores para el menor infractor, sino que esta es incluso mayor en muchos supuestos. Como ya se ha apuntado, el artículo 10.1 del RD establece un llamativo sistema de cancelación de los antecedentes que atiende a la mayoría o minoría de edad de la víctima y del agresor y, en caso de que ambos sean adultos, a la gravedad del delito cometido. De tal forma que si el autor es menor de edad, independientemente de la edad que tenga la víctima, el art 10.1 RD 1110/2015 remite al Capítulo VI del Real Decreto 957/2009, de 6 de febrero, por el que se regula el Sistema de registros administrativos de apoyo a la Administración de Justicia, cuyo artículo 24 establece que el periodo de cancelación de los antecedentes en menores será de diez años a contar desde que el menor hubiera alcanzado la mayoría de edad y siempre que las medidas judicialmente impuestas hayan sido ejecutadas en su plenitud o hayan prescrito.

En un artículo reciente apuntaba que los periodos de cancelación previstos sólo respetan el principio de proporcionalidad en los supuestos en los que tanto autor como víctima son mayores de edad (aquellos en los que, por otro lado, menos sentido tiene imponer una inhabilitación para el ejercicio de profesiones con menores, pues no está demostrado empíricamente que quien ha cometido un delito sexual con víctima adulta constituya un peligro para los menores), pues en estos supuestos la cancelación depende de la gravedad del delito[128]. Por el contrario, en los casos en que el autor es un adulto y la víctima es menor de edad o el autor es menor de edad (con independencia de la edad de la víctima), como ya se ha apuntado, el legislador no tiene en cuenta la gravedad del delito o cualquier otro factor,

---

128 A pesar de lo que dice el ICGPJ que afirma que un delincuente sexual siempre es peligroso para menores

sino que el plazo de cancelación es automático: treinta años en el caso de los adultos y diez en el de los menores[129].

El sistema de cancelación expuesto permite que, ante la comisión de un mismo delito sexual, la vigencia del antecedente y, por tanto, de la inhabilitación, sea mayor para el menor que para el adulto. Así sucederá en los casos en los que adulto y menor atentan contra una víctima adulta, pues, aunque ambos cometan el mismo hecho, el menor permanecerá diez años en el registro, mientras que el adulto lo hará seis meses, dos, tres, cinco o diez años dependiendo de la gravedad del hecho cometido. Por su parte, si la víctima es menor de edad en el caso del adulto es peor, pues nos vamos a un periodo de cancelación de treinta años, pero en el caso del menor infractor el periodo es de diez años sin tener en cuenta la gravedad del delito (¿Merece el mismo tiempo de permanencia en el registro un sujeto que toca la nalga a una compañera de clase sorpresivamente que quien la agrede sexualmente con violencia o intimidación?)[130]. Sobre esta cuestión se ha pronunciado el propio legislador en la EM del RD 1110/2015 afirmando que los diferentes plazos de cancelación obedecen a su intención de "posibilitar la reinserción de los menores infractores y evitar su estigmatización". Sin embargo, ha conseguido el efecto contrario: consolidar un

---

[129] Además, a diferencia de lo que sucede en adultos, en el caso de los menores esos diez años no comenzarán a contar desde la finalización del cumplimiento de la pena, sino desde que este cumpla la mayoría de edad, lo que significa que la inhabilitación se mantendrá vigente hasta que cumpla los veintiocho años.

[130] Llama la atención que en las últimas reformas en la LORPM el legislador la haya modificado para tener más en cuenta la gravedad del delito cometido en detrimento de las circunstancias psico-sociales en la elección de la medida (así ha sucedido, por ejemplo, con la incorporación del art. 10.2 LORPM en el que este ha sido el único criterio para imponer de el internamiento en régimen cerrado obligatorio) y que ahora este no sea un aspecto que juegue el más mínimo papel en la aplicación de esta sanción, equiparando por arriba en gravedad todos los delitos sexuales.

trato desigual, más severo y desproporcionado para quienes los sujetos de esta jurisdicción[131].

8. LA INCOMPATIBILIDAD DE LA MEDIDA CON EL PRINCIPIO DE PROPORCIONALIDAD EN SENTIDO AMPLIO O DE PROHIBICIÓN DE EXCESO

8.1. Introducción

Como se ha puesto de manifiesto, el principio de proporcionalidad en el sistema de responsabilidad penal de menores (art. 8.2 LORPM) tiene un alcance limitado porque funciona, no como principio orientador de proporcionalidad entre sanción y hecho, sino como límite necesario (tiene un efecto unidireccional o unidimensional o como frontera de lo aceptable) destinado a evitar que se trate peor al menor que al adulto a la hora de imponerle una medida[132]. Por eso, para saber si la normativa relativa al registro es una medida legítima en nuestro ordenamiento para menores, hay que realizar un análisis más profundo a la luz del principio de proporcionalidad en sentido amplio o de prohibición de exceso.

En un artículo publicado recientemente afirmé que la incorporación de adultos a una base de datos para delincuentes sexuales en las condiciones en las que lo hace el RD1110/2015 vulnera dicho principio por dos razones. En primer lugar, porque se aplica de forma automática sin tener en cuenta la gravedad del delito, las circunstancias en que este tuvo lugar, el pronóstico de peligrosidad del sujeto, la evolución durante su paso por el sistema penal, etc., permitiendo imponer la inhabi-

---

[131] Así también TORRES ROSELL, N. y SANCHO CONDE, T. "Medidas accesorias ..." cit.; GARCÍA PÉREZ, O. "La contribución de la jurisprudencia...". cit.

[132] Así, FEIJOO SÁNCHEZ,B. "Principio acusatorio"...cit. p. 249.

litación para el ejercicio de profesiones con menores a casos en los que los comportamientos cometidos son de menor entidad o en los que la relación con el hecho es prácticamente inexistente. Me refiero a los casos en los que se impone a quienes han cometido delitos sexuales con víctima adulta. Y, en segundo lugar, porque prevé periodos de vigencia extremadamente largos (que pueden alcanzar los treinta años en adultos y los diez años en menores) sin establecer mecanismos que permitan solicitar a instancia de parte la posibilidad de alzar la medida cuando ya no sea necesaria. Así, desde la perspectiva del principio de necesidad se puede decir que el legislador tenía opciones mucho menos lesivas y vulneradoras de derechos fundamentales, pues hubiera bastado simplemente con una regulación alternativa que corrigiera las consideraciones acabadas de exponer. El problema es que en este artículo quedaron aspectos sin abordar, pues se hizo desde la perspectiva de que el destinatario de la norma es un sujeto adulto. Sin embargo, su aplicación a adolescentes merece un pronunciamiento específico sobre la idoneidad, la necesidad y la proporcionalidad en sentido estricto de la medida, pues hay argumentos empíricos y jurídicos diferentes a los que se pusieron de manifiesto en su momento.

El principio de proporcionalidad en sentido amplio o el de prohibición de exceso está cada vez más asentado como criterio valorativo de la legitimidad de una norma penal[133]. Como

---

133 Por todos PRIETO DEL PINO, A.M. "Los contenidos de racionalidad del principio de proporcionalidad en sentido amplio: el principio de subsidiariedad", en VV.AA. NIETO MARTÍN, A; MUÑOZ DE MORALES ROMERO, M.; BECERRA MUÑOZ, J. (coord.). *Hacia una evaluación racional de las leyes penales.* Marcial Pons. Madrid. 2016, pp. 274 y ss. Por el contrario, opta por una teoría de la legislación para dicha tarea DÍEZ RIPOLLÉS, J.L. *La racionalidad de las leyes penales práctica y teoría.* Trotta. Madrid, 2013. Sobre el principio de proporcionalidad y por qué no es sustitutivo de una teoría de la legislación vid. DÍEZ RIPOLLÉS, J.L. "El control de constitucionalidad de las leyes penales". *Revista de Derecho constitucional,* nº 75, 2005, pp.59-106.

afirma CUERDA ARNAU, sobre este se han escrito ríos de tinta y se ha discutido casi todo[134]. Sin embargo, teniendo en cuenta que el objetivo del presente epígrafe no es realizar un análisis sobre este, sino averiguar si una decisión legislativa sería declarada desproporcionada según los criterios establecidos para este por el TC, no me detendré en exceso en alusiones bibliográficas sobre el principio de proporcionalidad, sino que iré directamente a los pronunciamientos realizados por el Alto tribunal[135].

El principio de proporcionalidad tiene anclaje en el texto constitucional a pesar de que no se hace una referencia expresa a él[136]. En las últimas sentencias, el TC venía deduciéndolo de forma genérica del "principio del Estado de Derecho, el

---

134 CUERDA ARNAU.M.L. "Irracionalidad y ausencia legislativa"...cit.

135 Aunque, como bien apunta CUERDA ARNAU, el éxito de este principio con la jurisprudencia constitucional es más bien escaso. CUERDA ARNAU.M.L. "Irracionalidad y ausencia legislativa"...cit. A mi juicio, no por problemas del principio en sí, sino debido a lo estricto y por la vocación restrictiva que le ha otorgado el Tribunal.

136 A menudo el TC lo ha considerado incardinado en la interdicción de la arbitrariedad de los poderes públicos (9.3CE), en torno al Estado de Derecho (1.1. CE), la dignidad de la persona (10.1), el principio de legalidad (art 25.1), etc. Como afirma PRIETO DEL PINO "En 1982 el Tribunal Constitucional consideró que este principio se infería del art 10.2 CE en relación con los artículos 10.2 y 18 del Convenio de Roma, y en 1999 lo consideró vinculado al principio de legalidad (STC 136/1999, de 20 de julio, FJ21). No obstante, tanto en decisiones anteriores como en posteriores, incluido su pronunciamiento más reciente al respecto (STC 60/2010, de 7 de octubre, FJ7°), ha establecido que el principio de proporcionalidad cumple una «función institucional», ya que opera como presupuesto de constitucionalidad de las medidas que restringen principios constitucionales y, más concretamente, como límite de las normas y actos que limitan los derechos fundamentales, de ahí que sea en las disposiciones constitucionales que los reconocen donde debe encontrarse el fundamento normativo de este presupuesto de constitucionalidad de la Ley. Desde esa perspectiva se ha caracterizado en la doctrina al principio de proporcionalidad como «límite de los lími-

valor de la Justicia y la dignidad de la persona humana" y en la reciente STC169/2021, de 6 de octubre de 2021 (BOE nº 268, 9.11.2021), sobre la constitucionalidad de la prisión permanente revisable, añade que "Este presupuesto no es sino la expresión de la sujeción de todos los poderes a la Constitución (art 9.1 CE)" (FJ 7º)[137]. Aunque el CEDH tampoco lo recoge tampoco le es ajeno al TEDH. De hecho, el Tribunal de Estrasburgo lo ha tenido en cuenta incluso en materias ajenas al Derecho sancionador, pues es un principio intrínseco a cualquier medida estatal que afecte a intereses de los ciudadanos[138].

El principio de proporcionalidad no tiene un contenido indiscutido, sino que es un paraguas que engloba distintas concepciones de los principios de idoneidad del medio, necesidad de su empleo y proporcionalidad en sentido estricto. En la mayoría de sus construcciones presenta una estructura tripartita, "en otros se ha reconducido a un esquema dicótomo, dado que el principio de la idoneidad puede ser considerado como

---

tes»". PRIETO DEL PINO, A.M. "Los contenidos de racionalidad." cit. p. 280.

137 De hecho, a la hora de hora de valorar la adecuación de una medida estatal al CEDH, Estrasburgo siempre examina si ésta está justificada por los fines a los que sirve, es decir, hace un análisis de proporcionalidad. De hecho, en multitud de ocasiones ha señalado que no se permite a los estados introducir restricciones en los derechos fundamentales en un sentido general sin prever mecanismos que puedan aportar flexibilidad para apreciar si la limitación en el caso concreto es apropiada o no. STEDH *Khoroshenko c. Rusia* (30.06.2015) § 126.

138 GÜNTHER, H.L. *Strafrechtswidrigkeit und Strafunrechtsausschluß*. Carl Heymann, Köln-Berlin-Bonn-München, 1983, p.204. En el mismo sentido BARNES que recoge la idea de que "el medio que a la proporcionalidad importa es siempre restrictivo o de gravamen de derechos, las «cargas», por decirlo gráficamente. En cambio, los «beneficios» otorgados por la norma o fruto de una interpretación favorable quedan fuera de su consideración". BARNES, J. "El principio de proporcionalidad. Estudio preliminar. *Cuadernos de derecho público*, nº 5, 1998, p.19.; GARCÍA PÉREZ "La racionalidad de la proporcionalidad..." cit.

un requisito o presupuesto del principio de la idoneidad del medio"[139]. Nuestro TC, optando por la opción tripartita, aborda cada uno de los niveles con el siguiente contenido. En el primero, identifica cuáles son los fines que persigue la medida y se plantea si "son o no constitucionalmente legítimos"[140] . Este constituye un filtro previo o *prius* lógico al principio de necesidad en el que el Tribunal valora la existencia y entidad del bien jurídico o el "fin mediato o inmediato de protección constitucionalmente relevante"[141] de la medida, cuya ausencia puede determinar su inconstitucionalidad. Tras esta labor, todavía en el primer nivel, el tribunal comprueba si la medida es idónea para satisfacer el fin pretendido. Afirma la STC 60/2010, de 7 de octubre (BOE nº 262, 29.10. 2010) que el principio de adecuación demanda "una relación de congruencia objetiva entre el medio adoptado por el legislador y el fin que con él se persigue, entendiéndose que tal circunstancia se producirá si la medida que se deriva del precepto cuestionado puede contribuir positivamente a la realización del fin perseguido. Por el contrario, la medida habrá de reputarse inidónea o inadecuada si entorpece o, incluso, si resulta indiferente en punto a la satisfacción de su finalidad», bastando con que la disposición cuestionada «contribuya en alguna medida a la realización del fin que persigue» (FJ 12)[142].

---

139 PRIETO DEL PINO, A.M. "Los contenidos de racionalidad del principio de proporcionalidad en sentido amplio: el principio de subsidiariedad", en VV.AA. NIETO MARTÍN, A; MUÑOZ DE MORALES ROMERO, M. BECERRA MUÑOZ, J. (coord.). *Hacia una evaluación racional de las leyes penales*. Marcial Pons. Madrid. 2016,p. 280.

140 STC 60/2010, de 7 de octubre, FJ9.

141 STC 55/1996, de 28 de marzo

142 Sobre este principio de idoneidad recoge LUZÓN PEÑA, D. M. *Lecciones de Derecho penal. Parte general.* Tirant lo Blanch, 2016, p.44. "El Derecho penal solo puede y debe intervenir cuando sea mínimamente eficaz y adecuado para la prevención del delito y, por tanto, hay que renunciar a su intervención cuando sea político-criminalmente inoperante, ineficaz, inadecuado o incluso contraproducente para evitar delitos".

En el segundo, el denominado principio de necesidad, se trata de comprobar la existencia de medidas alternativas menos gravosas, pero de la misma eficacia a la adoptada por el legislador. Como ha reiterado el TC en diversas ocasiones, sólo cabrá calificar la norma penal o sanción como innecesaria si "a la luz del razonamiento lógico, de datos empíricos no controvertidos y del conjunto de sanciones que el mismo legislador ha estimado necesarias para alcanzar fines de protección análogos, resulta evidente la manifiesta suficiencia de un medio alternativo menos restrictivo de derechos para la consecución igualmente eficaz de las finalidades deseadas por el legislador"[143]. Como apunta PRIETO DEL PINO, en este estrato "además de comparar la decisión del legislador con otras adoptadas, valora la gravedad de la infracción cometida en sí misma"[144]. El TC insiste en el limitado alcance de control que tiene en virtud del principio de necesidad, pues no basta "para justificar la inconstitucionalidad de la norma penal en virtud del principio de necesidad con proponer diversas medidas alternativas a la que se deriva de la disposición impugnada"[145]. Empleando el argumento de evitar invadir funciones del legislador, que es el que debe realizar las consideraciones políticas, económicas y de oportunidad que le están atribuidas, considera que "la existencia o no de medidas alternativas menos gravosas pero de la misma eficacia [...] tiene un alcance y una intensidad muy limitadas"[146]. De tal modo que sólo se podrá considerar desproporcionada en base a este argumento cuando "las medidas alternativas (sean) palmariamente de menor intensidad coactiva y de una funcionalidad manifiestamente similar a la que se critique por desproporcionada"[147]. Además, el

---

143 STC 55/1996, FJ 8. Se repite este argumento en STC 136/1999, de 20 de julio, FJ 23; STC169/2021, de 6 de octubre de 2021, FJ 7.

144 PRIETO DEL PINO, A.M. "Los contenidos de racionalidad." cit. p. 287.

145 STC 9 noviembre de 2021, FJ 7.

146 STC 136/1999, de 20 de julio, FJ 28; STC 60/2010, de 7 de octubre, FJ 14; STC 169/2021, de 6 de octubre de 2021, FJ 7.

147 STC 161/1997, FJ 11; STC 136/1999, de 20 de julio, FJ 28; STC 60/2010, de 7 de octubre, FJ 14; STC 169/2021, de 6 de octubre de 2021, FJ 7.

TC insiste en que no solo la alternativa debe ser menos restrictiva de derechos, sino también de eficacia semejante[148].

Finalmente, en el análisis de proporcionalidad en sentido estricto, se compara la carga o la agresión que lleva consigo la medida incorporada y el objetivo a alcanzar. Como dice el TC este nivel reclama «valorar recíprocamente el alcance de la restricción de los principios y derechos constitucionales que resultan afectados por la norma penal, de un lado, y el grado de satisfacción de los fines perseguidos con ella por el legislador, de otro"[149]. La cuestión es que, como sucedía en el anterior nivel, para evitar invadir competencias legislativas "no cualquier desproporción o falta de equilibrio habrá de ser, desde la perspectiva que nos ocupa, constitucionalmente relevante, sino que solo lo será aquella en la que el exceso resulte verdaderamente manifiesto o evidente. Solo en tal caso producirá la norma un "«patente derroche inútil de coacción» (STC 136/1999, de 20 de julio, FJ 23, entre otras) y resultará la declaración de su inconstitucionalidad por nuestra parte respetuosa con el margen de libre configuración política que corresponde al legislador democrático"[150].

En las siguientes líneas se analizará la legitimidad de la decisión de incluir a los menores de edad en el RCDS a la luz de los distintos niveles de dicho principio. No obstante, antes de realizar esta valoración se aclarará cuál es el fin que pretende el legislador incorporando a los menores a dicha base de datos e imponiéndoles de forma automática una inhabilitación para el ejercicio de profesiones con estos durante un periodo de diez años.

---

148 STC 60/2010, de 7 de octubre, FJ 15.

149 STC 60/2010, de 7 de octubre, FJ16.

150 STC 60/2010, de 7 de octubre, FJ 16; STC 169/2021, de 6 de octubre de 2021, FJ 7.

8.2. Fin al que se dirige la medida y realidad empírica y normativa que rodea al fenómeno

8.2.1. Fin al que se dirige la medida

Antes de plantearnos si una medida es idónea para conseguir un determinado fin, buscar la existencia de mecanismos alternativos menos restrictivos de derechos fundamentales o que satisfagan la misma finalidad a un menor coste, etc., el principio de proporcionalidad exige tener claro cuál es el fin que persigue la medida estatal que se somete a escrutinio y analizar si este es "constitucionalmente legítimo"[151] o al menos "no plantean ninguna incompatibilidad con los valores constitucionales"[152].

La intención del legislador con la incorporación al ordenamiento jurídico de una base de datos para delincuentes sexuales que permite imponer una inhabilitación para el ejercicio de profesiones con menores es irreprochable, pues se pretende evitar que sujetos que ya han demostrado su peligrosidad y que han pasado por el sistema penal por haber atentado contra la integridad sexual de menores acaben reincidiendo a través del ejercicio de profesiones con estos. El propio preámbulo (apartado II) de la Ley 26/2015, de 28 de julio, le atribuye la función de prevenir y minimizar los riesgos de reincidencia[153] y el Real Decreto

---

151 Como recoge la STC 60/2010, de 7 de octubre, FJ 9.

152 STC 169/2021, de 6 de octubre de 2021, FJ 7 B.

153 "Directamente relacionado con lo anterior y a los efectos de prevención, se crea, dentro del sistema de registros administrativos de apoyo a la Administración de Justicia, el Registro Central de Delincuentes Sexuales que contendrá la identidad de los condenados por delitos contra la libertad e indemnidad sexual, trata de seres humanos, o explotación de menores, e información sobre su perfil genético de ADN. Con ello se pretende hacer posible un seguimiento y control de las personas condenadas por estos delitos no solo en España, sino también en otros países" (Preámbulo II).

1110/2015, de 11 de diciembre, por el que se regula el Registro Central de Delincuentes Sexuales en su artículo 3 recoge que "El Registro Central de Delincuentes Sexuales constituye un sistema de información, de carácter no público y gratuito, relativo a la identidad, perfil genético, penas y medidas de seguridad impuestas a aquellas personas condenadas en sentencia firme por cualquier delito contra la libertad e indemnidad sexuales o por trata de seres humanos con fines de explotación sexual, incluyendo la pornografía, regulados en el Ley Orgánica 10/1995, de 23 de noviembre, del Código Penal, con independencia de la edad de la víctima.".

A priori, nadie dudaría de la legitimidad de una medida cuyo objetivo es alejar a sujetos peligrosos del ejercicio de profesiones con menores. En este sentido, es extrapolable lo que establece el propio TC para la prisión permanente revisable cuando afirma que, no hay duda de que es legítimo "intensificar la reacción penal" frente a estos delitos de extraordinaria gravedad como lo son, en este caso, los delitos sexuales contra menores (STC 169/2021, de 6 de octubre, FJ 7 B). Además, la satisfacción de fines inocuizadores (prevención especial) ha sido aceptado por el Alto tribunal, tal y como demuestra dicha sentencia (FJ7 B). Tal y como se recoge en esta "Estos fines no plantean ninguna incompatibilidad con los valores constitucionales: la función protectora de bienes jurídicos relevantes ha sido reconocida por este tribunal como una función integral de las normas penales que «no solo corresponde a la norma que prohíbe la realización de la conducta típica, sino también a la que prevé para tal caso la imposición de una determinada pena o de una concreta combinación de penas» (STC 60/2010, de 7 de octubre, FJ 10)" (FJ7 B). Además, evitar la reincidencia sexual de sujetos que atentan contra menores es un fin legítimo en una sociedad democrática tal y como ha interpretado el TEDH al amparo del artículo 8.2 CEDH, pues se trata de una medida estatal que va destinada a la prevención del desorden y de delito[154].

---

154 Así lo reconoce el TEDH para otros registros de delincuentes sexuales como por ejemplo *Gardel c. Francia* § 59.

Ahora bien, si el legislador reclama la existencia de una necesidad preventiva que exige ser abordada, lo menos que se puede hacer es conocer la realidad empírica y normativa que trata de prevenir. Para saber si una medida estatal es idónea, es decir, si satisface las necesidades preventivas expuestas, si hay otros mecanismos que lo hacen a un menor coste o si estos hacen que la medida "no compense", por estar "matando mosquitos a cañonazos" hay que conocer el fenómeno que se trata de abordar. De tal modo que es fundamental saber la cifra de menores de edad que cometen este tipo de delitos, cuántos de ellos son graves y, por tanto, pueden estar revelando un déficit educativo mayor pero, sobre todo, la cifra de aquellos que reinciden tras su paso por el sistema penal, pues a este grupo es al que se dirige principalmente la medida.

8.2.2. La realidad empírica de la delincuencia sexual de menores

La delincuencia sexual, tanto de adultos como de menores, está rodeada de una serie de mitos que la describen como un fenómeno mucho más preocupante en cuanto a su volumen y características[155]. En el caso de los menores tiene gran recorrido la idea de que estos arrojan elevados índices de reincidencia, reputan escasa permeabilidad al tratamiento y poseen más rasgos en común con los delincuentes sexuales adultos que con el resto de infractores menores de edad, cuya criminalidad se caracteriza por ser un fenómeno normal, limitado a la adolescencia y ubico[156]. Ahora bien, el análisis de proporcionalidad

---

155 Buen ejemplo es el del agresor sexual como un enfermo, incorregible, incapaz de frenar sus impulsos RAMOS VÁZQUÉZ, J.A. *Política criminal*...cit. pp.20 y ss.

156 Sobre la imagen del delincuente sexual menor de edad y lo alejada de la realidad empírica que está vid. LETORNEAU, E. J., y MINER, M. H. "Juvenile sex offenders: A case against the legal and clinical status quo". *Sexual Abuse: A Journal of Research and Treatment*, 17, 2005 pp. 293-312; ZIMRING, F. E. *An American travesty: Legal responses to ad-*

exige que el legislador a la hora de incorporar una medida restrictiva de derechos fundamentales tenga en cuenta la realidad empírica del fenómeno y no las ideas preconcebidas o creencias populares que lo rodean. Por eso, aunque la investigación sobre agresores sexuales juveniles está poco avanzada tanto a nivel nacional como internacional[157], en las siguientes líneas procederé a apuntar lo que ha aportado el escaso conocimiento científico de que disponemos, y que puede servir al legislador en su tarea.

En este sentido, todo parece indicar que si acudimos a estudios sobre la materia podremos comprobar que el objetivo al que se dirige el legislador es bastante menor del que en un primer momento pudiera parecer. Esto se debe a dos aspectos sobre los que me centraré en las próximas líneas. En primer lugar, a que los menores cometen pocos delitos sexuales, la mayoría de ellos no son de las tipologías más graves (sin violencia e intimidación) y a que la gravedad no es equiparable a cuando el delito lo comete un adulto y, en segundo lugar, a que la reincidencia es baja, sobre todo si el menor se somete a tratamiento.

---

olescent sexual offending. Chicago, IL: The University of Chicago Press, 2004; HARRIS, A.J.; WALFIELD, S.M.; SHIELDS, R.T. y LETORNEAU, E.J. "Collateral consequences...cit; CARPENTER, C. "On emotion..."cit. Según este último autor, los delincuentes sexuales juveniles son diferentes de los delincuentes sexuales adultos hasta el punto que la comisión de un delito sexual por un adolescente no augura un comportamiento sexual predatorio futuro. "Presuponer que un delincuente juvenil es un peligro por la comisión de un delito sexual previo es del todo exagerado".

157 Así lo apuntan también SÁNCHEZ HERRERO, N. y SIRIA MENDAZA, S. "Agresores sexuales juveniles..." cit.

a) Delincuencia sexual de menores

En España, sólo el 8,3 % de los responsables por delitos sexuales es menor de edad[158], mientras que en el contexto europeo esos datos están entre el 5 y el 24%[159] y en el internacional entre el 11% y el 19%[160]. Como ya se apuntó en el primer capítulo, los porcentajes de la delincuencia sexual respecto al total de delitos en el ámbito de menores no dejan de ser bajos incluso a pesar de su incremento en los últimos años. Y ese aumento no sólo obedece a un déficit educativo, sino al incremento de las denuncias y al mayor rechazo que estas conductas suscitan en la sociedad. Por eso, dicho incremento reciente en las cifras oficiales no puede servir al legislador para considerar que estamos ante un fenómeno preocupante que exige ser abordado con medidas tan drásticas como la inscripción en un registro de delincuentes sexuales.

Por su parte, los estudios de cifra negra que se han realizado en nuestro país no hacen referencia a la comisión de este tipo de delitos. Esto puede deberse a que el método del autoinforme, con el que se realizan la mayor parte de estudios que pretenden sacar a la luz la delincuencia no registrada, probablemente no es idóneo para abordar este tipo de conductas, pero también porque la delincuencia sexual es un fenómeno minoritario que ni si quiera aparece entre los más cometidos. Según los estudios más importantes que se han llevado a cabo en España (ISRD-1,

---

158 MINISTERIO DEL INTERIOR. *Informe sobre delitos contra la libertad e indemnidad sexual*, 2021, p. 30. Disponible en línea en: https://www.interior.gob.es/opencms/pdf/prensa/balances-e-informes/2021/Informe-delitos-contra-la-libertad-e-indemnidad-sexual-2021.pdf

159 MARGARI, F. *et al.* "Juvenile sex offenders: Personality profile, coping styles and parental care. *Psychiatry Research*, nº 229(1-2), 2015, pp. 82-88.

160 PULLMAN, L. y SETO, M. "Assessment and treatment of adolescentes sexual offenders: implications of recent research on generalist versus specialist explanations", *Child abuse & Neglect*, nº 36, (3), 2012, pp. 203-209.

ISRD-2, ISRD-3), los comportamientos desviados más cometidos por menores serían la descarga ilegal de contenido en internet, el hurto en tiendas, las peleas en grupo y el vandalismo[161]. Además, aunque el aumento de la delincuencia sexual de menores es un fenómeno que se debe abordar de cara a desplegar adecuadas estrategias de prevención, hay que tener en cuenta la gravedad de la situación queda contrarrestada por el hecho de que la tendencia al alza se ha producido, como se apuntó en el primer capítulo, en los delitos sexuales menos graves, aquellos cometidos sin violencia o intimidación.

b) Reincidencia sexual de menores

El segundo de los motivos es que las cifras de reincidencia de sujetos que han pasado por el sistema penal son escasas, las cuales se ven todavía más reducidas gracias a la existencia de tratamientos específicos para agresores sexuales adolescentes y al hecho de que los menores de edad gozan de una extraordinaria permeabilidad terapéutica.

Uno de los rasgos que se suele atribuir al delincuente sexual adulto es que es un sujeto incapaz de dejar de cometer delitos y para el que el tratamiento no tiene eficacia. Por eso, se piensa que existen en este tipo de delincuencia índices de reincidencia especialmente elevados[162]. Esa imagen se ha extrapolado al delincuente sexual menor de edad, la cual está condicionada por la que se tiene del adulto. Sin embargo, la realidad empírica revela justo lo contrario: las tasas de reincidencia son bajas y estas se reducen todavía más si el menor se somete a tratamiento. Aunque en España no se han hecho estudios longitudinales sobre la reincidencia sexual de menores, aquellos que se han

---

161 FERNÁNDEZ MOLINA, E. y BARTOLOMÉ GUTIÉRREZ, E. "Juvenile crime drop..."cit.

162 Desmonta que los delincuentes sexuales menores de edad tengan más índices de reincidencia CARPENTER, C. "On emotion..." cit.

llevado a cabo en el extranjero así lo demuestran. A diferencia de las creencias tan arraigadas en torno a este fenómeno, la delincuencia sexual, tanto en adultos como en menores, ha demostrado tener las mismas características que el resto de la delincuencia juvenil: transitoria y limitada a la adolescencia[163]. De hecho, las tasas de reincidencia de la delincuencia sexual son bastante bajas en comparación con la de otros delitos, pues según las revisiones de estudios realizadas estas oscilan entre el 6 y el 10%[164] e incluso lo habitual es que reincidan en delitos de naturaleza no sexual[165]. No obstante, como han apuntado

---

163 LUSSIER, P.; VAN DEN BERG, C.; BIJLEVELD, C. y HENDRIKS, J. "A developmental taxonomy of juvenile sex offenders for theory, research, and prevention: The adolescent-limited and the high-rate slow desister."*Criminal Justice and Behavior*, 39, pp. 1559–1581.

164 CALDWELL, M. F. "Study characteristics and recidivism base rates in juvenile sex offender recidivism". *International Journal of Offender Therapy and Comparative Criminology*, 54, 2010, pp. 197-212; CHAFFIN, M. "Our minds are made up—Don't confuse us with the facts: Commentary on policies concerning children with sexual behavior problems and juvenile sex offenders". *Child Maltreatment,* nº 13, 2008, pp.110-121; LETORNEAU, E. J., BANDYOPADPHYAY, D., SINHA, D., y ARMOSTRONG, K. S. "The influence of sex offender registration on juvenile sexual recidivism". *Criminal Justice Policy Review,* 20, 2009, pp.136-153; McCANN, K., y LUSSIER, P. "Antisociality, sexual deviance, and sexual reoffending in juvenile sex offenders a meta-analytical investigation". *Youth Violence and Juvenile Justice,* 6, 2008, pp. 363–385; FORTUNE, C. y LAMBIE, I. "Sexually abusive youth: A review of recidivism studies and methodological issues for future research". *Clinical Psychology Review,* 26, 2006, pp.1078-1095; SÁNCHEZ HERRERO, N. y SIRIA MENDAZA, S. "Agresores sexuales juveniles..."cit.

165 ZIMRING, F. E.; PIQUERO, A. R.; JENNINGS, W. G. "Sexual delinquency in Racine: Does early sex offending predict later sex offending in youth and young adulthood?" *Criminology & Public Policy*, 6, 2007, pp. 507–534; McCUISH, E., LUSSIER, P y CORRADO, R. "Criminal careers of Juvenile sex and nonsex offenders: evidence from a perspective longitudinal study", *Youth, Violence and Juvenile Justice,* 143, 2016, pp. 199-224; LETORNEAU, E. J.; BANDYOPADPHYAY, D.; SINHA, D.; y ARMOSTRONG, K. S. "The influence of sex offender registration

algunos autores, la explicación a este incremento puede venir motivado por el hecho de encontrarse el sujeto sometido a un mayor control policial[166].

Tampoco es cierto que no existan tratamientos eficaces para agresores sexuales juveniles. La literatura extranjera y nacional revelan que disponemos de terapias eficaces a las que los menores de edad son especialmente sensibles[167]. Por ejemplo, el estudio de BOUR-

---

on juvenile sexual recidivism". *Criminal Justice Policy Review,*20, 2009, pp.136-153. Investigaciones realizadas en nuestro país también van en la misma línea, pues la reincidencia de agresores sexuales se sitúa en torno al 20% y se ve reducida a la mitad tras el paso por programas de tratamiento sistemático. Vid. REDONDO, S. y MANGOT, A. "Génesis delictiva..." cit.

166 ZIMRING, F. E., PIQUERO, A. R., y JENNINGS, W. G. "Sexual delinquency in Racine: Does early sex offending predict later sex offending in youth and young adulthood?" *Criminology & Public Policy,* 6, 2007, pp. 507–534; McCUISH, E., LUSSIER, P y CORRADO,R. "Criminal careers of Juvenile sex and nonsex offenders: evidence from a perspective longitudinal study", *Youth, Violence and Juvenile Justice,* 143, 2016, pp. 199-224; LETORNEAU, E. J., BANDYOPADPHYAY, D., SINHA, D., y ARMOSTRONG, K. S. "The influence of sex offender registration on juvenile sexual recidivism". *Criminal Justice Policy Review,* 20, 2009, pp.136-153.

167 BORDUIN, C. M.; HENGGELER, S. W.; BLASKE, D. M., y STEIN, R. J. "Multisystemic treatment of sexual offenders". *International Journal of Offender Therapy and Comparative Criminology,* 996, 1990, pp.105-113; BORDUIN, C. M., SCHAEFFER, C. M., y HEIBLUM, N. "A randomized clinical trial of multisystemic therapy with juvenile sexual offenders: Effects on youth social ecology and criminal activity". *Journal of Consulting and Clinical Psychology,* 77, 2009, pp. 26-37.; LETORNEAU, E. J., HENGGELER, S. W.; BORDUIN, C. M.; SCHEWE, P. A.; McCART, M. R.; CHAPMAN, J. E., y SALDANA, L. "Multisystemic therapy for juvenile sexual offenders: 1-year results from a randomized effectiveness trial". *Journal of Family Psychology,* 23, 2013, pp. 89-102; HANSON, R.K., *et al.* "First report of the collaborative outcome data project on the effectiveness of psychological treatment for sex offenders". *Sexual Abuse: A Journal of Research and Treatment,* 14, 2002, pp. 169-194; REITZEL, L.R. y CARBONELL, J.L.. "The effectiveness of sexual offender treatment for juveniles as measured by recidivism: A meta-analysis". *Sexual Abuse:*

DUIN *et al,* que realizó tres ensayos controlados aleatorios de terapia multisistémica, demostró que los jóvenes que realizaron dicha terapia experimentaron elevados niveles de reducción en su problemática sexual, no sexual, reincidencia y abuso de sustancias[168]. Por su parte, estudios empíricos llevados a cabo en España han demostrado la gran eficacia del tratamiento para rehabilitar a los delincuentes sexuales adultos, reduciendo del 18% al 4% la tasa, para un periodo de seguimiento promedio de casi cuatro años[169]. También existen este tipo de estudios para los menores de edad, pero se recogerán en epígrafes siguientes. Además, como se acaba de apuntar, de estos se puede destacar su "extraordinaria permeabilidad terapéutica que se deriva del momento evolutivo en el que nos encontramos, el cual facilitaría la minimización de la probabilidad de reincidencia"[170]. De

A Journal of Research and Treatment, 18, 2006, pp. 401-422; SÁNCHEZ HERRERO, N. y SIRIA MENDAZA, S. "Agresores sexuales juveniles..." cit.; BENEDICTO, C.; RONCERO, D.; GONZÁLEZ, L. "Agresores sexuales juveniles..."cit.

168 BORDUIN, C. M.; HENGGELER, S. W.; BLASKE, D. M., y STEIN, R. J. "Multisystemic treatment of sexual offenders". *International Journal of Offender Therapy and Comparative Criminology,* 996, 1990, pp.105-113.

169 REDONDO, S. "¿Sirve el tratamiento para rehabilitar a los delincuentes sexuales?", *Reic,* nº 4, 2006, pp. 1-22.

170 BENEDICTO, C.; RONCERO, D.; GONZÁLEZ, L. "Agresores sexuales juveniles: tipología y perfil psicosocial en función de la edad de sus víctimas", Anuario de psicología jurídica, 2017, pp. 33-42. En el mismo sentido BORDUIN, C. M., HENGGELER, S. W., BLASKE, D. M., y STEIN, R. J. (1990). "Multisystemic treatment of sexual offenders". *International Journal of Offender Therapy and Comparative Criminology,* 996, 1990, pp.105-113; BORDUIN, C. M.; SCHAEFFER, C. M.; HEIBLUM, N. "A randomized clinical trial of multisystemic therapy with juvenile sexual offenders: Effects on youth social ecology and criminal activity". *Journal of Consulting and Clinical Psychology,* 77, 2009, pp. 26-37."; LETORNEAU, E. J., HENGGELER, S. W.; BORDUIN, C. M.;SCHEWE, P. A.; McCART, M. R., CHAPMAN,J. E.; SALDANA, L. "Multisystemic therapy for juvenile sexual offenders: 1-year results from a randomized effectiveness trial". *Journal of Family Psychology,* 23, 2013, pp. 89-102; HANSON,R.K.; GORDON, A.; HARRIS A.J.R.; MARQUES, J. MURPHY, W.; QUINSEY, V.L. *et al.* "First report of the collaborative

hecho, una ventaja de estos respecto a los adultos es que son más propensos a admitir el comportamiento lesivo, lo cual mejora enormemente sus posibilidades de éxito[171].

8.2.3. Conclusiones

En definitiva, según lo acabado de exponer el objetivo al que se dirige la medida es menor del que en un primer momento pudiera parecer. La delincuencia sexual de menores es baja en comparación con otros delitos. Es cierto, como se ha apuntado, que este fenómeno ha aumentado en los últimos años en las estadísticas oficiales pero las razones, además de estar relacionadas con el consumo de pornografía a edades tempranas, alcohol o drogas, también parecen tener que ver con un incremento de la sensibilidad de género, así como con las modificaciones legislativas que han tenido lugar en los últimos años.

Además, la delincuencia sexual es baja, más aún aquella que puede ser indicativa de un déficit educativo severo, pues a pesar del aumento de los delitos sexuales en los últimos años, aquellos cometidos con violencia o intimidación han seguido una tendencia decreciente o estable pero baja. Sobre la cuestión de la gravedad de las conductas también hay que tener en cuenta que en las reformas legislativas se ha reforzado la tutela de la libertad o indemnidad sexual del menor de dieciséis años pero,

---

outcome data project on the effectiveness of psychological treatment for sex offenders". *Sexual Abuse: A Journal of Research and Treatment*, 14, 2002, pp. 169-194; REITZEL, L.R. y CARBONELL,J.L. "The effectiveness of sexual offender treatment for juveniles as measured by recidivism: A meta-analysis". *Sexual Abuse: A Journal of Research and Treatment, 18*, 2006, pp. 401-422; SÁNCHEZ HERRERO, N. y SIRIA MENDAZA, S. "Agresores sexuales juveniles…"cit.

171 SÁNCHEZ HERRERO, N. y SIRIA MENDAZA, S. "Agresores sexuales juveniles:¿Existe un tratamiento eficaz?", *Boletín Criminológico*, nº 126 (2011).

como se ha apuntado, desde un punto de vista del desvalor no es equivalente la severidad que entraña el comportamiento de un adulto respecto de una víctima menor que la de un menor con alguien de edad similar y, todo ello, aunque el tipo penal de referencia que aplican los tribunales sea el mismo. Otro argumento es que el objetivo al que se dirige la medida es limitado, dado que los estudios demuestran que la reincidencia de menores en estos delitos es escasa, y más aún la de aquellos que pasan por el sistema penal y que, por consiguiente, reciben un tratamiento (aquellos a los que esta se dirige). Teniendo en cuenta su limitado alcance, procedo en las siguientes líneas a realizar el verdadero análisis de proporcionalidad o prohibición de exceso en sus tres niveles de idoneidad, necesidad y proporcionalidad en sentido estricto

8.3. Primer nivel: la idoneidad de la medida

La mayor parte de la doctrina, así como el TC consideran que antes de llevar a cabo una comparación sobre si un determinado medio de control social es más o menos efectivo o más o menos eficaz que otro con el objetivo de decidir cuál de ellos arroja una relación coste-beneficio más favorable, con carácter previo hay que analizar si un determinado subsistema es eficaz para cumplir los objetivos que se ha propuesto o, si es idónea para alcanzar el fin pretendido[172]. Así, se podrá afirmar que un instrumento es inútil cuando no permita alcanzar el fin propuesto, mostrándose

---

[172] Consideran la idoneidad del medio como requisito previo al de necesidad y vinculado al principio de subsidiariedad GÜNTHER, H.L. *Strafrechtswidrigkeit und Strafrechtsausschluss.* Carl Heymanns Verlag, 1973, pp. 180-181; TIEDEMANN, K. *Tabestandfunktionen im Nebenstrafrecht, Untersuchungen zu einem rechtsstaatlichen Tabestandbegriff, entwickelt am Problem des Wirtschaftsstrafrechts.* J.C.B. Mohr, Tübingen, 1969, pág. 144. Siguiendo a ambos autores PRIETO DEL PINO, A. M. *El Derecho penal ante el uso de información privilegiada en el mercado de valores.* Thomson Aranzadi. Navarra, 2004, p. 248.

ineficaz, pues sólo aquellas medidas que permitan alcanzar la meta marcada pueden ser consideradas para su posterior comparación[173]. La STC 60/2010, de 7 de octubre, explica sobre el juicio de idoneidad que es "una relación de congruencia objetiva entre el medio adoptado por el legislador y el fin que con él se persigue, entendiéndose que tal circunstancia se producirá si la medida que se deriva del precepto cuestionado puede contribuir positivamente a la realización del fin perseguido. Por el contrario, la medida habrá de reputarse inidónea o inadecuada si entorpece o, incluso, si resulta indiferente en punto a la satisfacción de su finalidad"(FJ 12).

En este caso, valorar la capacidad para reducir delitos de una medida postcondena como es la inscripción en un registro de delincuentes sexuales es complicado, pues es difícil saber si el desistimiento de la carrera delictiva obedece a su imposición o a motivos ajenos que han interferido en este. Teniendo en cuenta esto, existen numerosos estudios, elaborados principalmente en Estados Unidos, que ponen en duda la capacidad preventiva de la inscripción de menores en los registros de delincuentes sexuales. Los estudios más optimistas revelan que la aplicación de este tipo de sanciones no tiene efectos en la reducción de delitos[174], pues aquellos que compararon la reincidencia de sujetos registrados con la de no registrados no encontraron diferencias significativas entre grupos[175]. De

---

173 PRIETO DEL PINO, A.M. *El Derecho penal*...cit. p. 263

174 CALDWELL, M. F., y DICKINSON, C. "Sex offender registration and recidivism risk in juvenile sexual offenders". *Behavioral Sciences & the Law*, 27, 2009, pp. 941-956; CALDWELL, M.F., ZIEMKE, M. H., y VITACCO, M. J. (2008). "An examination of the Sex Offender. Registration and Notification Act as applied to juveniles: Evaluating the ability to predict sexual recidivism". *Psychology, Public Policy, and Law*, 14, 2008, pp. 89-114.

175 Así, LETORNEAU, E.J.; BANDYOPADPHYAY, D.; SINHA, D., y ARMOSTRONG, K. S. "The influence of sex offender registration on juvenile sexual recidivism". *Criminal Justice Policy Review*,20, 2009, pp.136-153.; ADKINS, G.; HUFF, D. y STAGEBERG, P. *The Iowa sex offender registry and*

hecho, hay quien apunta que por sus propias características (impulsividad, cortoplacismo, etc.) el efecto preventivo es incluso más reducido en el caso de los menores de edad[176]. Por su parte, los estudios más pesimistas no sólo no le reconocen ningún papel en la disminución de delitos, sino que ponen de manifiesto que puede ser criminógeno, pues el estigma y la desocialización que conlleva su imposición (impidiendo conseguir un trabajo o una vida independiente) pueden contribuir al aumento de la reincidencia en los delitos sexuales, pero, sobre todo, en general[177].

---

recidivism. Des Moines:Iowa Department of Human Rights, 2000. Disponible en línea en: https://humanrights.iowa.gov/sites/default/files/media/SexOffenderReport%5B1%5D.pdf; ZEVITZ, R. G.. "Sex offender community notification: Its role in recidivism and offender reintegration", *Criminal Justice Studies*, 19, 2006, pp. 193-208.

176 LETORNEAU, E. J., BANDYOPADPHYAY, D., SINHA, D., y ARMOSTRONG, K. S. "The influence of sex offender registration on juvenile sexual recidivism". *Criminal Justice Policy Review*,20, 2009, pp.136-153.

177 LETORNEAU, E. J., BANDYOPADPHYAY, D., SINHA, D., y ARMOSTRONG, K. S. "The influence of sex offender registration on juvenile sexual recidivism". *Criminal Justice Policy Review*,20, 2009, pp.136-153; CHAFFIN, M. "Our minds are made up—Don't confuse us with the facts: Commentary on policies concerning children with sexual behavior problems and juvenile sex offenders". *Child Maltreatment*, nº 13, 2008, pp.110-121; HILLER, S. "Problems with juvenile sex offender registration: The detrimental effects of public disclosure". *Boston University Public Interest Law Journal*, 7, 1998, pp. 271-273; HAYES H. D. "Using integrated theory to explain the movement into juvenile delinquency". *Deviant Behavior: An Interdisciplinary Journal*, 18, 1997, pp.161-184; GEER. P. "Justice served? The high cost of juvenile sex offender registration". *Developments in Mental Health Law*, 27, 2008, pp. 33-52; MARKMANN, J. S. "Community notification and the perils of mandatory juvenile sex offender registration: The dangers faced by children and their families. *Seton Hall Legislative Journal*, 32, 2007, pp. 261-283; HARRIS, A.J.; WALFIELD, S.M.; SHIELDS, R.T. y LETORNEAU, E.J. "Collateral consequences of juvenile sex offender registration and notification: results from a survey of treatment

Aunque estos resultados nos deberían llevar a la conclusión de que estamos ante una medida inidónea que debe ser desterrada del ordenamiento, lo cierto es que hay que tener en cuenta que la mayor parte de los estudios citados centran su análisis sobre el registro de delincuentes sexuales estadounidense, cuya configuración es diferente al español. Aunque para evitar prescindir del análisis de idoneidad cuando no tengamos estudios propios es legítimo acudir a los extranjeros[178], hay que hacerlo teniendo en cuenta las diferencias entre ambas regulaciones. Las principales radican en que, por un lado, el registro estadounidense (al igual que la mayoría en derecho comparado) se ha configurado como una base de datos de carácter policial para controlar el domicilio de sujetos excondenados por la comisión de delitos sexuales, mientras que la principal consecuencia del español es la aplicación de una inhabilitación para el ejercicio de profesiones con menores. Además, el estadounidense se ha diseñado no sólo permitiendo un amplio acceso público, sino incluso realizando labores de notificación a los ciudadanos, dando lugar a mayores efectos desocializadores todavía[179].

Ahora bien, a pesar de los resultados no hay que descartar que el registro español sea idóneo para evitar la reincidencia. Simplemente apelando al sentido común, es lógico calificar

---

providers", *Sexual Abuse: A Journal of Research and Treatment,* 28(8), 2016, pp. 770-790.

178 Así, ROXIN, C. *Strafrecht. Allgemeiner Teil.* Band. 1, 4 Grundlage. Der Aufbau der Verbrechenslehere. C.H. BECK, 2006. p. 47 (nm 101); PRIETO DEL PINO, A.M. *El Derecho penal...*, cit. pág. 287.

179 Como apunta ROBLES PLANAS esta configuración del registro "deja en manos de los particulares el procesar el alcance y significado de tales datos, lo que unido al alarmismo inherente de la lógica de la seguridad lleva necesariamente a la estigmatización y exclusión permanente de la vida social de quienes ya han cumplido su condena. Toda una invitación a las llamadas "reacciones informales" que están muy lejos del pretendido ideal de seguridad.Vid. ROBLES PLANAS, R. "«sexual predators»..."cit.

como tal una medida que impide a sujetos que han sido condenados por delitos sexuales ejercer profesiones con estos. Por supuesto, no desde una perspectiva intimidatoria, sino inocuizadora. Son diversos los estudios que han puesto de manifiesto el escaso valor disuasorio de las privaciones de derechos postcondena que se imponen al sujeto tras su paso por el sistema. Esto se debe a que su componente aflictivo suele pasar más desapercibido en comparación con los propios de la pena de prisión o que directamente se desconoce su existencia[180]. Un buen ejemplo del desconocimiento de esta medida queda reflejado en la SAN 2541/2018, de 7 de junio (ECLI:ES:AN:2018:2541) en la que un joven de 18 años es condenado por descargarse pornografía infantil a través de internet (189.1 CP) y que claramente se ve afectado por la inhabilitación para el ejercicio de profesiones con menores porque es profesor de música para niños. En la propia sentencia se recoge expresamente como el condenado afirma que "de conocer estas consecuencias cuando pactó su conformidad hubiese celebrado juicio". Además, si hay algún efecto intimidatorio que pueda desplegar esta medida probablemente sea todavía más reducido en el ámbito de menores, pues se ha demostrado el escaso efecto preventivo-general que supone la intervención penal en los jóvenes[181].

Por el contrario, en su vertiente inocuizdora la medida es capaz de evitar desde una perspectiva preventivo-situacional que posibles autores motivados (ex delincuentes) coincidan con blancos fáciles (menores de edad) en un espacio de escasa

---

180 DÍEZ RIPOLLÉS, J.L. "Sanciones adicionales a delincuentes y ex-delincuentes. Contrastes entre Estados Unidos de América y países nórdicos europeos". *Indret* (2014), pp. 1-37. No obstante, hay quien ha apuntado que a menudo la comisión de un delito sexual en Estados Unidos hace que el condenado trate de evitar por todos los medios que el delito se califique como grave para que no lleve aparejada la consecuencia más grave: la inscripción en el registro. Vid. MARTÍNEZ GUERRA, A. "Edad sexual y exclusión de la responsabilidad penal..."cit.

181 CRUZ MÁRQUEZ, B. *Educación*...cit.

vigilancia (colegio, hospital, ONG, etc.) y, por tanto, reduce las oportunidades para el delito[182]. Como otro tipo de privaciones de derechos postcondena, la evitación del delito se realiza a través de la interposición de obstáculos entre el condenado y el resto de la sociedad. Desde esta perspectiva, la medida es idónea, y todo ello con independencia de que existan otras alternativas capaces de alcanzar dicho fin a un menor coste, cuestión que ya no es propia de este nivel de análisis sino del siguiente.

8.4. Segundo nivel: la necesidad de la medida

En esta segunda categoría se analiza si la medida es necesaria. Esto significa comprobar la existencia de medios idóneos alternativos menos gravosos en el ámbito social o en otros sectores del ordenamiento jurídico incluso en el propio derecho sancionador y compararlos en su eficacia para la consecución del fin. La mayor parte de la doctrina y del TC incluyen en este estrato argumentos exclusivamente utilitarios[183]. Sus criterios orientadores son la economía, eficiencia y la conveniencia del recurso

---

[182] Las teorías de la oportunidad surgen a finales de la década de los 70. A su consolidación contribuye la teoría de las actividades cotidianas de Cohen y Felson, que supuso un cambio de perspectiva porque pasó de centrarse en el delincuente a poner el acento en el delito y en las oportunidades delictivas. Sobre esta vid. COHEN, L.E. y FELSON, M. "Cambio social y tendencias en la tasa de criminalidad: un enfoque desde las actividades cotidianas", *Revista de Derecho penal y Criminología*, nº 20, 2018, pp. 359-369.

[183] GARCÍA PÉREZ, O. La punibilidad en el Derecho penal. Aranzadi. Pamplona, 1997, p.337; RANDO CASERMEIRO, P. *La distinción entre el Derecho penal y el Derecho administrativo sancionador*. Tirant lo Blanch. 2010, p. 378; SILVA SÁNCHEZ, J. M. *Aproximación al Derecho penal contemporáneo*. J. M. Bosch editor, 1992, p. 248; PRIETO DEL PINO, A.M. *El Derecho penal ante el uso...*, cit. p. 246.

al medio[184]. Afirma el propio TC en su sentencia 169/2021, de 6 de octubre de 2021, que este es el "momento en el que es preciso valorar el «conjunto de sanciones que el mismo legislador ha estimado necesarias para alcanzar fines de protección análogos» para determinar si «resulta evidente la manifiesta suficiencia de un medio alternativo menos restrictivo de derechos para la consecución igualmente eficaz de las finalidades deseadas por el legislador» (STC 55/1996, FJ 8, en el mismo sentido STC 136/1999, FJ 23)" (FJ 7). Ahora bien, como indica el propio Tribunal en esta y en otras ocasiones, la propuesta de diversas medidas alternativas no basta para justificar la inconstitucionalidad de la norma con base a este principio[185]. De tal modo que la desproporción de las medidas sólo se reconocerá cuando "las medidas alternativas (sean) palmariamente de menor intensidad coactiva y de una funcionalidad manifiestamente similar a la que se critique por desproporcionada"[186]. Esto significa que las alternativas deberán ser indudablemente más satisfactorias que aquella por la que ha optado el legislador.

Volviendo a la cuestión que nos atañe, no se puede negar que con la inscripción en el registro se pretende una determinada utilidad: que sujetos condenados por delitos sexuales no atenten contra la integridad sexual de víctimas menores de edad. El problema es que esta se logra con una serie de costes, entre ellos vulnerando derechos y dificultando las posibilidades de resocialización del que la sufre[187]. Por eso hay que plantearse la

---

184 GÜNTHER, H. L.: *Strafrechtswidrigkeit und Strafunrechtsausschluß*. Carl Heymann, 1983, p.205.

185 STC 136/1999, de 20 de julio (FJ23) y STC 167/2021, de 6 de octubre de 2021 (FJ7)

186 STC 161/1995 FJ 11 y STC 169/2021, de 6 de octubre de 2021 (FJ7)

187 Sobre los efectos desocializadores vid. LARRAURI, E. "Convictions records in Spain: obstacles to reintegration of offenders?" *European Journal of Probation*, vol. 3, nº1, 2011, pp. 50-62. Principalmente es la publicidad lo que afecta a la resocialización y, como pone de manifiesto ALONSO RIMO, lo que resulta preocupante es que en Estados Unidos atentar contra los fines resocializadores se ha convertido no solo en un

existencia de otros mecanismos que puedan resultar igual de eficaces con un menor coste. Teniendo en cuenta que en esta categoría hay que realizar un análisis coste-beneficio certero basado en la evidencia empírica, la cuestión que hay que resolver de manera inmediata es qué aspectos hay que ponderar. Se podría simplificar la tarea comparando los beneficios en la reducción de delitos con los derechos fundamentales del sometido a esta. Sin embargo, como subraya GARCÍA PÉREZ, realizar el análisis en estos términos resulta "insuficiente", puesto que este debe abarcar más variables, incluyendo la totalidad de los efectos que se producen en el sistema social y los que se generen sobre otros individuos[188].

Con un concepto amplio, los costes de la medida están claros. Esta interfiere en el derecho a la vida privada y familiar, en el libre desarrollo de la personalidad al impedir que el afectado se ocupe profesionalmente en el ámbito que desea, además de tener los efectos desocializadores y estigmatizantes que se reflejaron en epígrafes anteriores, pues frustra los logros educativos alcanzados durante el tratamiento. En definitiva, podemos decir que la medida realiza su tarea preventiva a un elevado coste. Aclarado esto, el siguiente paso es buscar alternativas capaces de competir en eficacia con la inclusión del sujeto en un registro de delincuentes sexuales cuya principal consecuencia es la aplicación de una inhabilitación para el ejercicio de profesiones con menores.

Hay un sinfín de opciones ajenos a la respuesta penal para alcanzar dicho objetivo, por ejemplo: realizar una buena prevención primaria a través de una adecuada formación sexual en

---

efecto colateral de los registros de delincuentes, sino en el principal objetivo de estos. ALONSO RIMO, A. "La publicidad de los antecedentes penales como estrategia de prevención del delito", *Revista General de Derecho penal*, nº 17 (2012), pp.1-36.

188 GARCÍA PÉREZ, O. *La punibilidad*...cit. p. 338

los contextos familiar y social[189]. Por ejemplo, se han comprobado eficaces los programas preventivos escolares[190]. De hecho, dirigir los recursos hacia la sanción que merece el culpable no sólo deja de lado la atención de la víctima y la adopción de otro tipo de medidas, sino que dificulta el posible tratamiento del problema en origen, ya que la excesiva presión punitiva dificulta que el abusador asuma su responsabilidad y acepte tratar su problema[191]. Ahora bien, dado que la medida que se somete a evaluación se centra en quienes previamente han cometido un delito sexual, y han sido detectados por el sistema, lo lógico es plantear alternativas que tengan como objetivo la prevención secundaria y terciaria. A priori, en esta categoría hay dos que pueden hacerlo a un menor coste: apostar por el tratamiento durante la ejecución de la condena y ofrecer una regulación alternativa del registro para menores de edad.

La primera de ellas no tiene el carácter de sanción, con lo cual en la lógica utilitaria sería preferible por lograr el fin a un menor coste (prescindiendo del menoscabo de derechos fundamentales que supone esta). La propuesta consistiría en intervenir con los menores que ya han delinquido a través de tratamientos eficaces durante la condena para evitar la reincidencia en el ámbito de la justicia juvenil. Como resultado es esperable que la inmensa mayoría de los jóvenes, incluso aquellos que puedan estar en situaciones de riesgo, adquieran pautas de interacción sexual normalizada, y de inhibición apropiada de las conductas

---

189 REDONDO, S. y MANGOT, A. "Génesis delictiva..." cit. Por ejemplo, como programa preventivo de la delincuencia de la cibervictimización (también sexual) el programa "CiberApp" cuya eficacia está empíricamente demostrada. Vid. RODRÍGUEZ FERNÁNDEZ, S.; FERNÁNDEZ CASTEJÓN, E.B. y BAUTIZTA ORTUÑO, R. "Prevención de la cibervictimización en menores de la provincia de Alicante", *Revista de investigación criminologíca,* 2017 (15), pp. 1.25.

190 RODRÍGUEZ PÉREZ, S. "Aportaciones de la sexología..."cit. pp. 65 y ss.

191 TAMARIT SUMALLA, J. "¿Caza de brujas o protección de los menores?..."cit. pp. 103 y 104.

de fuerza y abuso sexual. Esta consiste fundamentalmente en tratamientos terapéuticos y de reinserción social de agresores sexuales condenados internados en centros de menores[192]. La ventaja que se da respecto a los adultos es que estamos ante un sistema penal con una mayor vocación educativa y que se dirige hacia un individuo más predispuesto al tratamiento. En España hay algunas iniciativas de intervención terapéutica específicas que se han implementado como el "Programa de desarrollo integral para infractores sexuales juveniles (DIAS)" o el "Programa de tratamiento educativo y terapéutico para agresores sexuales" y que han resultado ser muy eficaces[193]. Además, en caso de

---

192 REDONDO, S. y MANGOT, A. "Génesis delictiva..." cit.

193 REDONDO, S. y MANGOT, A. "Génesis delictiva..." cit. La tendencia reciente es diseñar estrategias de prevención distinguiendo categorías dentro de los delincuentes sexuales. Una de las que más éxito ha tenido es la de distinguir entre menores que cometen delitos sexuales contra iguales o adultos y aquellos que cometen delitos sexuales contra menores. Estos presentan problemáticas diferentes, pues mientras que el agresor de iguales o adultos se caracterizan por emplear en mayor medida la violencia, los que atentan contra menores de edad, se valen del engaño o de cierto grado de intimidación. La víctima de sexo femenino destaca en sujetos que atacan a su grupo de iguales, mientras que los que atentan contra menores de edad escogen en mayor medida una víctima con independencia de aspectos relacionados con la orientación sexual que resulte más fácil de acceder. También es más probable que la agresión o abuso se cometa en grupo en los agresores que atentan contra su grupo de iguales, mientras que los que atentan contra menores suelen llevar a cabo su comportamiento en solitario. Los que atentan contra iguales tienen un mayor historial delictivo previo, siendo la conducta sexual una expresión más de dicho comportamiento antisocial. A nivel escolar, también hay diferencias, pues son más absentistas y tienen más problemas escolares aquellos que atentan contra el grupo de iguales que quienes atentan contra menores. En la variable victimización previa también se han encontrado diferencias considerables, siendo la probabilidad de ser víctima de abuso sexual nueve veces mayor en el grupo de los menores que atentan contra menores que en el grupo de menores que atentan contra el grupo de iguales o adultos, "lo que avalaría aquellos modelos explicativos basados en la repeti-

que el riesgo persista, como apuntan REDONDO y MANGOT, se pueden desplegar estrategias de predicción del riesgo para evaluar su probabilidad de reincidencia futura. Con dicha información se podrán desarrollar intervenciones preventivas sobre estos en el momento de la finalización de su paso por el sistema juvenil[194].

No cabe duda de que el tratamiento constituye una iniciativa mucho más constructiva y menos vulneradora de derechos, desocializadora o estigmatizante que la medida de impedir al

---

ción del ciclo víctima-agresor, que tienen en cuenta el aprendizaje". En definitiva, para el agresor de iguales, el atentado contra la libertad o indemnidad sexual forma parte de un historial mayor de comportamiento antisocial, mientras que el agresor de menores tiene una problemática específica que a menudo se relaciona con una victimización propia. Por eso, según estos autores, en los agresores de iguales el tratamiento será aquel destinado a minimizar aquellas conductas más externalizantes y relacionadas con el comportamiento antisocial y violento general en adolescentes como puedan ser la agresividad, la impulsividad y la búsqueda de sensaciones, mientras que el objetivo de la intervención con menores que atentan contra otros menores debería ser la adquisición de un repertorio adecuado de habilidades sociales que favoreciera su integración social, aumentando su autoestima y mejorando sus expectativas en las interacciones sociales. BENEDICTO, C.; RONCERO, D.; GONZÁLEZ, L. "Agresores sexuales juveniles..."cit.

194 REDONDO, S. y MANGOT, A. "Génesis delictiva..." cit. Si hay algo que precisamente ha avanzado en la Criminología en los últimos años es el diseño de mecanismos eficaces de predicción de la reincidencia. De hecho, hay constancia de que en algunas comunidades este tipo de instrumentos. Por ejemplo, el "Inventario de Gestión e Intervención para Jóvenes (IGI-J)", la adaptación española del Youth Level of Service/ Case Management Inventory (YLS/CMI) realizada por GARRIDO, se ha utilizado en la comunidad de Madrid. Este es cumplimentado conjuntamente y de manera consensuada por los miembros del Equipo técnico de cada menor internado al inicio de la medida judicial y es revisado periódicamente hasta que finaliza dicha medida judicial. Vid. BENEDICTO, C.; RONCERO, D.; GONZÁLEZ, L. "Agresores sexuales juveniles..."cit.

individuo el acceso a un determinado ámbito laboral durante diez años tras la mayoría de edad, pues el tratamiento se desarrolla mientras el menor cumple la medida judicial impuesta y no tras su paso por el sistema penal. No obstante, si aun así la idea del legislador era optar por incorporar los menores a una base de datos para delincuentes sexuales, otra opción que tenía era la de apostar por una configuración diferente del registro. Los registros de delincuentes sexuales en el ámbito comparado varían según sus características. Su configuración depende de si la inscripción es automática o potestativa, según el tipo de publicidad o si permite el acceso a la información por particulares, el tiempo de permanencia del sujeto, si la inscripción depende de la gravedad del delito, etc.[195]. Es cierto que el registro español no permite el acceso a la información contenida por parte de particulares, y esto se valora de forma muy positiva porque evita mayores efectos desocializadores[196], pero las consecuencias que lleva aparejada lo aproximan a los registros de delincuentes sexuales que, sin publicidad, son más restrictivos de derechos.

En el artículo publicado sobre el destinatario adulto se propone una regulación alternativa del registro de delincuentes sexuales para destinatarios que reduzca los plazos de cancelación o establezca revisiones de los antecedentes antes de que el periodo de cancelación llegue a término. Ahora bien, aunque los errores en que incurre la normativa son extrapolables a ambos receptores de la norma, hay más argumentos que añadir para los menores infractores.

---

195 Como afirma LARRAURI de su configuración dependerá los efectos deoscializadores que se deriven de esta. LARRAURI, E. "Convictions records in Spain…"cit..

196 Afortunadamente, en los pronunciamientos sobre registros de delincuentes el TEDH ha dejado claro que una base de datos que permitiera el acceso de particulares vulneraría el derecho a la vida privada y familiar previsto en el art. 8 CEDH. Vid. *Aycaguer c. Francia* §38 o *Gardel* c. *Francia* § 70.

La principal propuesta sería precisamente dejarlos al margen del RD 1110/2015. Es decir, permitir únicamente la inscripción de sujetos adultos. Si precisamente ninguno de los dos textos europeos en los que la regulación española del registro se basa exigía que la inhabilitación para el ejercicio de profesiones con menores se aplicara a adolescente es probablemente porque este previó los problemas que podía llevar aparejada esta medida. Desde el punto de vista preventivo la medida se torna en innecesaria por las propias características de los adolescentes y de su forma de delinquir[197]. La delincuencia sexual cometida por menores suele tener las mismas características que el resto y la mayoría de las veces obedece a los procesos propios de socialización y de madurez a los que se ven sometidos los menores. Y, aunque la comisión de un delito sexual obedezca a la existencia de un déficit educativo grave, en ningún caso es revelador de que el menor pueda seguir cometiendo delitos sexuales en el futuro. Por eso, al contrario de lo que se regula en el RD 1110/2015, debería evitarse a toda costa que un fallo en la adolescencia pueda marcar al menor de por vida. "El Derecho penal no debe representar una losa para retomar una «vida normal», aunque por el camino el menor se haya desviado puntualmente en su tránsito a la vida adulta"[198].

Ahora bien, incluso si el legislador a pesar de lo expuesto sigue teniendo la intención de equiparar nuestra legislación a la de aquel pequeño grupo de países que registra los delitos sexuales cometidos por menores, tenía otras opciones menos represivas y vulneradoras en el derecho comparado. La regulación francesa del registro de delincuentes sexuales, que sólo obliga a informar del domicilio y que prevé mecanismos de revisión de antecedentes a instancia de parte, incorpora una regulación

---

197 Aunque hay quienes se empeñan en considerar que la delincuencia sexual de menores tiene más rasgos en común con la delincuencia de los adultos que con la de estos no hay nada que parezca indicar esto Vid. Nota a pie 155.

198 FEIJOO SÁNCHEZ, B. "Exposición de motivos"...cit., p. 66.

tanto para adultos como para menores menos punitiva. Para delitos cometidos por menores de entre trece y dieciocho años la inscripción es facultativa por parte de la autoridad judicial tras una valoración de las circunstancias personales, salvo supuestos de extrema gravedad en que la inscripción es obligatoria[199]. Por su parte, la regulación británica también inscribe únicamente los datos de menores que han cometido delitos graves y los periodos de permanencia son mucho menores que para los del adulto[200].

Como sucede bastante a menudo, la dureza de una opción político-criminal no viene tanto por la severidad de la medida (diez años de inhabilitación para el ejercicio de profesiones con menores), sino por eliminar la discrecionalidad judicial que permita optar por su aplicación o graduar su duración. En el caso español, el legislador podría haber previsto un periodo de permanencia más reducido para menores o su aplicación únicamente para los delitos más graves o en los que hubiera riesgo de reincidencia o dejar la decisión sobre la inscripción en manos del juez.

En definitiva, en este segundo nivel se puede decir que se han propuesto medidas alternativas menos restrictivas. Por tanto, el Tribunal ya aquí debería considerar que la medida es innecesaria y vulnera el principio de proporcionalidad. No obstante, procedo a analizar el siguiente estrato para comprobar si efectivamente el resultado alcanzado nos confirma dicha decisión.

---

199 Vid. art. 706-53-2 *Code de procédure pénale*. La regulación francesa se encuentra en el *Code de procédure pénale. Chapitre II: Du fichier judiciaire national automatisé des auteurs d'infractions sexuelles ou violentes* (*Articles* 706-53-1 à 706-53-12).

200 Vid. *Sexual Offences Act 2003*, "*Part 2. Notification and orders*" párrafo 131 (*Young offenders: application*), disponible en https://www.legislation.gov.uk/ukpga/2003/42/contents.

8.5. Tercer nivel: proporcionalidad en sentido estricto

Llegados a este punto se trata de comparar si existe un "desequilibrio manifiesto" entre lo que el legislador pretendía con la medida (la reducción de la reincidencia de delitos contra menores de menores de edad que han pasado por el sistema penal) y los costes que esta conlleva (estigma, desocialización y menoscabo de derechos fundamentales del menor). Como afirma el Alto Tribunal en la STC 169/2021, de 6 de octubre, en este nivel se compara la gravedad del delito que se trata de impedir "y en general, los efectos benéficos que genera la norma desde la perspectiva de los valores constitucionales" con la gravedad de la pena que se impone "y, en general, los efectos negativos que genera la norma desde la perspectiva de los valores constitucionales" (FJ7). De hecho, literalmente afirma que "en un plato de la balanza se sitúa la gravedad de las conductas sancionadas y en el otro «los costes fácticos que la medida comporta para los valores constitucionales», ponderación en la que puede ser útil efectuar una comparativa con otras normas penales del Derecho interno y con soluciones del Derecho comparado (*vid.* STC 136/1999, FJ 29) (FJ 7)".

Aunque no hay duda de que la reducción de la reincidencia en los delitos sexuales con víctima menor de edad es un valor constitucional de primer orden, este objetivo político-criminal se ve empañado por el hecho de que tiene un alcance limitado en la medida que la realidad empírica nos muestra que son pocos los menores que cometen delitos sexuales y que la cantidad de ellos que siguen reincidiendo tras una condena es mínima. Por el contrario, son numerosos los costes que comporta para los valores constitucionales, pues es contraria a los fines y principios sobre los que se asienta el sistema de responsabilidad penal de menores como el principio de proporcionalidad (art. 8.2 LORPM) o el principio del superior interés del menor. No sólo carente de contenido educativo, sino que es estigmatizadora y pone obstáculos en los avances resocializadores logrados durante el periodo de ejecución de la medida, etc, efectos que hacen que incluso que pueda aumentar la reincidencia. En definitiva, si comparamos las mínimas ventajas preventivas que nos ofrece con sus elevadísimos costes es imposible no llegar a la conclusión de que estamos ante una medida desproporcionada[201].

Además, si en la sentencia sobre la constitucionalidad de la prisión permanente revisable el TC llegaba a la conclusión de que "El panorama que ofrece el derecho comparado proporciona asimismo un criterio que permite descartar la idea de que estemos en presencia de una reacción punitiva arbitraria o extravagante", sucede justo lo contrario en el caso que nos ocupa. Como se ha apuntado, son pocos los ordenamientos que registran delitos sexuales cometidos por menores y ninguno permite imponer una consecuencia tan grave como una inhabilitación para el ejercicio de profesiones con menores. Además, como ya se ha apuntado, todos ellos prevén opciones menos represivas y vulneradoras para los adolescentes. La comparación con el modelo francés, país perteneciente al Consejo de Europa y con una tradición jurídica similar a la española, es especialmente ejemplificadora.

8.6. Conclusiones

La actual regulación de toda la normativa relativa al registro es inconstitucional, por las razones que se expusieron en otro trabajo, por lo que se debería modificar en el sentido que se propuso en su momento, y además vulnera principios básicos del sistema de responsabilidad penal de menores. En lo que

201 Llega a la misma conclusion LETORNEAU, E. J.; BANDYOPADPHYAY, D.; SINHA, D., y ARMOSTRONG, K. S. "The influence of sex offender registration on juvenile sexual recidivism". *Criminal Justice Policy Review*,20, 2009, pp.136-153, aunque hay que tener en cuenta que estos autores hacen una valoración sobre el registro en Estados Unidos que, a diferencia del caso español, permite un amplio acceso público.

respecta a este último, el legislador debería prescindir de una medida tan restrictiva de derechos fundamentales y tan desocializadora. Ahora bien, si no está dispuesto a asumir la menor peligrosidad general de los delitos sexuales cometidos por menores y prefiere responder al excepcional riesgo de reincidencia de estos con una medida como esta, al menos se debería haber previsto una regulación diferente a la del adulto. Lo lógico es que la decisión de enviar al registro al menor infractor quede a discreción del juez de menores y que este la realice haciendo un análisis sobre su idoneidad en el caso concreto (reincidencia, intereses, circunstancias, gravedad del delito, etc.), que es lo que exige el Tribunal Europeo de Derechos Humanos con cualquier medida restrictiva de derechos fundamentales.

Bibliografía

ABEL SOUTO, M. "La reforma de 25 de noviembre de 2003 en materia de principio acusatorio y la proporcionalidad garantizada por la Ley penal del menor", *EPYC*, nº 24, 2002, pp. 8-57.

ACALE SÁNCHEZ, M. "Título VIII. Delitos contra la libertad sexual. Capítulo I. De las agresiones sexuales", VV.AA. (CUERDA ARNAU, M.L.) *Comentarios al Código penal Tomo I.* Tirant lo Blanch, 2023, pp. 1202-1230.

ACALE SÁNCHEZ, M. y FARALDO CABANA, P. "Presentación", VV.AA. (FARALDO CABANA, P. y ACALE SÁNCHEZ, M. dirs.). *La manada. Un antes y un después en la regulación de los delitos sexuales en España.* Tirant lo Blanch, 2018, pp. 11-29.

ADKINS, G., HUFF, D. y STAGEBERG, P. *The Iowa sex offender registry and recidivism. Iowa Department of Human Rights.* Des Moines: Iowa Department of Human Rights.2000. Disponible en línea en: https://humanrights.iowa.gov/sites/default/files/media/SexOffenderReport%5B1%5D.pdf;

AEBI, M. *et al.* "Criminal History and Future Offending of Juveniles Convicted of Possesion of Child Pornography", *Sexual Abuse*, nº 26, 2014, pp. 375-390.

AIZPURÚA GONZÁLEZ, E. y FERNÁNDEZ MOLINA, E. "¿Procedimientos de adultos para delitos mayores? Una aproximación a la opinión pública hacia la transferencia de los menores infractores a tribunales ordinarios." *Revista electrónica de Ciencia Penal y Criminología*, nº 16, 2014, pp.1-18.

ALBRECHT, H.J. *Ist das deutsche Jugendstrafrecht noch zeitgemäß?. Gutachten D zum 64. Deutschen Juristentag, Berlin 2002.* C.H. Beck, 2002.

ALONSO RIMO, A. "La publicidad de los antecedentes penales como estrategia de prevención del delito", *Revista General de Derecho penal*, nº 17 (2012), pp.1-36.

AMELUNG, K., «El concepto "bien jurídico" en la teoría de la protección penal de bienes jurídicos», en VV. AA (HEFENDEHL, R. ed.), *La teoría del bien jurídico. ¿Fundamento de legitimación del Derecho penal o juego de abalorios dogmático?,* Barcelona-Madrid, Marcial Pons, 2007, pp. 227- 264.

ARMSTRONG, K. S. "The influence of sex offender registration on juvenile sexual recidivism". *Criminal Justice Policy Review,* 20, 2009, pp.136-153.

ATIENZA, M. y JUANATEY DORADO, C. "Comentario a la Sentencia del Tribunal Constitucional sobre la prisión permanente revisable", *Diario la Ley*, nº 17, 2022, p. 1-7.

BALLESTER BRAGE, L.; ORTE SOCÍAS, C. y POZO GORDALIZA, R. "Estudio de la nueva pornografía y relación sexual en jóvenes", *Revista andaluza de ciencias sociales*, nº13, 2014, pp. 165-178.

BALLESTER, BRAGE, L.; ROSCÓN VARELA, C.; FACAL FONDO, T; GÓMEZ JUNCA, R. "Nueva pornografía y desconexión empática", *Revista Internacional de Estudios Feministas*, Vol. 6 (1), 2021, pp. 67-105.

BALSA URÓS, A. L.; SIERRA ROBLES M.C. (*et al*) "El alejamiento en la justicia juvenil, una propuesta socioeducativa", *Revista de Educación social*, nº 28, 2019, pp. 1-10.

BARBAREE, H.E; MARSHALL, W.L. "Chapter one: an introduction to the juvenile sex offender", en VV.AA. (editores BARBAREE, H.E; MARSHALL, W.L), *The juvenile sex offender*, Guilford publications, 2006, pp. 1-18.

BARNES, J. "El principio de proporcionalidad. Estudio preliminar. *Cuadernos de Derecho público*, nº 5, 1998, pp. 15-50.

BARRY, J.L. "The Child as Victim and Perpetrator: Laws Punishing Juvenile «Sexting»", *Vanderbilt Journal of Entertainment and Technology Law*, vol.13, 2020, pp. 129-153.

BENEDICTO, C., RONCERO, D., GONZÁLEZ, L. "Agresores sexuales juveniles: tipología y perfil psicosocial en función de la edad de sus víctimas", *Anuario de psicología jurídica*, 2017, pp. 33-42.

BENÍTEZ JIMÉNEZ, M.J. *Violencia contra la mujer en el ámbito familiar: cambios sociales y legislativos*, Edisofer, 2004.

BLANCO, CORDERO, I. "Capítulo IV. La menor edad como fundamento de la agravación de la pena: estudio crítico de los tipos agravadas por razón de la menor edad y la especial vulnerabilidad. VV.AA. (MOYA GUILLEM, C. dir. y BONSIGNORE FOUQUET, D. coord). *La protección de las víctimas especialmente vulnerables. Aspectos penales, procesales y politico-criminales.* Tirant lo Blanch, 2023, pp. 121-160.

BOLDOVA PASAMAR, M.A. "Minoría de edad y delitos sexuales". VV.AA. (ABADÍAS SELMA, A., CÁMARA ARROYO, S. y SIMÓN CASTELLANO, P. coord.). *Tratado sobre delincuencia juvenil y responsabilidad penal del menor a los 20 años de la Ley Orgánica 5-2000, de 12 de enero, reguladora de la responsabilidad penal de los menores.* Wolter Kluwer. 2021, pp. 407-424.

BORDUIN, C. M., HENGGELER, S. W., BLASKE, D. M., y STEIN, R. J. "Multisystemic treatment of sexual offenders". *International Journal of Offender Therapy and Comparative Criminology*, 996, 1990, pp.105-113.

BORDUIN, C. M., SCHAEFFER, C. M., y HEIBLUM, N. "A randomized clinical trial of multisystemic therapy with juvenile sexual offenders: Effects on youth social ecology and criminal activity". *Journal of Consulting and Clinical Psychology,* 77, 2009, pp. 26-37.

BOUCHARD, J. y WONG. J.S. "Examining the Effects of Intensive Supervision and Aftercare Programs for At-Risk Youth: A Systematic Review and Meta-Analysis." *International Journal of Offender Therapy and Comparative Criminology,* 62(6), 2018, pp. 1509–1534.

CABRERA MARTÍN, M. *La victimización sexual de menores en el Código penal español y en la política criminal internacional.* Dykinson, 2019.

CALDWELL, M.F., ZIEMKE, M. H., y VITACCO, M. J. "An examination of the Sex Offender. Registration and Notification Act as applied to juveniles: Evaluating the ability to predict sexual recidivism". *Psychology, Public Policy, and Law,* 14, 2008, pp. 89-114.

CALDWELL, M. F., y DICKINSON, C. "Sex offender registration and recidivism risk in juvenile sexual offenders". *Behavioral Sciences & the Law,* 27, 2009, pp. 941-956.

CALDWELL, M. F. "Study characteristics and recidivism base rates in juvenile sex offender recidivism". *International Journal of Offender Therapy and Comparative Criminology,* 54, 2010, pp. 197-212.

CANCIO MELIÁ, M. "Una nueva reforma de los delitos contra la libertad sexual", *La Ley Penal,* nº 80, 2011, p. 1-17.

CANO PAÑOS, M.A. "¿Supresión, mantenimiento o reformulación del pensamiento educativo el en derecho penal juvenil? Reflexiones tras diez años de aplicación de la Ley Penal del Menor", *Revista española de Ciencia penal y Criminología,* nº 13, 2011, pp.1-55.

CARDENAL MONTRAVETA, S. *La responsabilidad penal de los menores,* Tirant lo Blanch, 2022.

CARPENTER, C. "On emotion, juvenile sex offenders, and mandatory registration", *Journal of Race, Gender, & Poverty,* nº 29, 2012, pp. 29-41.

COHEN, L.E. y FELSON, M. "Cambio social y tendencias en la tasa de criminalidad: un enfoque desde las actividades cotidianas", *Revista de Derecho penal y Criminología,* nº 20, 2018, pp. 359-369.

CROFTS, T. y LEE, M. "«Sexting», Children and Child Pornography", *Sidney Law review,* vol. 35 (1), 2013, pp. 85-106.

CRUZ MÁRQUEZ, B. *Educación y prevención general en el Derecho penal de menores.* Marcial Pons, 2006.

CRUZ MÁRQUEZ, B. "Presupuestos de la responsabilidad penal del menor: una necesaria revisión desde la perspectiva adolescente". *Anuario de la Facultad de Derecho de la Universidad Autónoma de Madrid,* nº 15, 2011, pp. 241-269.

CRUZ MÁRQUEZ, B. "La construcción penal de los delitos contra la libertad e indemnidad sexual de los menores y adolescentes: un análisis crítico a partir de la «visibilidad» y el «grado de acuerdo social»", en VV.AA. (RODRÍGUEZ MESA, M.J. Dir.) *Pederastia. Análisis jurídico-penal, social y criminológico*, Aranzadi, 2019, pp. 141-164.

CRUZ MÁRQUEZ, B. "Una aproximación a las consecuencias de omitir la valoración de la culpabilidad por el hecho en el sistema penal juvenil", VV.AA. (ABADÍAS SELMA, A; CÁMARA ARROYO, S. y SIMÓN CASTELLANO, P, coords.) *Tratado sobre la delincuencia juvenil y responsabilidad penal del menor. A los 20 años de la Ley Orgánica 5/2000, de 12 de enero, reguladora de la responsabilidad penal de los menores.* Wolter Kluwers, 2021, pp.339-360.

CUERDA ARNAU, M.L. "Irracionalidad y ausencia de evaluación legislativa en las reformas de los delitos sexuales contra menores", *Revista electrónica de ciencia penal y criminología*, nº 19, 2017, pp. 1-45. Disponible en línea en: http://criminet.ugr.es/recpc/19/recpc19-09.pdf.

CUERDA ARNAU, M.L. "Agresión y abuso sexual: violencia o intimidación vs. Consentimiento viciado", VV.AA. (FARALDO CABANA, P. y ACALE SÁNCHEZ, M. dirs.). *La manada. Un antes y un después en la regulación de los delitos sexuales en España.* Tirant lo Blanch, 2018, pp.103-132.

CUGAT MAURI, M. "Delitos contra la libertad e indemnidad sexuales", en VV.AA. (ÁLVAREZ GARCÍA, F.J. GONZÁLEZ CUSSAC, J.L. dirs.) *Comentarios a la reforma penal de 2010.* Tirant lo Blanch, 2010, pp. 225-247.

CHAFFIN, M. "Our minds are made up—Don't confuse us with the facts: Commentary on policies concerning children with sexual behavior problems and juvenile sex offenders". *Child Maltreatment*, nº 13, 2008, pp.110-121.

CHAPMAN, J. E., y SALDANA, L. "Multisystemic therapy for juvenile sexual offenders: 1-year results from a randomized effectiveness trial". *Journal of Family Psychology*, 23, 2013, pp. 89-102.

DAWSON, K.; TAFRO, A.; STULHOFER, A. "Adolescent sexual aggressiveness and pornography use: A longitudinal assessment" *Aggressive Behavior*, 45(6), 2019, pp. 587-597.

DE LA MATA BARRANCO, N. "Tratamiento legal de la edad del menor en la tutela penal de su correcto proceso de formación sexual", *Revista electrónica de Ciencia penal y Criminología*, nº 20-21, 2019, pp. 1-70.

DE LA ROSA CORTINA, J. M. en DE URBANO CASTRILLO/DE LA ROSA CORTINA. *La responsabilidad Penal de los Menores.* Thomson/Aranzadi, 2007.

DEL REAL CASTRILLO, C. "Capítulo 6. Infractores, víctimas y características del abuso sexual contra menores en España", en VV.AA. (RODRÍGUEZ MESA, M.J. Dir.) *Pederastia. Análisis jurídico-penal, social y criminológico,* Aranzadi, 2019, pp. 165-206.

DÍEZ RIPOLLÉS, J.L. "El objeto de protección del nuevo Derecho penal sexual", *Revista de Derecho penal y Criminología,* nº 6, 2000, pp. 69-101.

DÍEZ RIPOLLÉS, J.L. "El control de constitucionalidad de las leyes penales". *Revista de Derecho constitucional,* nº 75, 2005, pp. 59-106.

DÍEZ RIPOLLÉS, J.L. *La racionalidad de las leyes penales práctica y teoría.* Trotta. Madrid, 2013.

DÍEZ RIPOLLÉS, J.L. "Sanciones adicionales a delincuentes y exdelincuentes. Contrastes entre Estados Unidos de América y países nórdicos europeos". *Indret,* 2014, pp. 1-37.

DÍEZ RIPOLLÉS, J.L. "El abuso del sistema penal", *Revista española de ciencia penal y criminología,* nº 19, 2017, pp. 1-24.

DÍEZ RIPOLLÉS, J.L. "Alegato contra un derecho penal sexual identitario", *Revista Electrónica de Ciencia Penal y Criminología,* 21, 2019, pp. 1-29.

DÍEZ RIPOLLÉS, J.L. y CEREZO DOMÍNGUEZ A. *Los problemas de la investigación empírica en criminología: la situación española,* Tirant lo Blanch, 2001.

DOMÍNGUEZ IZQUIERDO, E.M. "El interés superior del menor la proporcionalidad en el Derecho penal de menores: contradicciones del sistema", *El Derecho penal de menores a debate. I Congreso Nacional sobre Justicia Penal juvenil,* 2010, p. 80-122.

DOPICO GÓMEZ-ALLER, J. *Transmisiones atípicas de drogas. Crítica a la jurisprudencia de la excepcionalidad.* Tirant lo Blanch, 2013.

DÜNKEL, F. y PRUIN, I. "Community sanctions and the sanctioning practice in juvenile justice systems in Europe". JUNGER-TAS, J. y DÜNKEL, F. (ed.) *Reforming Juvenile Justice,* Springer, 2009.

EGEA TRESGALLO, S. "La vivencia de la sexualidad en la adolescencia", *Cuadernos de medicina psicosomática y psiquiatría de enlace,* nº 118, 2016, pp.71-79.

ESQUIVEL VALVERDE, P. "El tipo de mera posesión de pornografía infantil en el Código penal español (art. 189.2): razones para su destipificación", Revista de Derecho penal y Criminología, nº 18 (2006), pp. 171-228.

EVANS, M.K; LYTE, R; SAMPLE L.L. "Chapter 7. Sex Offender Registration and Community Notification", *Sex Offenders Laws,* Springer, New York, 2015, pp.142-164.

FARALDO CABANA, P. y RAMÓN RIBAS, E. "La sentencia de la manada y la reforma de los delitos de agresiones y abusos sexuales en España", VV.AA. (FARALDO CABANA, P. y ACALE SÁNCHEZ, M. dirs). *La manada. Un antes y un después en la regulación de los delitos sexuales en España.* Tirant lo Blanch, 2018, pp. 247-296.

FARALDO CABANA, P. "Hacia una reforma de los delitos sexuales con perspectiva de género", VV.AA. (MONGE, A. dir.; PARRILLLA VERGARA, J. coord.). *Mujer y Derecho penal ¿Necesidad de una reforma desde una perspectiva de género?*, Bosch, 2019, pp. 255-283.

FEIJOÓ SÁNCHEZ, B. "Exposición de motivos", VV.AA. (DÍAZ MAROTO y VILLAREJO, J. dir). *Comentarios a la Ley Reguladora de la Responsabilidad Penal de los Menores*, Thomson-Civitas, 2018.

FEIJOO SÁNCHEZ, B. "Título preliminar (art. 1)", VV.AA. (DÍAZ MAROTO y VILLAREJO, J. dir). *Comentarios a la Ley Reguladora de la Responsabilidad Penal de los Menores*, Thomson-Civitas, 2018.

FEIJOO SÁNCHEZ, B. "Título II (art. 8)", VV.AA. (DÍAZ MAROTO y VILLAREJO, J. dir). *Comentarios a la Ley Reguladora de la Responsabilidad Penal de los Menores*, Thomson-Civitas, 2018.

FEIJOÓ SÁNCHEZ, B. "Capítulo XVI. Bases dogmáticas de la responsabilidad penal de los menores", VV.AA. (ABADÍAS SELMA, A., CÁMARA ARROYO, S. y SIMÓN CASTELLANO, P. coord.). *Tratado sobre delincuencia juvenil y responsabilidad penal del menor a los 20 años de la Ley Orgánica 5-2000, de 12 de enero, reguladora de la responsabilidad penal de los menores.* Wolter Kluwer, 2021, pp. 317- 338.

FERNÁNDEZ PACHECO-ESTRADA, C. "¿De minimis non curat praetor? La aplicación del principio de intervención mínima en la jurisprudencia ante supuestos de menor entidad". *InDret*, nº 1 (2024), pp. 349-387.

FERNÁNDEZ CABRERA, M. "A vueltas con la función político-criminal del bien jurídico", *Foro: revista de ciencias jurídicas y sociales*, nº 48, 2016, pp. 173-202.

FERNÁNDEZ CABRERA, M. "La política de dispersión de presos de ETA a la luz de la jurisprudencia del TEDH", *Cuadernos de política criminal*, nº 125,2018, pp.107-147.

FERNÁNDEZ CABRERA, M. "La intervención mínima como argumento para absolver de la comisión de delitos de corrupción: crítica dogmática y político-criminal", *InDret*, 2019, pp. 1-44.

FERNÁNDEZ CABRERA, M. "La naturaleza jurídica de la normativa relativa al registro de delincuentes sexuales y crítica a toda la regulación", *Estudios penales y criminológicos*, nº42, 2022, pp. 1-33.

FERNÁNDEZ MOLINA, E. *et al* "Evolución y tendencia de la delincuencia juvenil en España". *Revista española de Investigación Criminológica*, n º7, 2009, pp. 1-30.

FERNÁNDEZ MOLINA, E. "El internamiento de menores. Una mirada hacia la realidad de su aplicación en España", *Revista electrónica de Ciencia Penal y Criminología*, 2012, nº 18, pp. 1-20.

FERNÁNDEZ MOLINA, E. "Datos oficiales de la delincuencia juvenil: valorando el resultado del proceso de producción de datos de la Fiscalía de menores". *Indret*, nº2, 2013, pp. 1-24.

FERNÁNDEZ MOLINA, E. "¿Son ahora los jóvenes españoles más violentos? Un análisis de los datos oficiales sobre homicidios y agresiones sexuales" *InDret*, nº1, 2024, pp. 279-301.

FERNÁNDEZ MOLINA, E. y RECHEA ALBEROLA, C. "¿Un sistema con vocación de reforma?: La Ley de Responsabilidad Penal de los Menores", *Revista española de investigación criminológica*, 2006, nº4, pp. 1-34.

FERNANDEZ MOLINA, E y BERNUZ BENEITEZ, M.J. *Justicia de menores*, Síntesis, 2019.

FERNÁNDEZ MOLINA, E. y BARTOLOMÉ GUTIÉRREZ, E. "Juvenile crime drop: What is happening with youth in Spain and why?" *European Journal of Criminology*, nº17(3), 2020, pp. 306-331.

FINKELHOR, D. y HOTALING, G.T. "Sexual abuse in the national incidence study of child abuse neglect: an appraisal", *Child abuse & neglect*, vol. 8, 1984, pp. 23-32.

FINKELHOR, D.; ORMROD, R.; CHAFFIN, M. "Who Commit Sex Offenses Against Minors", *Juvenile Justice Bulletin*, 2009, pp. 1-12.

FORTUNE, C. y LAMBIE, I. "Sexually abusive youth: A review of recidivism studies and methodological issues for future research". *Clinical Psychology Review*, 26, 2006, pp.1078-1095.

GALLEGO RODRÍGUEZ, C. y FERNÁNDEZ-GONZÁLEZ, L. "¿Se relaciona el consumo de pornografía con la violencia hacia la pareja? El papel moderador de las actitudes hacia la mujer y la violencia", *Psicología conductual= behavioral psychology: Revista internacional de psicología de la salud*, vol. 27, nº 3, 2019, pp. 431-454.

GALLEGO SOLER, J.I. "Título VIII. Delitos contra la libertad e indemnidad sexuales", VV.AA. (CORCOY BIDASOLO, M. y MIR PUIG, S. dirs.). *Comentarios al Código penal. Reforma LO 5/2010*. Tirant lo Blanch, 2011, pp.427-453.

GARCÍA ALBERO, R. "Capítulo VIII. Pornografía infantil y reforma penal: consideraciones sobre el objeto material del delito". VV.AA. (VILLACAMPA

ESTIARTE, C. coord.). *Delitos contra la libertad e indemnidad sexual de los menores. Adecuación del Derecho español a las demandas normativas supranacionales de protección.* Thomson Reuters Aranzadi, 2015, pp. 281-302.

GARCÍA ÁLVAREZ, P. “La nueva regulación de los delitos contra la libertad e indemnidad sexual tras la reforma operada en el Código penal por la LO 1/2015 de 30 de marzo”, *Cuadernos penales José María Lidón,* nº 12, 2016, p. 283.

GÓMEZ RIVERO, M. “«Derecho penal y corrupción: acerca de los límites de lo injusto y lo permitido», *Estudios penales y criminológicos,* 37, 2017, pp. 249-306.

GÓMEZ TOMILLO, M. “Delitos contra la libertad e indemnidad sexuales”. VV.AA. (GÓMEZ TOMILLO, M. dir.). *Comentarios prácticos al Código penal (Vol. 2 Los delitos contra las personas, artículos 138-233).* Thomson Reuters Aranzadi, 2015, pp. 479-622.

GONZÁLEZ AGUDELO, G. “Consecuencias jurídicas y político-criminales de la elevación de la edad del consentimiento sexual en los derechos sexuales y de salud sexual y reproductiva del menor de edad”, *Revista electrónica de Ciencia Penal y Criminología,* nº18, 2016, pp. 1-31.

GONZÁLEZ RUS, J.J. “Capítulo cuarto. El menor como responsable penal y como sujeto pasivo especialmente protegido. Congruencias e incongruencias”, VV.AA. (MORILLAS CUEVA, L. dir.) El menor como víctima y victimario de la violencia social (Estudio jurídico). Dykinson, 2010, pp. 103-140.

GONZÁLEZ TASCÓN, M.M. “El nuevo delito de acceso a niños con fines sexuales a través de las TIC”, *Estudios penales y criminológicos,* nº 31, 2011, pp. 207-258.

GONZÁLEZ TASCÓN, M.M. “La victimización sexual de las personas menores de edad: Prevalencia y consecuencias del abuso sexual infantil”, en VV.AA. (GONZÁLEZ TASCÓN, M.M., coord.). *Delitos sexuales y personas menores de edad o con discapacidad intelectual.* Tirant lo Blanch, 2022.

GUERRA MARTÍNEZ, A. “Edad sexual y exclusión de la responsabilidad penal. Fundamentos del derecho anglosajón”, *Revista de Derecho penal y Criminología,* nº 23, 2020, pp. 67-106.

GUERRA MARTÍNEZ, A. “Modelos de registros de delincuentes sexuales. Excesiva distribución del riesgo y nuevos límites constitucionales”. *Estudios penales y Criminológicos,* nº 41, 2021, pp. 1077-1143.

GÜNTHER, H. L. “Die Genese eine Straftatbestandes”, en *JuS,* 1978, Heft 1, pp. 8-14.

GÜNTHER, H. L. *Strafrechtswidrigkeit und Strafunrechtsausschluß.* Carl Heymann, 1983.

GUTÍERREZ ALBENTOSA, J.M. "Interés superior del menor y derecho a la educación en la justicia juvenil", *Ipse-ds*, nº 10, 2017, pp. 55-69.

GARCÍA ESPAÑA, E. *et al.* "Evolución de la delincuencia en España: Análisis longitudinal con encuestas de victimización", *Revista española de investigación criminológica*, nº 8, 2010, pp. 1-27.

GARCÍA INGELMO, F.M. "La reforma de la Ley Orgánica 5/2000(de responsabilidad penal de los menores) por la Ley Orgánica 10/2022,en materia de delitos sexuales. Apuntes críticos e interpretativos", *Blog jurídico de Sepin*, 10 de noviembre de 2022.Disponible en línea en: https://blog.sepin.es/reforma-de-responsabilidad-penal-de-los-menores-en-delitos-sexuales

GARCÍA MAGNA, D. "Un ejemplo más de política legislativa securitaria: análisis del discurso del legislador español en el ámbito de derecho penal juvenil", *Revista Brasileira de Ciências Criminais*, 2018 (147), pp. 115-140.

GARCÍA PÉREZ O. "La evolución del sistema de justicia penal juvenil. La Ley de Responsabilidad Penal del Menor de 2000 a la luz de las directrices internacionales", *Actualidad penal*, nº 32 (2000), pp. 686 ss.

GARCÍA PÉREZ, O. "La posición del menor y el perjudicado en el Derecho Penal de menores", *Estudios jurídicos. Ministerio Fiscal.*, nº 1, 2002, pp. 707-741.

GARCÍA PÉREZ, O. "La racionalidad de la proporcionalidad en sistemas orientados a la prevención especial". *Revista electrónica de Ciencia Penal y Criminología*, nº 9, 2007, pp. 1-25. Disponible en línea en: http://criminet.ugr.es/recpc/09/recpc09-09.pdf.

GARCÍA PÉREZ, O. "La reforma de 2006 del sistema español de justicia penal de menores", *Política Criminal: Revista Electrónica Semestral de Políticas Públicas en Materias Penales*, nº. 5, 2008, pp.1-31.

GARCÍA PÉREZ, O. "La contribución de la jurisprudencia al endurecimiento de la respuesta a los menores infractores". *Revista Electrónica de Ciencia Penal y Criminología*, 2019, pp-1-44. Disponible en línea en: http://criminet.ugr.es/recpc/21/recpc21-25.pdf.

GEER. P. "Justice served? The high cost of juvenile sex offender registration". *Developments in Mental Health Law*, 27, 2008, pp. 33-52.

GONZÁLEZ RUS, J.L. "El menor como responsable penal y como sujeto pasivo especialmente protegido. Congruencias e incongruencias", VV.AA. (MORILLAS CUEVAS,L.; SUÁREZ LÓPEZ J.M.; BARQUÍN SANZ,J. dirs.) *El menor como víctima y victimario de la violencia social (estudios jurídicos)*, Dykinson, 2010, pp. 128-131.

GÓRRIZ ROYO, E. "«On-line child grooming» desde las perspectivas comparada y criminológica como premisas de estudio del art. 183 ter.1° CP (conforme a la LO 1/2015, de 30 de marzo", en VV.AA. (CUERDA ARNAU, M.L, dir. y FERNÁNDEZ HERNÁNDEZ, A., coord.), *Menores y redes sociales*, Tirant lo Blanch, 2016, pp. 199-267.

GUERRA MARTÍNEZ, A. "Modelos de registros de delincuentes sexuales. Excesiva distribución del riesgo y nuevos límites constitucionales". *Estudios penales y Criminológicos*, n° 41 (2021). pp. 1077-1143.

GUTÍERREZ ALBENTOSA, J.M. "Interés superior del menor y derecho a la educación en la justicia juvenil", *Ipse-ds*, n° 10, 2017, pp. 55-69.

GÜNTHER, H.L. *Strafrechtswidrigkeit und Strafrechtsausschluss.* Carl Heymanns Verlag KG. Koln.Berlin. Bonn, München. 1973, págs. 180-181.

HANSON, R.K.; GORDON, A.; HARRIS A.J.R.; MARQUES, J.; MURPHY, W.; QUINSEY, V.L. *et al.* "First report of the collaborative outcome data project on the effectiveness of psychological treatment for sex offenders". *Sexual Abuse: A Journal of Research and Treatment*, 14, 2002, pp. 169-194.

HARRIS, A.J.; WALFIELD, S.M.; SHIELDS, R.T.; LETORNEAU, E.J. "Collateral consequences of juvenile sex offender registration and notification: results from a survey of treatment providers", *Sexual Abuse: A Journal of Research and Treatment*, 28(8), 2016, pp. 770-790.

HAYES H. D. "Using integrated theory to explain the movement into juvenile delinquency". *Deviant Behavior: An Interdisciplinary Journal*, 18, 1997, pp.161-184;

HILLER, S. "Problems with juvenile sex offender registration: The detrimental effects of public disclosure". *Boston University Public Interest Law Journal*, 7, 1998, pp. 271-273.

HOOGSTEDER, L. (*et al*)."A meta-analysis of the effectiveness of individually oriented cognitive behavioral treatment (CBT) for severe aggressive behavior in adolescents." *The Journal of Forensic Psychiatry & Psychology*, n° 266(1), 20, pp. 22 -37.

JERICÓ OJER, L. "La relevancia práctica del principio acusatorio (mejor denominado, principio de proporcionalidad), en la LORPM (art. 8 párrafo segundo): ¿aplicación obligatoria de las medidas de internamiento al menor cuando, por idéntica infracción, el CP no prevé pena privativa de libertad para el adulto?", *Revista penal*, n° 31, 2013, pp. 140-160.

JERICÓ OJER, L. "El impacto (probablemente no previsto) de la reforma del Código Penal operada por la LO 1/2015, de 30 de marzo en el Derecho penal de menores". *Revista electrónica de Ciencia penal y Criminología,* nº 20, 2018, pp. 1-56.

LAMARCA PÉREZ, C. "La protección de la libertad sexual en el nuevo Código penal", en *Jueces para la democracia,* nº 27, 1996, pp. 50-61.

LARRAURI, E. "Convictions records in Spain: obstacles to reintegration of offenders?" *European Journal of Probation,* vol. 3, nº1, 2011, pp. 50-62.

LARRAURI, E. y ROVIRA, M. "Publicidad, certificados y cancelación de los antecedentes penales ¿La cultura del control se consolida en España desde las nuevas leyes de 2015?", *InDret,* nº3, 2020, pp.1-34.

LAUB, J.H. y SAMPSON, R.J. *Shared beginnings, divergent lives. Delinquent boys to age 70,* Cambridge Harvard University press, 2003.

LAURENZO COPELLO, P. "La contrarreforma de los delitos sexuales: tanto camino para nada", *El País,* 7 de marzo de 2023. Disponible en línea en: https://elpais.com/opinion/2023-03-07/la-contrarreforma-de-los-delitos-sexuales-tanto-camino-para-nada.html.

LAURENZO COPELLO, P. y MAQUEDA ABREU, M.L. *El Derecho penal en casos. Parte general.* Tirant lo Blanch, 2022.

LETORNEAU, E. J., y MINER, M. H. "Juvenile sex offenders: A case against the legal and clinical status quo". *Sexual Abuse: A Journal of Research and Treatment,* 17, 2005 pp. 293-312.

LETORNEAU, E. J., BANDYOPADPHYAY, D., SINHA, D., y ARMOSTRONG, K. S. "The influence of sex offender registration on juvenile sexual recidivism". *Criminal Justice Policy Review,* nº 20, 2009, pp.136-153.

LETORNEAU, E. J., HENGGELER, S. W., BORDUIN, C. M., SCHEWE, P. A., McCART, M. R., CHAPMAN,J. E., y SALDANA, L. "Multisystemic therapy for juvenile sexual offenders: 1-year results from a randomized effectiveness trial". *Journal of Family Psychology,* 23, 2013, pp. 89-102.

LLEDÓ BENITO, I. "Capítulo V. El Registro Central de delincuentes sexuales y trata de seres humanos. La experiencia comparativa con el modelo de delincuentes sexuales en EEUU", en VV.AA. (MONGE FERNÁNDEZ A. dir). *La protección jurídica del menor.* Tirant lo Blanch, 2024, pp. 159-222.

LO, T.W; TSE, J.W.L.; CHENG, C.H.K.; CHAN, G.H.Y.: "The Association between Substance Abuse and Sexual Misconduct among Macau Youths". *International Journal of Environmental Research and Public Health,* 2019, 16, 1643, pp.1-17.

LOEBER, R; FARRINGTON, D.; REDONDO, S. "La transición desde la delincuencia juvenil a la delincuencia adulta". *Revista española de investigación criminológica,* nº 9, 2011, pp. 1-41.

LÓPEZ SÁNCHEZ, F. *Los Abusos sexuales a menores: lo que recuerdan de mayores.* Ministerio de Asuntos Sociales, 1996.

LÓPEZ SÁNCHEZ, F. "Agresores y agredidos: los abusos sexuales de adolescentes", *Revista de Estudios de Juventud,* nº 42, 1998, pp. 27-33.

LUSSIER, P. VAN DEN BERG, C.,BIJLEVELD,C. y HENDRIKS,J. "A developmental taxonomy of juvenile sex offenders for theory, research, and prevention: The adolescent-limited and the high-rate slow desister." *Criminal Justice and Behavior,* 39, 1559–1581.

LUZÓN PEÑA, D, M. *Lecciones de Derecho penal Parte general.* Tirant lo Blanch, 2016.

MARAVER GÓMEZ, M. "La doctrina del consumo compartido en el delito de tráfico de drogas. Análisis crítico de la jurisprudencia del Tribunal Supremo", *InDret,* nº 2, 2019, pp. 1-59.

MARCO FRANCIA, P. *El agresor sexual de menores: aspectos penales y criminológicos.* Tirant lo Blanch, 2024.

MARGARI, F. *et al.* "Juvenile sex offenders: Personality profile, coping styles and parental care. *Psychiatry Research,* nº 229(1-2), 2015, pp. 82-88.

MARKMANN, J. S. "Community notification and the perils of mandatory juvenile sex offender registration: The dangers faced by children and their families. *Seton Hall Legislative Journal,* 32, 2007, pp. 261-283.

McCANN, K., y LUSSIER, P. "Antisociality, sexual deviance, and sexual reoffending in juvenile sex offenders a meta-analytical investigation". *Youth Violence and Juvenile Justice,* 6,2008, pp. 363–385.

McCARTHY, J.A. "Internet sexual activity: A comparison between contact and non-contact child pornography offenders", *Journal of Sexual Aggression,* nº 16 (2), 2010, pp. 181-195.

McCUISH, E., LUSSIER, P y CORRADO, R. "Criminal careers of Juvenile sex and nonsex offenders: evidence from a perspective longitudinal study", *Youth, Violence and Juvenile Justice,* 143, 2016, pp. 199-224.

MINISTERIO DEL INTERIOR, *Informe sobre delitos contra la libertad e indemnidad sexual,* 2021.Disponible en línea en: https://www.interior.gob.es/opencms/pdf/prensa/balances-e-informes/2021/Informe-delitos-contra-la-libertad-e-indemnidad-sexual-2021.pdf.

MIR PUIG, S. *Derecho penal. Parte general. 10ª ed.* Reppertor, 2015.

MOFFIT, T.E. "Male antisocial behaviour in adolescence and beyond", *Nature Human Behaviour,* nº 3 (2), 2018, pp.1-11.

MONGE FERNÁNDEZ, A. *"Las manadas" y su incidencia en la futura reforma de los delitos de agresiones y abusos sexuales,* Tirant lo Blanch, 2020.

MORALES PRATS, F. y GARCÍA ALBERO, R. "Título VIII. Delitos contra la libertad e indemnidad sexuales", VV.AA. (QUINTERO OLIVARES, G. dir.). *Comentarios al Código penal español,* Thomson Reuters, 2016, pp. 299-402.

MORILLAS FERNÁNDEZ, D. L. "Los delitos contra la libertad e indemnidad sexuales", VV.AA. (MORILLAS CUEVA, L., dir.,) *Estudios sobre el Código penal reformado* (Leyes orgánicas 1/2015 y 2/2015), Dykinson, pp. 433-485.

MOYA FUENTES, M.M. "El «sexting» entre menores y el delito de pornografía infantil en Italia". *Cuadernos de política criminal,* nº 120, 2016, pp. 281-305.

MOYA GUILLEM, C. y DURÁN SILVA, C. "La inconsistente presunción de fragilidad de las víctimas menores en el Derecho penal (sustantivo y procesal). A propósito de la Ley Orgánica 8/2021", *InDret,* nº1, 2022, pp. 1-38.

MUÑOZ CONDE, F. *Derecho penal. Parte especial.* Tirant lo Blanch, 2021.

MUÑOZ CONDE, F. *Derecho penal. Parte especial.* Tirant lo Blanch, 2022.

O´CONNELL, R.A. A *typology of cyberexploitation and online grooming practices,* 2003, pp. 1-19. Disponible en línea en: http://image.guardian.co.uk/sys-files/Society/documents/2003/07/24/Netpaedoreport.pdf

ORTS BERENGUER, E. "Determinación a la prostitución (arts. 187, 188, 189 y 192 CP)", VV.AA. (GONZALEZ CUSSAC, J.L. dir.) *Comentarios a la reforma del Código penal (actualizado con la corrección de errores BOE 11 de junio de 2015),* Tirant lo Blanch, 2015, pp. 607-632.

ORTS BERENGUER, E. "Lección XIII. Delitos contra la libertad e indemnidad sexuales (y III): Exhibicionismo y provocación sexual. Prostitución, explotación sexual y corrupción de menores", VVAA. (GONZÁLEZ CUSSAC, J.L. coord.). *Derecho penal, Parte Especial.* Tirant lo Blanch. 2019, pp. 247-272.

ORTS BERENGUER, E. y ROIG TORRES, M. "Capítulo 5. Concepto de material pornográfico en el ámbito penal", VV.AA. (LAMEIRAS FERNÁNDEZ, M. y ORTS BERENGUER, E. coords.). *Delitos sexuales contra menores. Abordaje psicológico, jurídico y policial,* Tirant lo Blanch, 2014, pp.107-123.

PAREDES CASTAÑON, J.M. "El principio del «interés del menor» en Derecho penal: una visión crítica", *Revista de Derecho penal y Criminología,* nº10, 2013, pp. 155-186.

PEREDA BELTRÁN, N. "El espectro del abuso sexual en la infancia: definición y tipología". Entrada de blog en INFOCOP (Consejo general de la Piscología de España), 31 de enero de 2011. Disponible en línea en:

https://www.infocop.es/el-espectro-del-abuso-sexual-en-la-infancia-definicion-y-tipologia/?cn-reloaded=1

PÉREZ JIMÉNEZ, F. *Menores infractores: estudio empírico de la respuesta penal,* Tirant lo Blanch, 2006.

PÉREZ JIMÉNEZ, F. "Capítulo 14. Cesta 9. Sistema de justicia juvenil", VV.AA. (GARCÍA ESPAÑA, E. y CEREZO DOMÍNGUEZ, A.I., editoras), *La exclusión social generada por el sistema penal: su medición internacional por rimes,* Tirant lo Blanch, 2023, pp. 373-394.

PÉREZ ALONSO, E. "Concepto de abuso sexual: contenido y límite mínimo del delito de abusos sexuales", *Indret,* 2019, nº3, pp. 1-44.

PÉREZ MACHÍO, A. I., "La protección penal del/de la menor víctima de delitos. Hacia un derecho penal basado en el paradigma de la victimología evolutiva y la vulnerabilidad del/la menor de edad", *Revista de Derecho Penal y Criminología,* nº 25, 2012, pp. 263-304.

PITTMAN, N. y NGUYEN, Q. "A Snapshot of juvenile sex offender registration and notification laws. A survey of the United States" National juvenile network. Disponible en línea en: https://www.njjn.org/uploads/digital-library/SNAPSHOT_web10-28.pdf.

POZUELO PÉREZ, L. "Sobre la responsabilidad penal de un cerebro adolescente", *InDret,* nº 2, 2015, pp.1-27.

PRIETO DEL PINO, A. M. *El Derecho penal ante el uso de información privilegiada en el mercado de valores.* Thomson Aranzadi. Navarra, 2004.

PRIETO DEL PINO, A.M. "Los contenidos de racionalidad del principio de proporcionalidad en sentido amplio: el principio de subsidiariedad", en VV.AA. NIETO MARTÍN, A; MUÑOZ DE MORALES ROMERO, M. BECERRA MUÑOZ, J. (coord.). *Hacia una evaluación racional de las leyes penales.* Marcial Pons. Madrid. 2016, pp.273-305.

PULLMAN, L. y SETO, M. "Assessment and treatment of adolescents sexual offenders: implications of recent research on generalist versus specialist explanations", *Child abuse & Neglect,* nº 36, (3), 2012, pp. 203-209.

RAMÓN RIBAS, E. *Minoría de Edad, Sexo y Derecho Penal.* Thomson Reuters Aranzadi, 2013.

RAMOS VÁZQUEZ, J.A. "Depredadores, monstruos, niños y otros fantasmas de impureza (algunas lecciones de derecho comparado sobre los delitos sexuales y menores", *Revista de Derecho penal y Criminología,* nº8, 2012, pp. 195-227.

RAMOS VÁZQUEZ, J.A. "*Mythos* y *Logos* en la política criminal de los delitos sexuales con víctima menor de edad: el caso de la posesión para propio uso de pornografía infantil", VV.AA. (DÍAZ CORTÉS, L.M. y PÉREZ ÁLVAREZ, F. coords.) *Moderno discurso penal y nuevas tecnologías: memorias del III Congreso internacional de Jóvenes investigadores en Ciencias penales, 17,18 y 19 de junio de 2013*, 2014, pp. 141-154.

RAMOS VÁZQUEZ, J. A. "*Grooming* y *sexting*: artículo 183 ter CP", VV.AA (GONZÁLEZ, CUSSAC,J.L.; GÓRRIZ ROYO, E. Y MATALLÍN EVANGELIO, A. dirs.). *Comentarios a la reforma del Código Penal de 2015*. Tirant lo Blanch, 2015, pp. 621-627.

RAMOS VÁZQUEZ, J.A. "El consentimiento del menor de dieciséis años como causa de exclusión de la responsabilidad penal por delitos sexuales: artículo 183 *quáter* CP", VV.AA. (GONZÁLEZ, CUSSAC, J.L.; GÓRRIZ ROYO, E. Y MATALLÍN EVANGELIO, A. dirs.). *Comentarios a la reforma del Código penal de 2015(actualizado con la corrección de errores BOE 11 de junio de 2015)*. Tirant lo Blanch, 2015, 599-606.

RAMOS VÁZQUEZ, J.A. *Política Criminal, cultura y abuso sexual de Menores: un estudio sobre los artículos y siguientes de 183 y siguientes del Código penal*, Tirant lo Blanch, 2016.

RAMOS VÁZQUEZ, J.A. "La cláusula Romeo y Julieta (art. 183 *quáter* del Código penal) cinco años después: perspectivas teóricas y praxis jurisprudencial". *Estudios penales y criminológicos*, nº 41, 2021, pp. 307-360.

RAMOS TAPIA, I. "Capítulo IV. La tipificación de los abusos sexuales a menores: el Proyecto de Reforma de 2013 y su adecuación", en a la Directiva 2011/92/UE", VV.AA. (VILLACAMPA ESTIARTE, C. y AGUADO CORREA, T. coords.). *Delitos contra la libertad e indemnidad sexual de los menores. Adecuación del Derecho español a las demandas normativas supranacionales de protección*. Thomson Reuters Aranzadi, 2015, pp. 107-138

RANDO CASERMEIRO, P. *La distinción entre el Derecho penal y el Derecho administrativo sancionador*. Tirant lo Blanch. 2010.

RECHEA ALBEROLA, C. *Conductas antisociales y delictivas de los jóvenes de España*. Informe para el Consejo del Poder Judicial, 2008. Disponible en línea en https://ruidera.uclm.es/xmlui/bitstream/handle/10578/21379/17.pdf?sequence=1&isAllowed=y,

REDONDO, S. "¿Sirve el tratamiento para rehabilitar a los delincuentes sexuales?", *Reic*, nº 4, 2006, pp. 1-22.

REDONDO, S. y GARRIDO GENOVÉS, V. *Principios de Criminología*, Tirant lo Blanch, 2023.

REDONDO, S. y MANGOT, A. "Génesis delictiva y tratamiento de los agresores sexuales: una revisión científica", *Eguzkilore*, 2, 2017, pp.1-33.

REDDING, R.E. "Juvenile Transfer Laws: An Effective Deterrent to Delinquency?", *Juvenile justice Bulletin*, june (2010), pp.1-12. Disponible en línea en: https://www.ojp.gov/pdffiles1/ojjdp/220595.pdf.

REITZEL, L.R. y CARBONELL, J.L. "The effectiveness of sexual offender treatment for juveniles as measured by recidivism: A meta-analysis". *Sexual Abuse: A Journal of Research and Treatment, 18*, 2006, pp. 401-422.

ROBLES PLANAS, R. "«*Sexual predators*». Estrategias y límites del Derecho penal de la peligrosidad", *Indret*, nº4, 2007, pp. 1-25.

RODRÍGUEZ FERNÁNDEZ, S.; FERNÁNDEZ CASTEJÓN, E.B. y BAUTIZTA ORTUÑO, R. "Prevención de la cibervictimización en menores de la provincia de Alicante", *Revista de investigación criminologíca*, 2017 (15), pp. 1.25.

RODRÍGUEZ TIRADO, A.M. *Vulnerabilidad y proceso penal de menores por delitos sexuales. Doctrina y jurisprudencia.* Aranzadi, 2021.

ROXIN, C. *Strafrecht. Allgemeiner Teil.* Band. 1, 4 Grundlage. Der Aufbau der Verbrechenslehere. C.H. BECK., 2006.

SALAT PAISAL. M. "El registro de delincuentes sexuales español: su regulación jurídica y su efecto en la prohibición para desempeñar profesiones que impliquen contacto habitual con menores", *Revista General de Derecho Penal*, nº 25, 2016, pp.1-15.

SAN JUAN, C.; OCÁRIZ, E. y DE LA CUESTA, J.L. "Evaluación de las medidas en medio abierto del Plan de Justicia juvenil de la Comunidad autónoma del País Vasco", *Boletín Criminológico*, nº 96, 2007, pp. 1-4.

SÁNCHEZ DAFAUCE, M. "Capítulo 25. Libertad e indemnidad sexuales: arts. 178 y 180", VV.AA. (ÁLVAREZ GARCÍA, F.J. y GONZÁLEZ CUSSAC, J.L. dirs). *Comentarios a la Reforma Penal de 2010*, pp. 219-224.

SÁNCHEZ HERRERO, N. y SIRIA MENDAZA, S. "Agresores sexuales juveniles: ¿Existe un tratamiento eficaz?", *Boletín Criminológico*, nº 126, 2011, pp.1-4.

SÁNCHEZ VILANOVA, M. "Responsabilidad de los delincuentes juveniles a la luz de la neurociencia", *Revista de Derecho y Genoma Humano, Biotecnología y Medicina Avanzada*, nº 47, 2017, pp.199-218.

SCHIEMANN, A.; REMKE, C.; BÜCHLER, K. *HEAD, KURS & Co. Evaluation der Überwachungskonzepte für besonders rückfallgefährdete Sexualstrafttäter.* Nomos.2019.

SILVA SÁNCHEZ, J. M. *Aproximación al Derecho penal contemporáneo.* J. M. Bosch editor, 1992.

SIRIA. S; ECHEBURÚA, E; AMOR, P. "Characteristics and risks factors in juvenile sexual offenders", *Psicothema*, 32 (3), 2020, pp. 314-321.

STEINBERG, L. "Should the science of adolescent brain development inform public policy?", *Issues in Science and Technology*, 28, nº 3, 2012, pp. 1-7.

STEINBERG, L. "Adolescent development and juvenile justice", Annual Review of Clinical Psychology, nº 5, 2009, pp.459-485.

SUÁREZ-MIRA RODRÍGUEZ, C. "Capítulo 3. Agresiones y abusos sexuales a menores". *Delitos sexuales contra menores. Abordaje psicológico, jurídico y policial* (LAMEIRAS FERNÁNDEZ, M. y ORTS BERENGUER, E. coord.). Tirant lo Blanch, 2014, pp. 71-86.

TAMARIT SUMALLA, J.M. *La protección penal del menor frente al abuso y la explotación sexual*, Aranzadi Thomson Reuters, 2002.

TAMARIT SUMALLA, J.M. "Principios político-criminales y dogmáticos del sistema penal de menores", VV.AA. (GONZÁLEZ CUSSAC, J.L. coord.). *Justicia penal de menores y jóvenes: (análisis procesal y sustantivo de la nueva regulación)*, Tirant lo Blanch, 2002, pp. 47-78.

TAMARIT SUMALLA, J.M. "Los delitos sexuales. Abusos sexuales. Delitos contra menores (arts. 178,180,181,193,183 bis), VV.AA. (QUINERO OLIVARES, G. dir.) *La reforma penal de 2010: Análisis y comentarios*, Thomson Reuters, 2010, pp. 177-180.

TAMARIT SUMALLA, J. "¿Caza de brujas o protección de los menores? La respuesta penal a la victimización de los menores a partir de la Directiva europea de 2011", en VILLACAMPA ESTIARTE, C. (coord..), Delitos contra la libertad e indemnidad sexual de los menores, Thomson reuters Aranzadi, 2015, pp. 87-106.

TAMARIT SUMALLA, J.M. "Capítulo II BIS. De los abusos y agresiones sexuales a menores de dieciséis años". VV.AA. (QUINTERO OLIVARES, G. dir. y MORALES PRATS, F. coord.) *Comentarios al Código penal*. Thomson Reuters Aranzadi, 2016.

THOMAS, T. "European Developments in Sex Offender Registration and Monitoring", *European Journal of Crime, Criminal Law and Criminal Justice*, nº18 (2010), pp. 403-415.

TIEDEMANN, K. *Tabestandfunktionen im Nebenstrafrecht, Untersuchungen zu einem rechtsstaatlichen Tabestandbegriff, entwickelt am Problem des Wirtschaftsstrafrechts*. J.C.B. Mohr, Tübingen, 1969.

TIMMONS-MITCHEL, J. (*et al.*) "An Independent Effectiveness Trial of Multisystemic Therapy With Juvenile Justice Youth." *Journal of Clinical Child and Adolescent Psychology*, nº 35, 2006, pp.227–36.

TORRES ROSELL, N. y SANCHO CONDE, T. "Medidas accesorias aplicables a delincuentes sexuales en el proyecto de Ley Orgánica de protección integral a la infancia y la adolescencia", *Revista General de Derecho Penal,* nº 34, 2020, pp. 1-39.

TWENGE,J.M. y PARK,H. "The Decline in adult activities among U.S. Adolescents, 1976-2016", *Child development,* 90-2, 2017, pp. 638-654.

VAELLO ESQUERDO, E. "La incesante aproximación del derecho penal de menores al derecho penal de adultos", *RGDP,* nº 11, 2009, pp. 1-40.

VALEIJE ÁLVAREZ, I. *De las penas accesorias a las penas complementarias La descripción de un proceso legislativo inacabado.* Tirant lo Blanch, 2021.

VAN DIJK, J.; VAN KESTEREN, J.; SMIT, P. *Criminal Victimisation in international perspective. Key findings from the 2004-2005 ICVS and EU ICS.* Eleven International Publishing, 2007.

VILLACAMPA ESTIARTE, C. *El delito de «online child grooming» o propuesta sexual telemática a menores,* Tirant lo Blanch, 2015.

VILLACAMPA ESTIARTE, C. "Capítulo V. El delito de «online child grooming» o propuesta sexual telemática a menores", VV.AA. (VILLACAMPA ESTIARTE, C. y AGUADO CORREA, T. coords.). *Delitos contra la libertad e indemnidad sexual de los menores. Adecuación del Derecho español a las demandas normativas supranacionales de protección.* Thomson Reuters Aranzadi, 2015, pp. 139-188.

VILLACAMPA ESTIARTE, C. y GÓMEZ ADILLÓN, M.J. "Nuevas tecnologías y victimización sexual de menores", *Revista electrónica de Ciencia penal y Criminología,* nº 18, 2016, pp. 1-27. Disponible en línea: http://criminet.ugr.es/recpc/18/recpc18-02.pdf

ZEVITZ, R. G. "Sex offender community notification: Its role in recidivism and offender reintegration". *Criminal Justice Studies,* 19, 2006, pp. 193-208.

ZIMRING, F. E. *An American travesty: Legal responses to adolescent sexual offending.* Chicago, IL: The University of Chicago Press, 2004.

ZIMRING, F. E., PIQUERO, A. R., y JENNINGS, W. G. "Sexual delinquency in Racine: Does early sex offending predict later sex offending in youth and young adulthood?" *Criminology & Public Policy,* 6, 2007, pp. 507–534.

Anexo jurisprudencial

SENTENCIAS DEL TRIBUNAL CONSTITUCIONAL:

36/1991, de 14 de febrero (BOE nº 66, de 18.3.1991)
61/1998, de 17 de marzo (BOE nº 96, 21.4.1998)
60/2010, de 7 de octubre (BOE nº 262, 29.10. 2010)
169/2012, de 20 de septiembre (BOE nº 250, 17.10.2012)
169/2021, de 6 de octubre de 2021 (BOE nº 268, 9.11.2021)

SENTENCIAS DEL TRIBUNAL SUPREMO:

7976/2002, de 28 de noviembre (id cendoj: 28079120012002102479),
8034/2002, de 2 de diciembre (id. cendoj: 28079120012002103227)
2072/2003 de 25 de marzo (id cendoj: 28079120012003102880)
695/2005, de 1 de junio (TOL667.685)
584/2007, de 27 de junio (TOL1.113.070)
1111/2009, de 20 de noviembre
699/2020, de 16 de diciembre (TOL8.249.506)
700/2020, 16 de diciembre (TOL8.249.563)
STS 694/2021, 15 de septiembre (TOL8.594.613)
916/2021 de 24 noviembre (TOL8.675.052)
626/2022 de 23 junio (TOL9.100.152)
987/ 2022 de 21 diciembre (TOL9.357.739)
438/ 2023 de 8 junio (TOL9.635.221)
523/2023 de 29 junio (TOL9.635.355)
544/2023 de 5 julio (TOL9.638.481)
587/2023, de 12 de julio (TOL9.652.221)
30/2024 de 11 de enero (TOL9.862.113)

SENTENCIAS DE AUDIENCIAS PROVINCIALES:

Islas Baleares 47/2006, de 7 de junio (TOL6.348.203)

SENTENCIAS DE LOS JUZGADOS DE MENORES:

Barcelona180/2012 de 26 de junio
Barcelona 243/2012 de 30 de octubre (TOL4.422.891)
Lérida 152/2012 de 8 de noviembre (TOL4. 549.769)
Barcelona167/2013 de 17 de julio (TOL4.417.794).
Barcelona 214/2013 de 29 de octubre (TOL4.423.098)
Barcelona 36/2013, de 11 de febrero de 2013 (TOL4.422.778)
Orense 171/2012 de 13 de mayo de 2013 (ARO 2023/1691)
Lérida 59/2014 de 16 de abril (2014/274414)
Barcelona 258/2014 de 25 noviembre (TOL5.193.810)